《社区矫正人员心理矫正》
编写委员会名单

主　任　刘丹福　陈志林

副主任　张大立　刘世模　刘邦惠

委　员　陈太勇　胡晓峰　李士虎

　　　　陈洪星　包杨川

示范性高职院校建设规划教材

SHEQU JIAOZHENG RENYUAN XINLI JIAOZHENG

社区矫正人员
心理矫正

主　编　刘丹福　李　芳

副主编　张　璐　黄通勇　庞海蓉

撰稿人　刘丹福　李　芳　宗　焱

　　　　吴　痕　张　璐　黄通勇

　　　　庞海蓉　张　彤　屈　艺

中国政法大学出版社

2015·北京

图书在版编目（ＣＩＰ）数据

社区矫正人员心理矫正/刘丹福, 李芳主编.—北京：中国政法大学出版社, 2015.9
ISBN 978-7-5620-6305-6

Ⅰ.①社… Ⅱ.①刘… ②李… Ⅲ.①社区－监督改造－研究－中国 Ⅳ.①D926.7

中国版本图书馆CIP数据核字(2015)第213284号

- -

出 版 者　中国政法大学出版社
地　　址　北京市海淀区西土城路 25 号
邮　　箱　fadapress@163.com
网　　址　http://www.cuplpress.com（网络实名：中国政法大学出版社）
电　　话　010-58908435(第一编辑部) 58908334(邮购部)
承　　印　固安华明印业有限公司
开　　本　720mm×960mm　1/16
印　　张　13.75
字　　数　285 千字
版　　次　2015 年 9 月第 1 版
印　　次　2020 年 2 月第 2 次印刷
定　　价　40.00 元

编 写 说 明

我国的社区矫正工作于 2003 年开始在北京、上海、江苏等 6 省市进行试点，2005 年进一步扩大了试点省份，2009 年起在全国试行。2012 年最高人民法院、最高人民检察院、公安部、司法部联合制定了《社区矫正实施办法》。2013 年《中共中央关于全面深化改革若干重大问题的决定》中指出：废止劳动教养制度，完善对违法犯罪行为的惩治和矫正法律，健全社区矫正制度。2014 年最高人民法院、最高人民检察院、公安部、司法部联合出台了《关于全面推进社区矫正工作的意见》，对全面推进社区矫正工作作出整体部署。随着社区矫正工作的深入开展，社区矫正人员的心理矫正工作被提升到了新的高度，各地都在探索开展社区矫正人员心理矫正工作。

社区矫正人员的心理矫正是指将心理学的原理、方法和技术运用于社区矫正工作中，剖析社区矫正人员犯罪心理形成的过程、原因和规律，分析他们在矫正过程中所出现的各种心理问题，然后有针对性地采取心理学技术对其不良心理和不良行为进行矫正和治疗，帮助他们消除心理障碍，解除心理矛盾，促使其心理健康，重塑其健全人格，提高其适应社会的能力，从而最大限度地提高矫正工作的质量和效果的一项工作方式。

《社区矫正人员心理矫正》教材是四川司法警官职业学院依托省级示范校建设的平台，与一线行业合作开发的系列教材之一。该教材结合社区矫正具体工作，从社区矫正人员心理健康评估及建档、日常心理教育、心理咨询与治疗、团体心理辅导、心理危机干预、再犯罪风险评估几大心理矫正工作流程出发，采取模块化的结构体系，以理论知识够用为度，以实训项目为驱动，真正实现了基于工作岗位需求的教材开发与设计，充分体现了现代高等职业教育的职业性、实践性和开放性的要求。因此，本教材不仅可以作为司法行政系统各类院校学生的教材，还可以作为社区矫正工作人员的培训用书。

　　本教材在编写过程中借鉴了许多前人工作的成果，也得到了学院领导、同事们的大力支持，以及诸多行业单位的支持帮助，特别要感谢的是厦门曙光社会工作服务中心的同仁们对本教材的无私贡献（教材中部分资料、数据、案例由该服务中心提供）。

　　由于本教材在编写过程中，时间紧、任务重，尚存在不少有待改进之处，希望各个院校与单位在使用过程中及时反馈意见和建议，以便进一步修改和完善。

　　此外，需要说明的是，由于社区矫正尚未立法，学术界及实务界对于接受社区矫正人员的称呼还不统一，本教材暂时采用"社区矫正人员"的称呼。

编　者
2015 年 6 月

目录CONTENTS

第一章　社区矫正人员心理矫正概述

第一节　心理及社区矫正人员心理概述

一、心理及心理学概述

（一）心理现象

心理学是一门研究心理现象及其发生、发展规律的科学。

什么是心理现象呢？心理现象简称心理，与物质现象不同，它是一种精神现象，是在头脑中进行的精神活动，具有内隐性的特点。心理现象虽然十分复杂，但它是有层次的、有结构的，是一个多维度、多水平的反映系统。它既包括有意识的自觉的反映形式，又包括无意识的自发的反映形式；既有生理水平、行为水平的反映，又有个体水平及群体社会水平的反映。

按性质、形态和特征的不同，心理现象可以分为心理过程和个性心理两个大的方面。

1. 心理过程。心理过程是心理现象的一个重要方面。心理过程即人的心理活动过程，它是在人脑中产生的具有从发生、发展到完成的完整的历程的心理活动。它由认知、情感和意志三种既相互区别又相互联系的过程构成。

（1）认知过程。认知过程是人脑对客观事物的现象、特性、意义及本质的反映过程。它包括感觉、知觉、记忆、思维和想象等心理活动。

客观事物以各种方式作用于人的不同感官，在头脑中最先产生的映像是感觉。比如，人眼看到的颜色、人耳听到的声音、鼻子闻到的气味、舌头尝到的滋味，以及手足触摸到的软硬凉热等。感觉是对客观事物个别属性的反映，是低级的心理现象，但它是一切高级复杂心理活动的基础。人类正是首先通过各种完善的感觉才获得对事物的各种性质的认识，一旦丧失了感觉就无法感受这灿烂美妙的世界。但在日常的生活中，人的单纯的感觉可以说是没有的，这是因为客观现实中的事物总是由多种属性综合而形成的一个整体。比如，我们并不只是看到红色，还知道是何种物质的红颜色；我们能听到声音，还能知道是什么东西发出的声音，这时的心理活动就是直觉了。直觉是比感觉更高一级的心理反映形式，它是对客观事物各种属性的整体反映。当人把感知到的经验储存在头脑中，又能对其产生再认和回忆，这便是记忆。记忆是人脑对已有信息的获得、存储和提取的过程。感觉、知觉均属于感性认识的过程，是对事物的表面特性、外部联系的反映。而人要认识事物的本质和规律，必须依靠思维。思维是人脑对客观事物的间接的、概括的反映，是对事物之间内在联系及规律的反映。它能使人超越客观现实，深入把握感官所认识不到的领域，从而增加人类认识的广阔性和深刻性。思维过程的进行离不开人类特有的言语活动，当然它主要依靠内部言语。言语是人们在交际活动中应用语言的过程。言语是一个完整的声音和视觉的符号系统，支持着人类的思维活动，但还有一种特殊的思维过程，这就是想象。想象是对头脑中的表象进行加工、改造，并产生新形象的过程。想象与思维在不同的领域、以不同的方式完成着人类的高级认识活动，人类只有通过思维和想象活动才能把握过去、预见未来，才能有所发明创造。

人在感知、思考、创造事物时必须具备一个前提，那就是要把自己的意识集中到某些客观对象上，这就叫注意。注意是人的意识对一定对象的指向和集中，它对心理活动起着维持、监督和调节的作用。注意本身并不是一个心理过程，或者说它并不是一个独立的心理过程，它是各个心理过程的一个共同特性。

总之，人正是通过感觉、知觉、记忆、思维和想象等协同活动，实现着对客观世界的认识。

（2）情感过程。人们在认知客观事物的过程中，对于认知对象总是持有一定的态度和倾向，产生某种主观体验，如喜欢、憎恨、害怕等，这些都属于情感过程。情感过程包括情绪与情感活动，情绪与情感是人类最有特色的心理现象，它是客观事物是否符合或满足人的需要而产生的主观体验，实质上是人对客观事物的态度的一种带有独特色彩的反映。

情感过程不同于认知过程，它既有喜、怒、哀、乐等主观体验，又有丰富多彩的表现形式，并伴随着机体的生理变化，这就使得心理活动带有了"温热"和"色彩"。情感过程在一定程度上可以透视人的内心世界，因此，它是心理学研究的重要内容之一。

（3）意志过程。人们认识和变革客观现实的活动，从来就不是一帆风顺的，必然会遇到各种各样的困难和障碍。对此，我们要坚定信心，增加勇气，战胜前进道路上的"拦路虎"，而这需要意志过程的帮助。意志是人们自觉地提出目的、支配自己的行为，克服困难和挫折、坚持实现预定目的的心理过程。意志是人类改造世界的重要心理因素，是人与动物心理的本质区别所在。动物的心理没有达到意志的水平，因此，他们的行为是盲目的本能行为，不能在自然界打下它们"意志"的印记。人的意志突出地体现了人的心理的自觉能动性，人只有通过意志行动才能实现远大的理想和宏伟的目标。

知、情、意三种过程不是彼此孤立的，它们融合在统一的心理活动之中，既相互联系又相互制约。一方面，人的意志和情感总是在认识的基础上产生和发展起来的。认识是情感和意志的前提，并对其产生起着决定性作用。人对客观事物的态度取决于对该事物的认识，人的意志行动是在认识的基础上、在情感的推动下产生。因此，只有认识的深刻和正确，才能产生强烈的情感和坚强的意志。另一方面，情感和意志又影响着人的认识。情感对于认识的内容、方式等各方面起着筛选和过滤的作用，而意志对于认识则起着推动和激励的作用。由于情感和意志具有这些作用，因而又成为衡量一个人认识水平的重要标志。从情感和意志的关系来看，二者虽然都具有一定的依附性，但彼此之间也具有相互联系和相互制约的特点。一定的情感对于人的意志品质的形成同样具有一定的筛选作用；而意志则对于情感起着调解和控制作用。从系统论的观点看，人的心理活动是协调统一的，相互联系又相互制约的。

心理过程及各过程之间的相互关系是心理学研究的重要内容。

2. 个性心理。个性心理是心理现象的另一个重要方面，简称个性。个性，是指一个人属于他自己的完整的精神面貌。精神面貌是个体在社会化中所形成的意识倾向性和稳定的心理特征的总和。个性心理包括个性倾向性和个体心理特征。

（1）个性倾向性。个性倾向性又称个性的动力性，是指一个人所具有的意识倾向和对客观事物的稳定的态度与看法。它是人从事各种活动的动力源泉，决定着一个人的行为的方向。它包括需要、动机、兴趣、理想、信念、价值观和世界观等。这些不同因素在人类个体的不同成长和成熟阶段发挥着不同的作用。一般地说，需要与动机是人的原始动力，影响着其他不同内容的形成和作用的发挥。在儿童期，对心理活动和行为影响最大的是兴趣；在青少年期，信念和理想逐渐形成并上升到主导地位；到了青年期和成年期，价值观和世界观便成为主导倾向。

个性倾向性是在实践活动中逐渐形成并发展起来的，反映了一个人与客观环境之间的相互关系，也反映了一个人的特殊生活环境和经历。

（2）个性心理特征。个性心理特征是个性的外显部分，是一个人身上经常表现出来的本质的、稳定的心理特点。它表现着个性差异的具体内容，包括人的能力、气质和性格。人与人之间的一个重要差异表现在能力方面，能力是一个人顺利完成某种活动时所必需的心理特征。能力的大小影响着完成活动的速度、效果和质量。生活中，我们经常能够发现有的人稳健、持重，有的人直爽、开朗，有的人多疑、敏感，这是在气质方面表现出来的个性心理特征。气质是个体心理活动的稳定的动力特征。这种动力性与个体的神经结构和活动特点有密切关系，因此具有先天性。我们还发现，在待人接物的过程中，有的人谦虚、礼貌，有的人朴实、诚恳，有的人轻浮、傲慢，有的人虚伪、贪婪，这些都是在性格方面表现出来的个性特征，性格是一个人对现实的稳定的态度和习惯化了的行为方式中所表现出来的心理特征。性格是个性心理特征的核心内容，它最能表现一个人的个性差异，而且性格总是和一个人的意识倾向和世界观紧密相关，体现着一个人的本质属性。

在现实社会中，人不能离群索居，总是要归属到一定的家庭、单位、民族、种族等不同的群体中，总在一定地域中生活。在外界环境的影响下，人们的个性心理也融进了某些共性的东西，但共性是相对的，差异性则是绝对的。世界上没有两个个性完全相同的人，就像没有两片完全相同的树叶一样。

3. 心理过程和个性心理的关系。心理过程和个性心理作为心理现象的两个方面是有着密切联系的。一方面，心理过程是个性心理形成的条件。各种心理过程多次重复经历是形成个性的前提。假如没有对客观事物的明确认识，不能产生对客观事物的情感体验，缺乏对客观事物进行改造所必需的意志行为，人就难以形成稳固的个性心理。另一方面，已经形成的个性心理又会制约和影响心理过程的进行，并在心理过程中得到体现。比如，能力不同的人，对一事物的认识及解决问题的水平是不同的；性格不同的人，在对待不同问题时，常常会有不同的行为特点，有的人果断干练，有的人犹豫不决。

（二）心理的实质

人类对自身的心理现象经过艰难而漫长的认识，逐渐形成了辩证唯物主义的基本观点，即脑是心理的器官，心理是脑的机能；心理是客观现实的主观反映。

1. 脑是心理的器官，心理是脑的机能。脑是心理的器官，心理是脑的机能。这一基本观点现代人理解起来一般不会产生很大的困难，但要理解得很深刻却并不容易。我们可以从以下几个方面加深认识：

（1）心理的自然发展过程表明心理是神经系统发展到一定阶段的产物。物质世界本体对客体施加作用后，客体都会以一定的反映形式进行应答。反映是物质相互作用留下痕迹的过程，它是物质的普遍属性。但不同物质的反映形式是不一样的，从低级到高级存在着不同的形态。作为心理的反映形式的产生是物质，特别是生物演化的结果，有其自然发展过程。

（2）人类个体的身心发展过程证实心理是脑的机能。儿童心理学家研究发现，儿童心理水平的提高是与身体成熟，特别是神经系统的发展紧密联系的。以思维水平为例，0～2岁以感知运动为主，这时婴儿脑重为900克，占成人的2/3，脑内部组织逐渐完善，婴儿可以协调感知觉和动作活动，认识外部世界，逐渐获得一些经验。2～7岁时，儿童脑重达1250克，相当于成人的9/10，因为学会了使用语言，可以借助于内部语言进行内部化的智力操作，这个时期儿童头脑中存储了各种事物的表象，掌握了许多前科学概念；儿童开始有想象力，具有形象思维的能力。7～11岁时，儿童的脑重已接近成人。他们已掌握一些科学概念，学会运用概念认识事物，并形成一些观点，智力发生了新的飞跃。12～15岁时，儿童的身体发育已基本成熟，脑重量达到成人水平，约为1400克，可以进行抽象思维，能运用概念进行逻辑推理，会用归纳和演绎的方式解决抽象的问题。这些都说明，心理不是与生俱来的，它是与脑的发育和完善紧密相连的。

（3）医学科学的研究证明心理是同脑密切关联的。脑科学告诉我们，人类的大脑是一块极其特殊的物质，它有一个与其他任何器官都不同的功能，这就是能够产生"地球上最美丽的花朵"——心理现象。

2. 心理是客观现实的主观反映。从心理的产生机制上看，心理是脑的机能，但仅仅具有这种机能并不能产生心理现象。从心理的内容来看，心理是脑对客观现实的主观反映。脑就好比是一个"加工厂"，没有待加工的"原材料"，大脑就产生不出"产品",即产生不了心理。

(1)客观现实是心理的源泉。心理活动是一种反映活动,它离不开被反映的对象,这个对象就是客观现实。客观现实,是指在人的意识之外,不以人的意志为转移而独立存在的事物。它是心理取之不尽、用之不竭的源泉和内容。

(2)心理是对客观世界的主观映象。人脑对客观现实的反映过程,就是在头脑中形成映象的过程。映象与反映的对象不是同质的。前者以观念形式存在于人脑中,是主观的;后者以物质形式存在于现实中,是客观的。二者是同一事物的两种不同存在形式。

但心理既有主观性又有客观性。其客观性表现在:①心理所反映的对象及内容是客观的。②心理反映过程本身是客观的。心理活动是以脑的神经系统为载体和物质承担者的活动,这一过程是客观的。③心理活动通过人的语言、表情和行为表现出来,这些表现也是客观的。

心理活动的主观性表现在:心理反映由一定主体进行,受主体需要、态度、情感、认知水平、个性特征和反映时的心理状态等主观世界的影响,所以表现出极其鲜明的个人色彩。对于同一篇文章,阅读后的评价可能会仁者见仁、智者见智。可见,人们对同一事物的反映在准确性、深刻性、全面性和选择性方面都受人的主观世界的影响。

由此可见,心理活动是客观和主观的统一,是客观现实的主观映象。尽管人的心理对客观现实的主观反映复杂多样,但归根结底都是由客观现实所决定的。

二、社区矫正人员及心理分析

(一)社区矫正及社区矫正人员

1.社区矫正。社区矫正(Community correction)是一个外来语。社区矫正是西方国家首先推行的一种刑事执法模式,其理念正始于19世纪末近代学派的行刑社会化思想。近代学派的大师们认识到监狱刑罚的缺陷和不足,提出了非监禁刑罚措施和对罪犯人格的改造,社区矫正便由此发端。20世纪50年代兴起了罪犯再社会化思潮,以安塞尔为代表的新社会防卫学派提出对罪犯实行人道和再社会化,使社区矫正思想由孕育走向成熟,并逐渐由学说渗透到立法,再转化为各国的行刑实践。刑罚注重对犯罪人的改造、完善而不是报复;刑罚的目的是将社会人格不完善、不能正常进行社会生活的犯罪人再社会化,这已成为现代社会的共识。社区矫正比监狱矫正有更大的优越性,目前已成为西方国家占主导地位的行刑方式,也已成为世界各国刑罚体制改革发展的趋势。

社区矫正的概念很多,在我国比较认同的观点是"非监禁刑罚执行说",即认为社区矫正是与监禁矫正相对的刑罚方式,是指将符合社区矫正条件的罪犯置于社区内,由专门的国家机关在相关社会团体和民间组织,以及社会志愿者的协助下,在判决、裁定或决定确定的期限内,矫正其犯罪心理和行为恶习,并促进其顺利回归社会的非监禁刑罚执行活动。社区矫正工作是积极利用各种社会资源、整合社会各方面力量，对罪行较轻、主观恶性较小、社会危害性不大的罪犯或者经过监管改造、确有悔改表现、不致再危害社会的罪犯在社区中进行有针对性管理、教育和改造的工作。

我国于 2003 年开始了社区矫正试点工作，到 2009 年在全国全面试行，其间社区矫正工作发展迅速，覆盖面稳步扩大，社区矫正人员数量不断增长。截至 2010 年 12 月底，全国 31 个省（区、市）和新疆生产建设兵团已开展社区矫正工作，覆盖全国 91% 的地（市、州）、72% 的县（市、区）和 65% 的乡镇（街道）。北京等 13 个省（区、市）已经在全辖区开展社区矫正工作。各地累计接收社区矫正人员 59.8 万人，现有社区矫正人员 27.8 万人。

在此实践的基础上，2011 年 2 月 25 日，第十一届全国人大常委会第十九次会议审议通过《中华人民共和国刑法修正案（八）》，明确规定了对判处管制、缓刑以及假释的罪犯依法实行社区矫正，至此实施了 8 年试点工作的社区矫正制度正式进入刑法。2014 年 10 月 23 日中国共产党第十八届中央委员会第四次全体会议通过的《中共中央关于全面推进依法治国若干重大问题的决定》，明确提出"制定社区矫正法"。这为我国进行社区矫正工作提供了根本上的法律依据，对我国的社区矫正的发展、完善、成熟有着重要的意义，也为改革完善我国刑罚执行制度奠定了重要基础。

2. 社区矫正人员。关于社区纠正的适用范围，我国法律规定如下：①被判处管制的。②被宣告缓刑的。③被暂予监外执行的，具体包括：一是有严重疾病需要保外就医的；二是怀孕或者正在哺乳自己婴儿的妇女；三是生活不能自理，适用暂予监外执行不致危害社会的。④被裁定假释的。⑤被剥夺政治权利，并在社会上服刑的。在符合上述条件的情况下，对于罪行轻微、主观恶性不大的未成年犯、老病残犯，以及罪行较轻的初犯、过失犯等，应作为重点对象，适用上述非监禁措施，实施社区矫正。

从社区矫正试点工作的对象来看，实际上包括三类人：①罪行比较轻微的罪犯，包括被判处管制、缓刑的；②罪行虽然比较严重，但是经过改造证明确有悔改，不致再危害社会的，如被假释的；③有特殊情况，暂予监外执行的。对于前两类人实行社区矫正，体现了对犯罪分子的区别对待。对于第三类人实行社区矫正，则体现了刑罚执行中的人道主义精神。由于社区矫正的对象，是罪行较轻或者确有悔改表现、不致再危害社会的罪犯，而不是对社会造成严重危害，并且仍然对社会有危险的犯罪分子。因此，公众在心理上对社区矫正应当是能够理解的。

还应当指出的是，我国的"社区矫正"，是与监禁矫正相对的刑罚方式，是充分利用社会资源，积极运用各种方法、手段，整合政法部门、社区等各方力量，着力对社区范围内的假释、监（所）外执行、管制、剥夺政治权利、缓刑等罪犯进行针对性的教育改造的手段和方法。

（二）我国社区矫正人员的基本情况

为了更好地了解我国的社区矫正人员的基本情况，进一步完善社区矫正工作。从 2012 年开始，某市司法局与某市爱恩心理咨询有限公司共同开发"打开心墙"心理矫正系统，调查了某市社区矫正人员的基本情况如下：

此次调查对甲、乙、丙、丁 4 区社区矫正人员共采集 1080 名社区矫正人员的评估结果，其中男性 987 人，女性 93 人。

表 1-1 某市社区矫正人员部分基本情况统计表

项目	性别		户籍		婚姻状况					药物	在矫时间			
	男性	女性	本地	外地	未婚	已婚	离婚	丧偶	再婚	吸毒史	1 年以下	1~3 年	3~5 年	5 年以上
人数	987	93	608	472	225	639	108	76	32	16	323	476	201	80
百分比%	91.4	8.6	56.3	43.7	20.8	59.2	10	7	3	1.5	29.9	44.1	18.6	7.4

1. 从性别来看，此次社区矫正人员数据中男性 987 人，女性 93 人。这表明男性犯罪可能性远大于女性。从户籍来看，本地户籍的社区矫正人员和外地户籍的社区矫正人员人数几本相当。从社区矫正人员的婚姻状况来看，已婚、未婚和离婚的人数较多，其中已婚的社区矫正人员的家庭大多数都存在着一定问题。有吸毒史的有 16 人。从在矫时间来看，多数为 1~3 年，然后是 1 年以下、3~5 年、5 年以上的最少。这表明社区人员一般犯罪情节较轻，社会危害性较小。

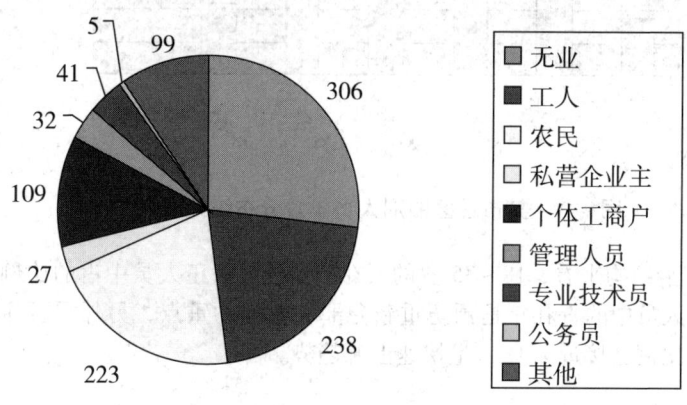

图1-1 某市社区矫正人员就业情况统计图

2. 从就业情况来看，矫前为无业、工人、农民的人占多数。这表明社区矫正人员中多数人失业、无正当职业或无稳定经济来源，且有较多可自由支配的时间。

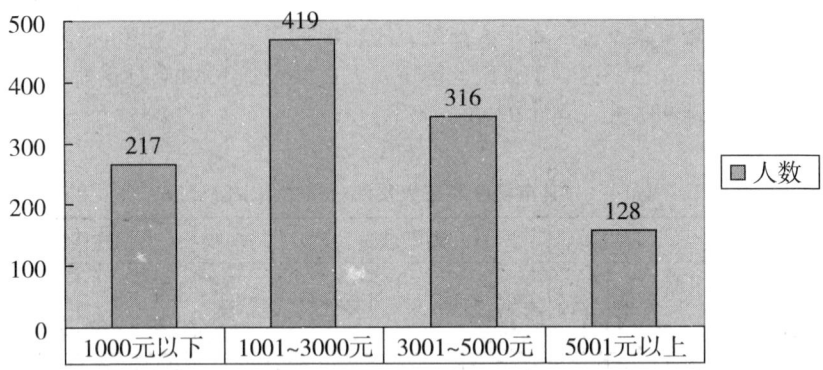

图1-2　某市社区服刑人员人员月收入情况统计图

3. 从月收入情况来看，社区矫正人员中有 2/3 的人员月收入为中等以下水平，存在较大的经济压力，同时也应注意到，超过某市平均收入的社区矫正人员也存在相当比例。

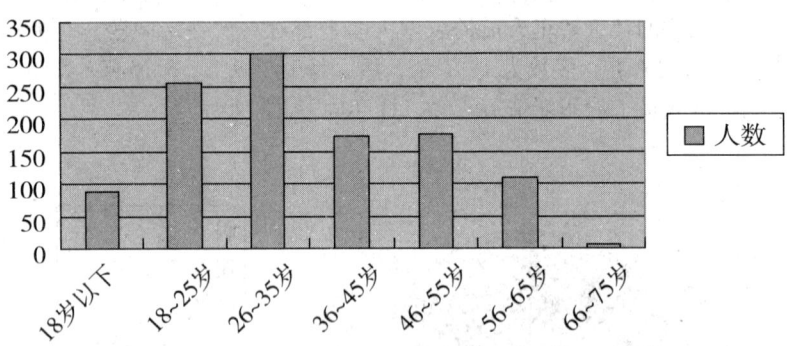

图1-3　某市社区服刑人员年龄分布统计图

4. 从年龄结构来看，18～35 岁的人在所测社区矫正人员中占的比例最高。这表明社区矫正人员中的青壮年是预防重新犯罪和监控的重点，另外需要注意的是，未成年人占的比例已接近10%，呈快速上升趋势。

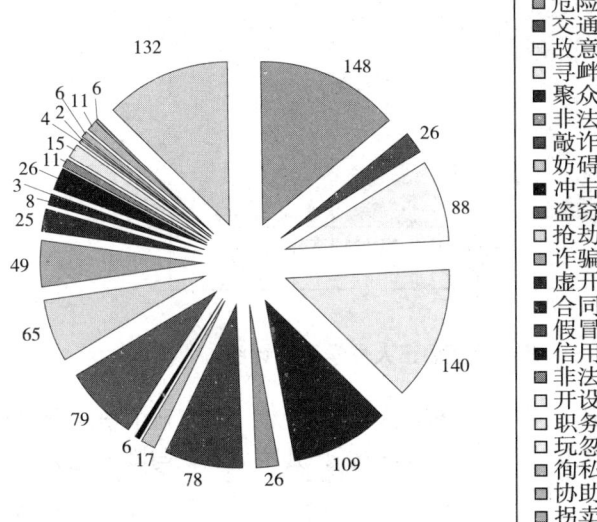

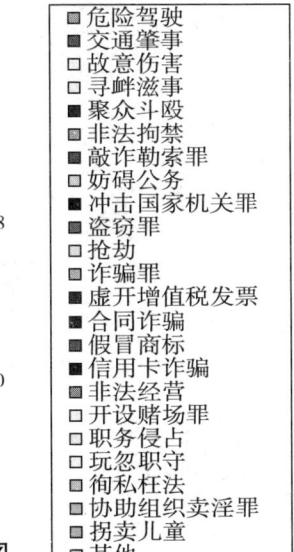

◨	危险驾驶
■	交通肇事
□	故意伤害
□	寻衅滋事
■	聚众斗殴
▨	非法拘禁
■	敲诈勒索罪
◨	妨碍公务
■	冲击国家机关罪
▨	盗窃罪
□	抢劫
□	诈骗罪
■	虚开增值税发票
▨	合同诈骗
◨	假冒商标
■	信用卡诈骗
▨	非法经营
□	开设赌场罪
□	职务侵占
□	玩忽职守
◨	徇私枉法
▨	协助组织卖淫罪
◨	拐卖儿童
□	其他

图1-4 某市社区服刑人员犯罪类型统计图

5. 从犯罪类型来看，所犯危险驾驶、寻衅滋事、聚众斗殴等罪的人数较多。这表明冲动型犯罪是社区服刑人员的主要犯罪类型。

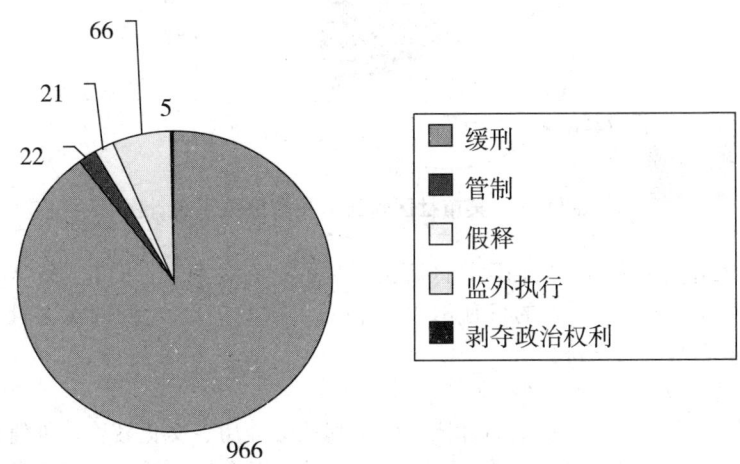

▨	缓刑
■	管制
□	假释
▨	监外执行
■	剥夺政治权利

图1-5 某市社区矫正人员矫正类别统计图

6. 从矫正类别来看，缓刑人员占所抽取的社区矫正人员的89.3%。这表明社区矫正人员中绝大多数属于缓刑人员。

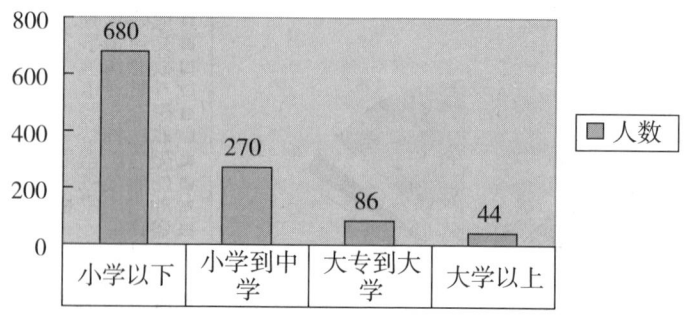

图1-6　某市社区矫正人员学历统计图

7. 从文化程度来看，小学以下680人，占63%，小学到中学文化270人，占25%。这表明社区矫正人员大多文化程度较低，其法律意识与自控能力较弱，进而导致犯罪。

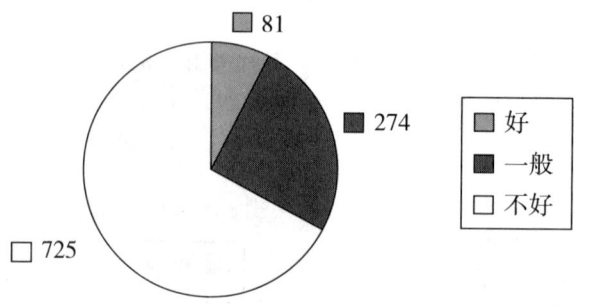

图1-7　某市社区矫正人员家庭关系统计图

8. 从家庭关系来看，所抽取社区矫正人员中家庭关系不好的有725人，关系一般的有274人，家庭关系好的只有81人，占总人数的7.5%。可见大多社区矫正人员都缺乏家庭系统的支持。

（三）社区矫正人员心理分析

社区矫正人员是一个复杂的客体，由于其社会经历、文化教养、价值观念的不同，不良心理的表现也多种多样，社区矫正人员一般在接受矫正初期容易出现不满和悲观等不良情绪。青少年社区矫正人员则容易出现挫折心理、逆反心理等。从调查分析来看，比较常见的不良心理主要表现有身份转化的适应不良综合征、自卑自弃心理、焦虑恐慌心理、抑郁悲观心理、冷漠消极心理、抵抗报复心理等。

通过对所抽取的某市社区矫正人员进行症状自评量表（SCL90）测试，发现社区矫正人员中存在较多的是抑郁、焦虑、冲动、敏感、悲伤问题。其中抑郁得分属于较高以上的占51.3%，表明约有一半的社区矫正人员情绪状态不佳，对生活缺乏热情；近 4/5 的社区矫正人员遇事容易紧张，焦虑不安；62.7% 的社区矫正人员遇事容易冲动，对自己的情绪缺乏控制能力；95% 的社区矫正人员过于敏感，对他人或外界事物存在怀疑、抵触的态度；28.8% 的社区矫正人员存在较高的悲伤情绪。

表 1-2　某市社区矫正人员心理障碍统计表

项目	抑郁			焦虑			冲动			敏感			悲伤		
	高	较高	正常	高	较高	正常	高	较高	正常	高	较高	正常	高	较高	正常
分数	167	387	526	332	464	284	276	401	403	370	656	54	86	225	769
百分比%	15.5	35.8	48.7	30.7	43	26.3	25.6	37.1	37.1	34.3	60.7	5	8	20.8	71.2

1. 适应不良综合征。适应不良综合征，是指生活、学习和工作环境发生了重大改变，个体的心理、行为特征无法适应，出现异常，轻者自我迷茫、困惑、苦闷、迷失、烦躁、失眠或日夜颠倒，不善于与人交往，难以融入新环境，情绪不稳，冲动任性，会无故叫喊，少耐心，做事急匆匆、注意力不集中，等等；重者容易诱发各种心理障碍和心理疾患，甚至出现各种犯罪或自卑、自杀倾向。这种因环境改变导致精神上的紧张、干扰，而使自己思想上、情感上和行为上发生了偏离社会生活规范轨道的现象称谓"适应不良综合征"。

每一名社区矫正人员本身都拥有社会角色，承担相应的社会功能，当身份变成了"罪犯"，在思想与行为上有明显不同，需要有一段时间去适应，大多数人能够自我进行角色调整，不会对身心与生活产生过大的影响或伤害。约有 5% 左右有明显的不良症状反应。

2. 自卑自弃心理，自感前途渺茫。自卑自弃是一种因过多自我否定而产生的自惭形秽的情绪体验。社区矫正人员有时会觉得自己低人一等，在社会上已经留下了不好印象，再也没有前途和希望了；总觉得别人在背后议论自己，在心理上敏感、自卑，怕与人接触，不愿与人沟通，形成自我封闭的不良反应。

3. 焦虑恐慌心理，对生活缺乏信心。焦虑恐慌是个体主观上预料将会有某种不良后果产生或可能造成心理挫折的一种不愉快的情绪体验。社区矫正人员的矫正期限有长有短，特别是剥夺政治权利的时间更长。这样漫长的矫正期限，使某些社区矫正人员感到心里没底，对生活缺乏信心，心理压抑、恐慌甚至绝望。

4. 悲观心理，无力承受生活压力。抑郁悲观是个体感到无力应付外界压力而产生的一种消极情绪，常伴有厌恶、痛苦、羞愧、自卑等情绪体验。社区矫正人员的抑郁主要来自就业、择业的艰难。目前，社会整体就业压力不断增加，由于现在就业岗位少，社会上很多适龄人员都没有工作，所以推荐社区矫正人员再就业就更加难。特别是社区矫正人员大部分文化层次较低、知识技能较少以致再就业竞争力低，进一步导致生活无着落，经济无来源，生活陷入极端困难境地，又不知如何改变现状，从而对生活缺乏信心，很容易导致重新违法犯罪。

5. 冷漠消极心理，自我封闭回避现实。冷漠消极是一种个体对挫折环境的自我逃避式的退缩性的心理反应，表现为对人对事不关心、冷漠的消极情绪体验。由于某些社区矫正人员因过去犯的错，给家人心理上造成了不同程度的伤害，导致部分家人对他们缺乏思想和生活上的关爱，个别甚至将其拒之门外。还有的社区矫正人员不体谅家中困难，易暴易躁，导致家庭关系、人际关系淡漠，亲情之间沟通不正常，相互埋怨不谅解。

6. 抵抗报复心理，致使重新违法犯罪。抵抗报复心理是在社会交往中欲以攻击方式对那些曾给自己带来挫折、不愉快的人发泄怨恨、不满的一种情绪。有些社区矫正人员有很深的"仇富"情结，周围熟悉的环境和人的巨大变化，与自己的"一无所有"相比较，不免相形见绌，心理落差大，情绪浮躁。他们犯罪的意识并没有得到根除，扭曲的心态也没有得到矫正。因此，这些人一旦有条件，不满情绪很容易转化为强烈的反社会意识，邪恶贪婪的本性就会再度显露，进而无法自控地重新走上犯罪的道路。

第二节 社区矫正人员心理矫正

一、社区矫正人员心理矫正概述

社区矫正人员心理矫正，是指将心理学的原理、方法和技术运用于社区矫正工作中，剖析社区矫正人员犯罪心理形成的过程、原因和规律，分析他们在矫正过程中所出现的各种心理问题，然后有针对性地采取心理学技术对其不良心理和不良行为进行矫正和治疗，帮助他们消除心理障碍，解除心理矛盾，促使其心理健康，重塑健全人格并提高适应社会的能力，最终成为一个适应正常社会生活的人的一种活动。

对社区矫正人员进行心理矫正是罪犯矫正体系的重要组成部分，是与管理、教育、劳动并称的三大矫正手段之一，在罪犯改造的过程中发挥着极为重要的作用。心理矫正既是人类行刑理念的改革，更是促进罪犯教育改造向科学化、文明化、人道化方向的转变，还是促进罪犯再社会化目标实现的重要手段。社区矫正作为刑罚执行文明化、进步化、人道化的标志，自然不可缺少这种以人为本，体现人性化理念的新型的、独特的矫正手段。随着社区矫正工作的全面推进，对社区矫正人员的心理矫正被作为一种具有现实意义的矫正手段而更加受到重视。

（一）社区矫正人员心理矫正的原则

社区矫正人员心理矫正是一项科学性、实践性很强的工作，做好这项工作应当遵循以下原则：

1. 以社区矫正人员的再社会化为最终目标，结合社区矫正的整体工作开展心理矫正。

2. 在全面了解社区矫正人员的基础上，根据他们的心理特征和发展规律，根据他们的个性特征和发展需要，有针对性地实施心理矫正。

3. 心理教育、心理辅导与心理咨询、心理治疗有机结合，将心理矫正贯穿社区矫正的全过程，积极主动地开展心理教育与心理辅导，同时关注出现心理障碍的社区服刑人员，积极能动地实施心理咨询与心理治疗。

4. 心理矫正的主导作用与社区矫正人员的积极参与有机结合。内因是变化的根据，外因是变化的条件，社区矫正人员的认知、情绪和行为的改变，尽管离不开矫正者的专业工作，但是心理矫正者的作用只是"授之以鱼"，而不是"授之以渔"，所以，在矫正关系中，矫正者只起着"助动者"的角色，而被矫正者才是改变自己的真正主宰。因此，应充分调动和启发社区矫正人员的主动性和自觉性，提高他们自我矫正、自我发展的思想观念与能力。

5. 相互尊重、平等原则。这是进行心理矫正的基础。心理矫正人员要与被矫正人员一起分析他们存在的心理问题，制定心理矫正目标，确定心理矫正方案等。

（二）社区矫正人员心理矫正的相关研究

1. 国外研究现状。国外对罪犯的心理矫治研究经历了艰难曲折的发展历程。20世纪 60 年代，针对罪犯的理论研究逐渐受到冷落。由于心理治疗哲学中的固有假设，将罪犯描述成受害者，他们之所以犯罪是社会或者个体的原因所致。因此建立在这一假设基础上的罪犯心理治疗被认为是合理、必要而有效的方法。但这与基于自由意志理论建立的刑事司法体系相矛盾，心理治疗研究人员极力为犯罪人辩护，而法院则要考虑到判决的公正与法律的威慑力量，因此这两者之间的矛盾阻碍了罪犯心理矫治的发展。加之针对罪犯的心理矫治理论研究并未从很大程度上降低罪犯的再犯罪率，因此针对罪犯的心理矫治理论研究受到了质疑。20 世纪 80 年代，罪犯心理矫治的理论研究更是进入冰点，针对犯罪心理的心理矫治观念也受到了人们的质疑与反对。从 20 世纪 90 年代开始这种情况逐渐得到了改善，尤其是加拿大、美国的部分地区。这是因为心理矫治治疗效果的元分析研究重新将心理矫治工作纳入刑事司法体系的视野。心理矫治的元分析方法研究由美国心理学家 Glass 所创立。针对心理矫治效果的元分析研究就是对犯罪人进行具体分析，根据犯罪人不同的生活环境、家庭背景、个人经历找到相应的心理矫治方法、技术。这种有针对性的心理矫治方法大大提高了矫治的有效性。针对罪犯的心理矫治理论研究也重新引起了国外学者的关注，各种矫治理论不断产生。

国外罪犯心理矫治的理论研究基本上建立在原有理论成果之上，并且这一理论研究与心理学理论的发展是并行的，并且随着心理学理论研究的不断深入，罪犯心理矫治的理论内容也得到不断发展、丰富和完善。例如 August Aichhom 根据传统的精神分析理论探讨青少年的犯罪问题，并提出潜在的不良行为理论这一观点。同时随着斯金纳认知主义、华生行为主义心理学理论的提出，针对罪犯心理矫治的理论研究也获得了前所未有的发展。精神分析心理治疗理论的发展，推动了各种不同的心理治疗理论相继产生，基于理论背后的心理治疗方法也各式各样，如日本著名医学博士森田正马在精神分析理论基础上创立的森田疗法、奥地利精神病学家 Alfred Adler 创立的阿德勒治疗理论。同时某些西方国家在对罪犯的心理矫治理论研究中，也逐步扩大研究视野，如将东方的传统文化应用在罪犯的心理矫治研究与实践中并取得一定的治疗效果。如美国心理医师 Kornfeld 博士就将东方传统文化中的某些合理治疗方法应用于心理矫治临床研究，并取得了一定的研究成效。国外对于罪犯的心理矫治研究工作尽管已经相当成熟，但是这种理论研究却建立在西方人的心理特征基础上，对于不同地区、不同人种、不同文化等跨文化的心理研究还很薄弱。各个学派站在自己的立场，缺乏合作与沟通，导致研究工作分散，没有形成科学的心理矫治研究体系。因此在对中国的社区矫正人员进行心理矫治时，应积极借鉴国外先进和成熟的心理矫治理论成果，但不可急功近利，更不能采取拿来主义，应当在研究我国传统文化心理特点的基础上，进行适合中国人心理特点的心理矫治理论研究和实践工作，努力实现我国社区矫正心理矫治工作的本土化。

2. 国内社区矫正人员心理矫正研究。由于我国社区矫正实践工作开展较晚，实践中尚处在试点阶段，尽管许多试点的实践为我国社区矫正的理论研究工作提供了宝贵经验，如北京，上海，浙江等试点，但由于我国对刑事执行理论的研究重点在罪犯的监禁执行方面，对社区矫正这一较为新鲜的制度理论的研究相对不足，同时存在着粗放和较为笼统的态度，在心理矫治理论方面大多是借鉴西方的心理矫治成果，缺乏符合中国人心理特征、文化特点的本土化心理矫治方法，同时在社区矫正的主体、矫正方法、监督等方面存在理论缺陷与实践障碍。另外，我国对社区矫正中矫正对象的心理矫治的具体项目还缺乏制度性的规定，矫正方法分类尚未形成一个完整的体系。在适用上往往出现各自为战的情况，缺乏使用上的程序性规定，如使用的先后次序、分类的适用原则。因此，借鉴外国社区矫正中心理矫治理论研究工作的先进经验并结合我国具体情况，建立有中国特色的社区矫正心理矫治体系，建立本土化的心理矫治模式是推进我国社区矫正工作的制度化、规范化和科学化、有效化的重要步骤。

在社区矫正人员心理矫治的研究方面，国内有些学者，如吴宗宪、刘强，主张运用西方心理学的有关理论对矫正对象进行心理矫治，如运用弗洛伊德的精神分析理论、行为主义的"厌恶疗法"、"系统脱敏法"和认知主义的"理性情绪疗法"[1]等对社区矫正对象犯罪心理的矫治进行研究探讨，这些都是对我国社区矫正理论的重要探索，对我国社区矫正心理矫治的理论研究提出有价值的建议，但这些理论上基本上停留在国外的研究成果之上而没有较大的突破和改进，并且建立在西方个人

---

〔1〕 叶利芳："社区矫正的矫治规程和矫治技术研究，"华东政法学院 2006 年硕士学位论文。

主义基础上的心理矫治研究成果是否适合于中国人心理特点尚不能得到有效证实。国内有些学者主张从心理矫治的整体入手，借鉴美国、加拿大等西方的社区矫正概念，将社区矫正定位在行使审判的各个环节，从大框架、大范围内提出对社区矫正对象的心理矫治方法；提出从心理矫治开展主体、矫治过程、影响心理矫治的内外因素等完善对矫正对象的心理矫治。这些都是从试点中发现的问题的具体解决对策，由于各地情况不同，这方面的理论研究还需进一步深入。

与上述学者的研究方向不同，我国著名心理学家钟友彬先生在弗洛伊德精神分析疗法的研究基础上，结合中国文化背景，提出了新的心理治疗理论，并提出具有独创性的心理治疗方法——领悟疗法。叶浩生、杨丽萍也主张运用后现代心理学的重要理论流派——社会建构心理学结合中国人的心理特点进行研究分析。这在一定程度上将我国心理学研究方向转向正轨，即努力探寻适合中国人传统文化心理特点的心理学理论，努力发掘西方心理学理论中的合理成分并结合中国人的特点予以改进和创新。

二、社区矫正人员心理矫正模式探索[1]

社区矫正工作的性质具有两面性，既需要体现出法律惩戒、司法监管的权威性，又需要体现出柔性管理、人性化的矫治教育。其本身由行为监管与教育矫治两部分构成。

社区矫正中工作中的心理矫正，是以社会心理学、犯罪心理学等基本理论为依据，融合中国国情、现有社区矫正管理模式、司法管理特点等因素，根据"两院两部"的《社区矫正实施办法》等相关条款，为社区矫正工作服务的一套教育矫治体系。

运用心理学的原理与心理咨询技术介入社区矫正工作的目的是运用心理学原理、心理测评技术分析判断犯罪原因，定位再犯罪风险较高的社区矫正人员，并从社区矫正人员的犯罪成因中的心理需求层面介入，采取有针对性的措施进行教育矫治，以减少再犯罪率、帮助社区矫正人员顺利回归社会，维护社会和谐稳定。

运用心理咨询技术在社区矫正工作中体现了以人为本的理念，对于帮助社区矫正人员重新找准自己的社会位置，矫治社区矫正人员的犯罪心理和行为恶习，预防社区矫正人员重新犯罪具有重要的作用；对于帮助他们悔过自新、努力改造自我、克服心理障碍、消除心理阴影，恢复自信心，增强其家庭责任感和社会责任心具有积极意义。

对社区矫正人员开展心理矫正工作是一项系统、严谨的工作，因此称之为社区矫正人员的心理矫正系统。该系统由从事心理矫正工作者的专业技能要求，从事心理矫正工作的环境条件与心理矫正方法三大部分构成。

_____

〔1〕 以某市社区矫正工作"打开心墙"心理测试系统为例。

（一）从事心理矫正工作的人员要求

对社区矫正人员开展心理矫正的人员需要掌握犯罪心理学原理，同时具有丰富的专业心理咨询经验，通过对矫正人员开展心理评估、心理健康教育、心理矫治、心理咨询、心理创伤抚慰与危机干预等一系列活动，准确掌握社区矫正人员心理特征，帮助其正确认识心理问题。对矫正人员的心理状态进行监督与管理，帮助其确定身份、端正心态、遵纪守法、积极改造，以提高其适应社会的能力。

目前，从事心理矫正工作的人员包括了具有心理专业知识背景的社区矫正工作者，具备专业知识的心理志愿者或者民间心理协会、专业的心理咨询机构的人员等，统称为社区矫正心理咨询师，因涉及社区矫正人员的心理隐私，社区矫正心理咨询师需要独立开展工作。

社区矫正心理咨询师能帮助社区矫正人员打开心扉，克服心理障碍，消除心理阴影；树立合理的信念，增强其自信心，提高其心理健康水平，同时对犯罪心理与犯罪人格进行矫正，从而实现心理矫正工作效果的最大化，从事社区矫正人员的心理咨询师资格要求如下：①拥有二级以上的心理咨询师资格证书；②拥有500小时以上的个案咨询经验；③具有2年以上的从事心理矫正相关工作经历；④经历过社区矫正工作培训，对社区矫正工作性质、流程有清晰的了解。

（二）心理矫正需要的环境与条件

为社区矫正人员开展心理矫正工作需要在专门的心理矫正室中进行，心理矫正室是对社区矫正人员进行心理矫正的基本场所。因为咨询对象的特殊性，心理矫正室的建设与普通的心理咨询室有较大的差异，科学规范、富有特色地建设好心理矫正室，能够使社区矫正人员在心理矫正工作中更好地配合心理咨询人员，打开心扉，使矫正方案更具针对性和科学性，从而实现心理矫正工作效果的最大化。

区（县）级心理矫正室建设的基本要求：

有条件的区、县（市），可以建立功能较全的心理矫正中心，包括办公室及预约等候室、心理测量及档案室、个体心理咨询室、团体心理活动室、放松治疗室、心理宣泄室等；条件不具备的区、县（市）至少建设个案心理矫正室。

1. 心理矫正室（中心）必须有专用场地，选址适当，保持相对安静，场所隐蔽，按照司法标识规范布置门牌、制度牌、标识。

2. 心理矫正室（中心）内部设施应简洁大方，采光通风条件好，室内装饰风格温馨、宁静，避免使用容易引起来访者强烈情绪反应的刺激颜色；可在适当的位置摆放鲜花或盆景，悬挂书画；沙发及其他设施摆放适宜，保持整洁、舒适。

3. 心理矫治室（中心）必须配备心理健康阅读材料、多媒体电脑、投影设备，有条件的心理咨询室还可配备录音机、摄像机等设备，以备需要时使用。

4. 心理测量室应配备必要的心理测量软件，可同时使用纸质心理测量量表进行测量。测量软件需具备国家版权局颁布的软件著作权。心理测量室一般不宜与咨询室合在一起，条件不具备的区、县（市）可与办公室合并。测量仪器、量表的使用要符合规范，测量前应取得社区矫正人员同意，在自愿的前提下进行。

测评软件应包括再犯罪风险评估量表、社会危险度评估量表、监管风险动态评估量表、心理健康测试量表、人格特质测试量表等。

5. 放松治疗室地板使用地毯铺设，避免走路声响影响效果；建议使用隔音、环保墙纸，配合地板和窗帘颜色；灯光选用柔和色并可调节；音乐放松设备需能对减压放松过程中的生理指标进行实时监测、动态反馈评估，应具备 CE 安全认证。

6. 团体活动室可根据团体活动的规模或团体咨询的需要，配置地毯、座椅和活动道具，有条件的县（市）配备录音录像等设备。团体活动室面积大小可根据自身条件和社区矫正人员规模而定。[1]

（三）社区矫正人员心理矫正体系的组成部分

社区矫正人员的心理矫正工作包括评估、矫治、教育三大核心功能，具体分为：社会危度评估、入矫再犯罪风险评估、监管风险动态评估、再犯罪高风险定位、入矫心理辅导、个案心理矫治、个案心理咨询、集中心理教育、未成年人社区服刑人员心理矫治教育、紧急心理干预十大功能，是社区矫正工作教育矫治的重要组成部分。

同时，也可运用心理矫正系统为从事社区矫正的工作人员提供心理援助服务。

1. 配合审前调查进行社会危害度评估。根据《社区矫正实施办法》的相关要求，人民检察院、公安机关、监狱对拟决定暂予监外执行的在押罪犯，需要调查其对所居住社区影响的，可以委托县级司法行政机关进行调查评估；受委托的司法行政机关应当根据委托机关的要求，对罪犯的居所情况、家庭和社会关系、一贯表现、犯罪行为的后果和影响、居住地村（居）民委员会和被害人意见、拟禁止的事项等进行调查了解，形成评估意见。

审前调查的核心目的是判断调查对象是否具有社会危险性、是否可以实现有效监管、是否可以适用社区矫正，所依据的是调查对象表现的积极因素和消极因素。

心理分析技术在审前调查过程中呈现出重要的作用。从调查对象的个人、家庭、生活、就业、社会关系、违法犯罪史、认罪悔罪态度及服刑表现、生活态度和政治倾向等情况来分析其社会危害程度，为委托方提供客观的参考依据。

2. 对新入矫的社区矫正人员开展再犯罪风险评估、心理健康测评，建立个人档案。入矫时开展的再犯风险评估，是指司法所工作人员对社区矫正人员的情况，在审前调查、入矫测评的基础上，综合各种信息对新入矫人员在矫期间重新犯罪的可能性进行分析与判断，确定其再犯风险等级，从而在社区矫正工作中落实相应的防控措施，有针对性地为社区矫正人员进行分类管理、分阶段教育，最大限度地预防和减少重新违法犯罪，使社区矫正工作程序化、规范化、科学化、标准化。

入矫再犯罪风险评估是社区矫正人员在矫期间的工作依据，是社区矫正工作的

---

〔1〕　参考文件：某市区县级社区矫正中心建设标准文件。

重要组成部分。

对新入矫的社区矫正人员，应在入矫一周内进行入矫测评，测评内容包括入矫再犯罪风险评估、人格与心理健康评估，由社区矫正心理咨询师根据测评结果分析，形成标准的评估报告，报告中应有相应的分级管理建议与针对性的矫正方案。

人格与心理健康测评：社区矫正人员在入矫报道 7 天内，需要在工作人员的要求下，在司法所内参加人格特质与心理健康测试，建议使用 16PF 或者 EPQ 与 SCL90 量表，若有需要，也可以运用 MMPI 量表进行全面评估。根据测试结果，有犯罪人格障碍或者有致犯罪心理障碍的社区矫正人员为再犯罪高风险人员，应列为重点监管对象。

入矫评估报告将随社区矫正人员资料建立个人档案。在测评分析过程中所发现有反人格性、边缘型、报复型人格障碍，或者有严重心理障碍者，应列为重点监管对象。

3. 监管风险动态评估。司法所的工作人员对社区矫正人员在矫期间的表现，每月都需要进行评估，判断其监管过程变化，分析其在矫期间的犯罪可能性的倾向走势，该过程称之为监管风险动态评估。监管风险将综合考虑影响再犯罪风险的因子如消极抗拒、情绪波动、脱管、被警告、工作变动、失业、亲人离世或判刑、离婚等。

由上可见，动态监管风险主要影响是活动因子，来源于社区矫正人员的心理活动变化，因此，通过心理分析技术来协助判断社区矫正人员的监管风险的必要性得以凸现。

社区矫正心理咨询师可以将上述影响再犯罪的因子，按一定的加权，以月为单位得出相应数值，做成再犯罪风险动态曲线，供监管参考作出风险预判，当动态评估分值超出预警分数时提供预警信息。

4. 再犯罪高风险定位。因入矫测评的性质与方法原因，决定有部分社区矫正人员测评结果的可信度较差，为了修正误差，精确定位再犯罪风险较高的社区矫正人员，社区矫正心理咨询师需要在入矫再犯罪风险评估基础或者在监管风险动态预警的基础之上，对测评结果显示再犯罪风险较高（超预警值）的社区矫正人员，进行再犯罪风险排查，进一步确定社区矫正人员的心态与状态，排除无效测评，精确定位再犯罪风险较高的社区矫正人员，为有针对性开展矫正工作做准备。该过程称为再犯罪风险排查。

依据入矫再犯罪风险评估的结果，运用心理询问与沟通技巧，通过调阅档案、与社区矫正人员电话沟通、面谈、上门走访等方式，判断其再犯罪的可能性程度，同时还根据其罪行、在矫周期、在矫表现等因素综合判断其再犯罪的可能性。排查报告为工作档案的组成部分。

5. 入矫时对社区矫正人员进行心理辅导。为了从社区矫正人员入矫时就能掌握其心理活动状态，在入矫报道时，社区矫正心理咨询师应加入社区矫正小组，参加入矫仪式。

在仪式上，由社区矫正心理咨询师告之社区服刑人员对其提供心理矫正的目的、作用与方式，解释社区矫正人员身份对生活与心理带来的影响，减轻适应不良对社区矫正人员的影响，鼓励其安心改造。社区矫正心理咨询师与社区矫正人员建立联结，鼓励社区矫正人员主动寻求心理帮助，为日后顺利开展工作打下基础。

同时，这个过程也对故意隐藏罪行的社区矫正人员有暗示警告作用。

从实际工作来看，入矫时由社区矫正心理咨询师及时介入社区矫正工作非常必要，能够与社区矫正人员顺利联结，减轻他们对心理矫正工作的排斥与抗拒。

从社区矫正工作性质来说，很少有社区矫正人员在社区矫正中主动求助社区矫正心理咨询师，而入矫心理辅导可以有效解决这一问题，很多社区矫正人员会在经历入矫辅导后主动求助。这有效降低了因适应不良导致的压力、焦虑等不良心理障碍，减少了导致再犯罪的可能性，也减少了社区矫正的工作人员的工作量，使社区矫正工作得以顺利开展。

6. 对重点社区矫正人员开展心理矫治。心理矫治是社区矫正人员的心理矫正工作中的重要概念，也是对社区矫正人员开展心理矫正工作中的核心内容，其目的是控制与稳定服刑人员情绪，帮助其顺利度过矫正期。心理矫治对心理咨询技术要求更高，和普通的心理咨询或心理辅导相比具有强制性与要求快速性，一般来说一对一的心理矫治不超过 6 次。心理矫治适合采用针对性强、易操作、疗程短、见效快的行为疗法，需要在心理矫正室里进行。

社区矫正心理咨询师对再犯罪风险较高的社区矫正人员需要进行犯罪原因分析，因心理或人格所导致的再犯罪风险较高的社区矫正人员，需对其进行一对一的个案心理矫治，矫正其错误认知或行为，稳定其改造情绪，使其顺利回归社会。

心理矫治对象有三大类：①因心理健康或人格原因导致的再犯罪风险较高的社区矫正人员；②有明显的心理障碍或精神障碍而拒绝进行心理咨询的社区矫正人员；③抗拒、排斥，不配合社区矫正工作的社区矫正人员。

7. 对社区矫正人员开展个案心理咨询服务。在自愿的前提下，社区矫正心理咨询师对有需要的社区矫正人员开展个案心理辅导，调整其心态，帮助其树立正确人生价值观、进行职业规划，以使其能够顺利回归社会，特别是解矫前的心理辅导服务更有其重要的价值与意义，是减少再犯率的有效方法。

为社区矫正人员开展心理咨询服务、需严格遵循"平等、保密"原则，本着尊重、真诚、助人的精神，进行专业的心理咨询服务。一般来说，为社区矫正人员开展心理咨询服务范围包括：①神经官能症：抑郁症、焦虑症、强迫症、疑病症、躁狂症、失眠症、厌食症等；②心理修复：急性反应性精神障碍、精神创伤后适应障碍等；③睡眠障碍：入睡困难、易醒、早醒、夜惊、梦呓、夜游、梦魇等；④人际关系：烦恼、焦虑、抑郁、恐惧，以及持久精神紧张与精神压力等；⑤情感关系：夫妻关系咨询、婚姻心理调适、恋情咨询、婚前心理准备、两地分居咨询、情感变迁咨询。

对社区矫正人员开展心理咨询工作，在保证安全的前提下在其他场所进行，也可通过电话、网络、预约面谈等多种方式，为其提供心理咨询服务。

社区矫正人员心理咨询转介原则：如发现社区矫正人员有严重心理障碍，社区矫正心理咨询师必须及时向上级汇报，转介到相应的专业机构接受治疗，以有效预防和处置相关突发事件。初步判断标准如下：

（1）心理测评结果偏离常态：①SCL90－心理症状自测量表：标准总分大于等于200分；②SDS－抑郁自评量表：标准总分大于等于63分；③SAS－焦虑自评量表：标准总分大于等于60分；④16PF－卡特尔人格测试量表：因子标准分小于3分或大于8分。

（2）经历过较为强烈的、对个体威胁较大的生活刺激，如离婚、亲人去世、意外创伤等，体验着痛苦情绪（如悔恨、悲哀、失落、恼怒等），且痛苦情绪间断或不间断地持续2个月以上。

（3）生活、工作或社会交往存在障碍，不能独自完成。

（4）有强烈的仇恨、报复思想意识或行为，给别人造成危险或不良后果。

（5）有自残、自伤倾向，给本人造成痛苦或不良后果。

（6）心理矫正室进行3次以上心理干预，但没有明显改善者。

（7）其他情形，如社区矫正心理咨询师诊断有必要进行转介者。

8. 社区矫正人员集中心理教育活动与讲座。根据《社区矫正实施办法》要求，结合集中教育，对社区矫正人员开展心理讲座与心理培训，采用座谈、沙龙、拓展等形式，定期开展心理教育系列活动，通常以所为单位组织相关社区服刑人员或家属参加，集中心理教育的内容通常是同质性心理现场或主题，如情绪、压力、家庭关系、适应不良等，每次集中心理教育都将解决一个再犯罪心理因素以实现教育的目的，常见的集中心理教育课程参阅附件（附件：集中心理教育参考课程）。

9. 对未成年人社区矫正人员开展心理辅导和心理干预。按《社区矫正实施办法》的要求，对青少年的社区矫正人员需要遵循教育、感化、挽救的方针，由社区矫正心理咨询师为主组成对未成年社区矫正工作小组，对未成年社区矫正人员采用单独心理辅导，或上门进行心理测评或心理咨询服务。

对未成年人社区矫正人员开展心理辅导和心理干预，需要从未成年人的生理、心理、行为等特点进行多方面、多角度的引导教育及防止再犯的心理矫正，在矫正方案实施上采用调研访谈、个案咨询、电话关注、团体辅导四大方式交替进行，做到每周听声、每月见人，一直持续到解矫。

10. 紧急心理干预。当遭遇突发性社会事件或紧急事件发生，社区矫正工作人员或社区矫正小组成员、家属、来访者可要求心理咨询师配合提供相应危机心理干预服务，避免伤害进一步升级，减轻或避免不必要的身心伤害或财产损失，降低不良社会影响。

11. 对从事社区矫正的工作人员进行心理援助。社区矫正工作难度大、情况复杂，给社区矫正工作人员带来了很大的压力，使其普遍存在焦虑、抑郁、易怒易躁等情绪，这在一定程度上影响了其对矫正人员的态度，如冷硬横推、粗暴执法等，会给矫正工作带来不利的影响。为帮助工作人员有良好的工作状态，通过以下方式提供心理援助：

（1）对工作人员进行心理健康、心态确定等心理知识培训。对从事社区矫正的工作人员，每年至少2次进行健康心理知识与矫正心理技巧的培训，帮助其了解心理健康和心理保健的基本常识，能够察觉自身心理异常状况。培训内容包括：关注社区矫正人员的心理变化；抑郁、强迫与焦虑症；人际沟通能力；工作效率提升；突发事件与创伤后危机干预；职业倦怠与压力管理；心理健康与家庭幸福等内容。具体培训项目由双方另行协商确定，由乙方组织、甲方负责实施。

（2）为需要心理咨询的工作人员进行一对一的心理咨询服务。对于受心理问题困扰的司法行政系统的工作人员，社区矫正心理咨询师应利用专业的优势，提供热线咨询、网络视频咨询、异地咨询面谈、个人面询、电话咨询、电子邮件咨询、团体辅导等形式的咨询服务，能够及时、顺利地对有需要的工作人员进行心理咨询服务。

第二章　社区矫正人员心理健康评估及建档

　　社区矫正工作中，对社区矫正人员准确地进行心理健康评估，是心理矫正的前提与基础。对社区矫正人员进行心理健康评估，既是咨询与矫正工作过程的开始环节，也是进行其他工作的基础。

第一节　社区矫正人员心理健康评估

一、心理健康及评估标准

（一）心理健康的概念

　　早在 1946 年的第三届国际心理卫生大会上，就为心理健康下过这样的定义：所谓心理健康，是指在身体、智能以及情感上与他人的心理健康不相矛盾的范围内，将个人心境发展成最佳状态。心理健康是相对于生理健康而言的，表现为心理和社会方面的适应与完好的一种状态。对于心理健康所包含的具体内容，国内外学者也有过多种阐述。

　　心理健康，包括两个方面的含义：①心理健康状态，个体处于这种状态时，不仅自我情况良好，而且与社会契合和谐，即没有心理疾病的状态；②维持心理健康，减少行为问题和精神疾病。心理健康还有狭义和广义之分：狭义的心理健康主要目的在于预防心理障碍或行为问题；广义的心理健康，则以促进人们的心理调节、发挥更大的心理效能为目标，也就是人们在环境中健康生活，不断地提高心理健康水平，从而更好地适应社会生活，更有效地为社会和人类做出贡献。

　　1989 年联合国世界卫生组织（WHO）对健康作了新的定义，即"健康不仅是没有疾病，而且包括躯体健康、心理健康、社会适应良好和道德健康"。由此可知，健康不仅仅是指躯体健康，还包括心理、社会适应、道德品质，这些因素相互依存、相互促进、有机结合的。当人体在这几个方面同时健全，才算得上真正的健康。一般而言，心理健康是指，个体的心理活动处于正常状态下，即认知正常、情感协调、意志健全、个性完整和适应良好，能够充分发挥自身的最大潜能，以适应生活、学习、工作和社会环境的发展与变化的需要[1]。

　　从静态的角度看，心理健康是一种状态；从发展的角度看，心理健康则是围绕

―――――――――――

　　〔1〕　黄希庭：《健康心理学》，华东师范大学出版社 2003 年版。

着健康常模，在一定范围内，不断上下波动的过程。所以，又可以说心理健康是一个动态平衡状态，这种动态平衡状态，是在主体与环境相互作用的过程中发生的。同理，在这两者相互作用的过程中，这种动态平衡状态被打破，即心理健康状态的破坏，也可能随时发生。

在通常情况下，心理平衡状态的破坏不超越人自身固有的自我平衡能力范围，这时，心理健康状态可以不被破坏，然而一旦超越了自我平衡能力的范围，人的心态就会出现问题和紊乱，这时我们说，人的心理健康状态被破坏了。

事实上，心理健康与不健康只是一个相对的概念，它们之间并没有严格的界线。在个体发展的过程中，由于内外因素的影响与干扰，使人的心理功能受到阻碍的情况经常发生，所以对任何一个人来说，都有可能出现某些不够健康的心理状态。不健康的心理状态依据心理功能受阻的程度，可分为心理问题、心理障碍与心理疾病三个层次。

（二）心理健康的标准

1. 判断心理正常与异常的三项原则。我国知名心理学家郭念锋提出了判断心理正常与异常的三项原则：①主观世界与客观世界相统一原则；②心理活动的内在协调一致性原则；③人格的相对稳定性原则。

2. 郭念锋的心理健康十标准。郭念锋先生认为上述三项原则单从外显行为表现是否异常来评估个体的心理健康与异常是不够的，因为人与人之间的心理健康尚有水平上的差异，为此他根据区分心理健康及其水平的实际需要提出了十条标准：

（1）周期节律性。人的心理活动在形式和效率上都有着自己内在的节律性，比如白天思维清晰，注意力高，适于工作；晚上能进入睡眠，以便养精蓄锐，第二天工作。如果一个人到了晚上就睡不着觉，那表明他的心理活动的固有节律处在紊乱状态。

（2）意识水平。意识水平的高低，往往以注意力水平为客观指标。如果一个人不能专注于某种工作，不能专注于思考问题，思想经常开小差或者因注意力分散而出现工作上的差错，就有可能存在心理健康方面的问题。

（3）暗示性。易受暗示的人，往往容易被周围环境引起情绪波动和思维的动摇，有时表现为意志力薄弱。他们的情绪和思维很容易随环境产生变化，给精神活动带来不太稳定的特点。

（4）心理活动强度。这是指对于精神刺激的抵抗能力。当一种强烈的精神打击出现在面前，抵抗力低的人往往容易遗留下后患，可能因为一次精神刺激而导致反应性精神病或癔症，而抵抗力强的人虽有反应但不致病。

（5）心理活动耐受力。这是指人的心理对于现实生活中长期反复地出现的精神刺激的抵抗能力。这种慢性刺激虽不是一次性的、强大剧烈的，但久久不会消失，几乎每日每时都要缠绕着人的心灵。

（6）心理康复能力。由于人们各自的认识能力不同，人们各自的经验不同，从一次打击中恢复过来所需要的时间也会有所不同，恢复的程度也有差别。这种从创伤刺激中恢复到往常水平的能力，称为心理康复能力。

（7）心理自控力。情绪的强度、情感的表达、思维的方向和过程都是在人的自觉控制下实现的。当一个人身心十分健康时，他的心理活动会十分自如，情感的表达恰如其分，辞令通畅、仪态大方，既不拘谨也不放肆。

（8）自信心。一个人是否有恰当的自信心是精神健康的一种标准。自信心实质上是一种自我认知和思维的分析综合能力，这种能力可以在生活实践中逐步提高。

（9）社会交往。一个人与社会中其他人的交往，也往往标志着一个人的精神健康水平。当一个人毫无理由地与亲友断绝来往，或者变得十分冷漠时，这就构成了精神病症状，称为接触不良。如果过分地进行社会交往，也可能处于一种躁狂状态。

（10）环境适应能力。环境就是人的生存环境，包括工作环境、生活环境、工作性质、人际关系等。人不仅能适应环境，而且可以通过实践和认识去改造环境。

3. 许又新的心理健康三标准。我国知名心理学家许又新先生提出衡量心理健康可以用三个标准衡量：

（1）体验标准。其以个人的主观体验和内心世界为准，主要包括良好的心情和恰当的自我评价。

（2）操作标准。其通过观察、实验和测验等方法考察心理活动的过程和效应，核心是效率，主要包括个人心理活动的效率和个人的社会效率或社会功能（如工作及学习效率高，人际关系和谐等）。

（3）发展标准。其着重对人的心理状况进行时间纵向（过去、现在与未来）考察分析（而前两种标准主要着眼于横向，考虑一个人的精神现状）。发展标准指有向较高水平发展的可能性，并且有使可能性变成现实的行动措施。

使用三标准判断心理健康与否，要联系起来综合地加以考察和衡量。

（三）正确理解心理健康的标准

1. 标准的相对性。事实上心理健康与不健康并无明显界线，而是一个连续化的过程。如将健康比作白色，将不健康比作黑色，那么在白色与黑色之间存在着一个巨大的缓冲区域——灰色区，处于此区的人的心理处于亚健康状态。首先，世间大多数人都处在这一灰色区域内，这说明对多数人群而言，在人生的发展过程中面临心理问题是正常的，不必大惊小怪，应积极加以矫正。其次，心理健康的相对性还表现在个体心理健康状态不是静止的、固定的，而是动态的、变化的。因此，个体灰色区域也是存在的，应提高自我保健意识，积极地、及时地进行自我调整；另外，一个人产生了某种心理障碍并不意味着永远保持或行将加重，这是一个发展的问题，发展的方向是双向的，而非单向的。许多发展性问题是可以自行解决的。再次，心理健康的标准也会随时代的变迁和社会文化的差异而变动。由于心理健康标准的相对性，在心理学中，经常以平均状况或理想状况，来说明个体的心理健康情况。最后，从个体与群体的关系看，每个人在其现实性上均被划分成不同的群体，不同群体间的心理健康标准是有差异的。

2. 整体协调性。把握心理健康的标准，应以心理活动为本考察其内外关系的整体协调性。从心理结构的几个方面看，一旦心理结构的各组成部分不能符合规律地协调运作，就可能产生一系列的心理困扰或问题。从心理过程看，健康的人的心理活动是一个完整统一的协调体，这种整体协调保证了个体在反映客观世界的过程中的高度准确性和有效性：认识是健康心理结构的起点，意志行为是人格面貌的归宿，情感是认识与意志之间的中介因素。从个性角度看，每个人都有自己长期形成的稳定的个性心理，一个人的个性在没有明显的剧烈的外部因素影响下是不会轻易发生变化的，否则说明其心理健康状况发生了变化。

3. 心理健康标准的多元性。对于心理健康的标准问题已有许多研究，观点并不一致。例如有统计标准、社会标准、生活适应标准、主观感受标准、成熟标准等。

（1）统计常模判断方法：假定人的各项心理特质如智力、乐群性、支配性等的测量值接近总体平均数时，即当一个人的某项心理特质的测量值接近总体平均数时，他在这一方面就是正常的、健康的；另一个人的同一项心理特质的测量值若偏离总体均值较远，他在这一方面就是异常的、不健康的。统计常模判断方法的依据意味着：与多数人一致的行为是健康的行为，偏离大多数人的行为则是不健康的行为。这一判断依据并不总是合理的，因为按此项判断，极聪明的人、极快乐的人由于在人群中处于极少数，因而均属于心理异常的人，这种看法显然是不适当的。

（2）社会常模判断方法：一个人的行为如果符合社会规范、得到多数人的认可，就被判断为正常的、健康的行为，而偏离社会规范的行为就被判断为异常的、不健康的行为。由于符合社会规范的行为通常也是多数人的行为，社会常模与统计常模有相当程度的一致性。从社会的顺从性来判断健康与否会带来一些麻烦，因为被一个社会视为正常的行为，可能被另一个社会视为异常的行为；在同一社会内，社会规范也会随时间推移而发生改变。另外，如果依此标准，不但个人可能是不健康的，而且有时整个社会及其主导价值、规范也可能是病态的、不健康的。

（3）生活适应判断方法：如果一个人生活适应良好，则被判断为心理健康的；若适应生活困难、干扰了个人或社会生活就是不健康的。由于"生活适应"的理解具有较大主观性，因而除非对"生活适应"有具体的、量化的解释，否则这种判断方法极不可靠。例如，一个满足现状，不思进取，"逢人说人话，逢鬼说鬼话"，既不损害个人安逸，也不干扰社会生活的人能算是一个心理健康的人吗？

（4）心理成熟判断方法：这是从发展的角度对心理健康做出判断的，即个人心理发展与生理成熟程度相当，则被判断为心理健康，而心理成熟落后于生理成熟，落后于同龄人平均水平者则是不健康的。这种判断的前提假设是心理发展是与生理发展同步的，但这两种发展并不总是同步的，而且由于个体差异的存在，有时这两种发展的差距较大。

（5）主观感受判断方法：这是判断心理健康的辅助性的依据，即按照来访者主观体验到的是满意感、幸福感，还是痛苦与不适，来判断健康与否。这一判断不能单独使用，因为某些有轻微心理障碍，如神经症的人常有强烈不适感，并伴随有失眠、食欲减退等躯体症状，而某些严重的精神病人如狂躁—抑郁症者在其躁狂发作期间却精力充沛、热情高涨、充满自信，并未自感痛苦。

（四）社区矫正人员心理健康的评估标准

社区矫正人员心理健康标准应主要依据郭念锋的心理健康十标准进行评估，同时也可以依据其他标准。但是，需要注意的是，在操作中不应局限于某一标准，需要综合地加以考察和衡量。

结合国内专家相关研究，社区矫正人员心理健康的标准可考虑如下方面：

1. 有安全感。

2. 能适度地了解自己，能对自己的犯罪根源作出正确的评价。

3. 有切合实际和自身特点的改造及生活目标。

4. 能保持正常的人际关系，没有严重的敌对和冲突。

5. 能适应矫正环境和改造生活。

6. 情绪稳定，能适度控制情绪。

7. 没有与犯罪高度相关的严重心理疾病，如反社会人格障碍、攻击性人格障碍等。

8. 善于从刑罚处罚这一教训中学习、总结和提高。

9. 在不违背法律的前提下，能恰当地满足个人的需求。

10. 面对挫折，能有不违法的、有效的应对方式。

心理健康是一个动态平衡状态，这种动态平衡状态，是在主体与环境相互作用的过程中发生的。因此，应侧重于从心理活动的本身界定心理健康的评估标准，这样才能更加易于理解和操作。为此，社区矫正人员心理健康的核心主要在于社区矫正人员心理活动的内容客观真实，知情意协调，人格与外界协调并保持相对积极、稳定的状态。

二、社区矫正人员心理健康评估

社区矫正人员心理健康评估，是指在社区矫正人员心理矫正工作中，评估者根据心理测验的结果，加上会谈、调查、观察等所得到的多方面的资料，对被评估的社区矫正个体或群体的心理特性作出有意义的解释和科学的价值判断过程。

（一）社区矫正人员心理健康评估的程序

1. 资料收集。通过对其具体案件的档案材料进行全面审查，从中了解社区矫正人员的有关情况和基本个人信息。

2. 结构性面谈。通过专业心理学从业者与社区矫正人员的临床面谈，了解该个体的具体情况。

3. 心理测评。利用一系列心理学测评量表对社区矫正人员进行心理测评。

4. 综合评估。结合社区矫正人员的各方面情况，对其作出全局性、整体性的评价。

5. 形成报告。根据所了解到的所有有关信息，完成一份社区矫正人员心理健康的评估报告，供社区矫正工作人员及心理学专家参考。

（二）社区矫正人员心理健康评估的方法

对社区矫正人员的心理评估，应当综合运用会谈法、观察法、心理测验法、实验法、产品分析法等，其中主要是运用前三种方法来评估与诊断。

1. 会谈法。会谈法是一种有目的的交谈。它要求社区矫正中的心理学工作者在会谈时保持中立的、非批判性态度，不能用指责、批判性语言阻止或歪曲来访社区矫正人员的会谈内容。在整个会谈过程中，社区矫正心理学工作者的面部表情、提问的语调、动作，均不能表达出对会谈的哪类内容感兴趣，即接待、提问、倾听过程中，社区矫正中的心理学工作者的态度必须保持中性。这是有效会谈的前提条件。

心理矫正的会谈，一般以问题为中心来展开，或称之为"病史采集法"，可以围绕以下主要内容展开：身份资料、来访的原因和对咨询的期望、现在及近期的状况、对家庭的看法、早年回忆、出生和成长情况、健康及身体状况、教育及培训、工作记录、娱乐、性欲的发展、婚姻及家庭资料、社会基础、自我描述、生活的转折点和选择、对未来的看法等。

2. 观察法。社区矫正中的心理学工作者在自然情景中对社区矫正人员的行为进行有目的的、有计划的系统观察和记录，然后对所作记录进行分析，发现心理活动和发展的规律的方法。

3. 心理测验法。这是依据心理学理论，使用一定的操作程序，通过观察人的少数有代表性的行为，对于贯穿在人的全部行为活动中的心理特点做出推论和数量化分析的一种科学手段。心理测验一般由一套标准化的题目组成，供被测者回答。心理测验主要有三类：智力测验、人格测验以及心理评定量表。它用以评估社区矫正人员的智力状况、人格特征以及当前的心理行为性质，如焦虑、抑郁等。

社区矫正中的心理学工作者在选择使用心理测验量表时，应当以社区矫正人员的心理问题为根据，具体可参照以下标准：①选择测评量表，应有指向性。比如，社区矫正人员有明显的焦虑情绪，可选用与情绪有关的量表。②为了确定非情景性症状，应启用人格问卷，以便探索症状的人格因素。③为寻找早期原因，可选用病因探索性量表（如SCL90），可以查找两年以来是否有重大生活事件发生，或是否有应激的叠加效应发生等。④为排除疾病而使用量表。当临床表现超出常规表现时，若怀疑有精神疾病，可使用MMPI；若觉得智力有问题时，可用智力量表；若怀疑是神经系统疾病时，可选用神经心理学测评手段等。

三、心理评估报告的撰写

社区矫正人员心理评估报告包含如下要素：社区矫正人员的一般信息；要解决的问题；实施测验及对其结果的解释；背景信息；行为观察；危险性预测；总结与建议。

[案例]　　　　　　　　**关于社区矫正人员赵某某的心理评估报告**

一、一般信息

评估者：×××

被评估者：社区矫正人员赵某某，女，40 岁，已婚，因信用卡诈骗罪被判缓刑 2 年。

评估时间：2014 年 10 月 25 日

二、要解决的问题

1. 赵某某在认识上或情绪上的具体问题是什么？

2. 赵某某的心理问题属什么范围，程度如何？是机能性障碍还是器质性障碍？

3. 赵某某对自身心理问题的认识程度如何？

4. 赵某某心理问题产生的原因有哪些？

5. 对赵某某应选择什么样的心理矫治方法最有效？

三、测验及结果解释

对赵某某进行 16PF 测验，反映出该社区矫正人员情绪差：失眠、恐惧、紧张、敌对、悲观抑郁、情绪焦躁多变，神经过敏，容易烦恼激动；EPQ 人格测试中，P 分很高，显示不是很有同情心，自卑，有伤人的冲动，对生活没有信心，好抱偏见，人际关系敏感。咨询师对其进行了抑郁（SDS）、焦虑（SAS）两个自测量表的测试，结果显示为轻度抑郁、中度焦虑。

四、背景信息

赵某某，目前处于分居状态，育有一子，已中专毕业。该社区矫正人员身体状况：有高血压，平常会腰痛，情绪方面较为低落。一直对自己婚姻状况（分居）的不满并对丈夫和其家人有怨言。

五、深入访谈

再通过深入访谈，可以判断该社区矫正人员有神经症性的心理问题：焦虑情绪，神经过敏，紧张害怕，会因为头痛、头颈痛和背痛而苦恼，大多时候手脚发抖打颤，经常脸红发热，常常想要小便，心情焦躁想赶快把事情做完等。

六、总结与建议

1. 小结：由于该社区矫正人员对自己的婚姻状态不满，伴有焦虑情绪，应该及时缓解该来访者的焦虑情绪，正面面对婚姻问题。

2. 诊断：焦虑神经症性的心理问题。

3. 建议：需要咨询师首先运用放松技术让其先学会如何缓解焦虑，其次帮助其探寻焦虑的源头，进行合理分析和应对，最后学会面对现实，平和心态。

第二节　社区矫正人员心理健康评估的内容

一、社区矫正人员智能水平的评估

（一）常用的个别智力测验量表

1. 比奈－西蒙智力测验。1905 年法国心理学家就制定出第一个测量智力的量表——比奈－西蒙智力量表，1922 年传入我国，1982 年由吴天敏先生修订，共 51 个项目，主要适合测量小学生和初中生的智力。

（1）测验的记分。中国比奈量表在施测时应当首先计算被试的实足年龄，然后根据实足年龄从测验指导书附表中查询开始的项目，如实足年龄为 10 岁，就应该直接从 18 题开始，并严格按照指导书的记分标准记分。答对一题得 1 分，连续 5 题未通过即停止。计算测验总分时，除了累加答对的题目分外，还要补加一定的分数：①通过一题记 1 分。各试题都有唯一的答案，有的是代表性答案，凡符合该答案含义的答案，都可以记作通过。②将受测者答对若干试题的分数加上承认他能通过的试题分，即选择开始答题之前题目的分数，得到测验的总分。③根据受测者的实足年龄和总分，从指导手册的智商表中可查到相应的智商分数。

（2）分数解释。中国比奈量表采用离差智商的记分法，但与下面的韦氏量表不一样，其智商的平均数为 100，标准差为 16。

表 2 - 1　中国比奈智力等级分布表

智力等级	智商范围	理论百分数
非常优秀	≥140	1.6
优秀	120 ~ 139	11.3
中上	110 ~ 119	18.1
中等	90 ~ 109	46.5
中下	80 ~ 89	14.5
边缘状态	70 ~ 79	5.6
智力缺陷	≤69	2.9

2. 韦氏智力量表。韦氏智力量表被认为是当今世界上最有权威、应用最广的量表之一。从 1934 年起，韦克斯勒致力于智力测验的编制研究。到 1981 年为止，韦克斯勒先后发表了韦氏幼儿智力量表（WPPSI），适合于 4 ~ 6.5 岁的幼儿；韦氏儿童智力量表修订本（WISC - R），适合于 6 ~ 16 岁的儿童；韦氏成人智力量表修订本

（WAIS – R），适合于 16～74 岁的成年人。

在 20 世纪 80 年代初期，由我国心理学家引进、修订，出版了中文版。

（1）韦氏智力量表的内容。其采用分测验形式，分为言语、操作两大部分。

言语部分包括：

第一，常识测验：由 29 个常识问题构成，包括历史、天文、地理、文学和自然等内容，主要测量知识广度和远事记忆。所有受试均从第 5 项开始，逐一提问。若第 5 项或第 6 项失败，便回头做 1～4 项，连续 5 项失败（得 0 分）终止测验。每正确回答一项记 1 分，个别项目可记 0.5 分，1～4 项免做者补记 4 分，最高 29 分。

第二，领悟测验：由 14 项有关社会价值观念、社会习俗和一些现象的理由等问题组成，主要测量社会适应能力，尤其是对伦理道德的判断能力。所有受试均从第 3 项开始，逐一提问。若第 3、4、5 项中任何一项未得满分，便回头做 1～2 项，连续 4 项得 0 分终止测验。1～2 项按 0、2 计分，3～14 项按 0、1、2 三级记分，1～2 项免做者补记 4 分，最高 28 分。

第三，算术测验：由 14 项有关加减乘除的心算题组成，主要测量数的概念、心算能力、注意集中、工作记忆和解决问题的能力。所有受试均从第 3 项开始，若第 3、4 项得 0 分，便回头做 1～2 项，连续 4 项得 0 分终止测验。注意时限，记录时间，读完题开始计时。每一正确答案记 1 分，11～14 项有时间加分，未说单位可给分，不明确，可追问，1～2 项免做记满分，最高 18 分。

第四，相似性测验：由 13 对表示物、方向或行为的词组成，要求找出两者的共同性，主要测量抽象、概括能力。所有受试均从第 1 项开始，连续 4 项得 0 分终止测验，第 1 项可给帮助。每 1 项按 0、1、2 三级计分，最高 26 分。

第五，数字广度测验：分顺背和倒背两式，顺背有 10 个数字串，倒背 9 个数字串，主要测量即刻记忆或短时记忆、注意力，倒背还测量工作记忆。所有受试者均从第 1 项开始，每项有两试，两试均失败终止测验，每秒一数，不能分组，第 1 项失败缩短位数，全部通过可加位。按通过的数字位数记分，而不是按通过的项目数记分，顺背最高 12 分，倒背最高 10 分。

第六，词汇测验：由 40 个双字词组成，要求解释词义，主要测量语义提取能力、语言表达能力、长时记忆。所有受试均从第 4 项开始，主试每读一词，要求被试指认并解释，第 4～8 项中有 1 项得 0 分，回头做 1～3 项，连续 5 项得 0 分终止测验。每词按回答质量分别记 0、1、2 分，免做的记满分，最高 80 分。

操作部分包括：

第一，数字符号测验：要求给数字（1～9）配上相应的符号，共 90 项，主要测量学习新联想的能力、视觉—运动协调、精细运动、持久能力和操作速度。在 90 秒内，以最快的速度，按顺序填写相应的符号，时间到终止测验。每正确填写一个符号记 1 分，倒转符号记 0.5 分，最高 90 分。

第二，图画填充测验：由 21 幅有缺失的图画构成，要求找出缺的部分，主要测量视觉辨认能力，对物体要素的认知能力，扫视后迅速抓住缺点的能力。从第1项开始，全做，1~2项可给帮助，每项时限20秒。每一正确回答记1分；要求部位正确，性质解释正确，最高21分。

第三，木块图测验：用两色立方体木块复制平面图案，共10项，主要测量理解空间关系，视觉分析综合能力，空间建构能力。从第1项开始，1~2项有两试，第1项第一试用实物呈现，1~2项均可给帮助，连续3项得0分终止测验。每项正确记4分，7~10项有时间加分，最高48分。

第四，图片排列测验：调整散乱的图片，使之成为有意义的故事，共8项，主要测量逻辑联想，生活常识，思维灵活性。从第1项开始，按规定顺序呈现（每张卡背面有一排数字，如2-3-1/4），第一个数字（2）为项目序号，第二个数字（3）为呈现位置，第三个数字（1）正确顺序，斜线的数字（4）卡片张数。1~2项可给帮助，每正确一项计4分，6~8项有时间加分，最高38分。

第五，图形拼凑：将物体碎片复原，共4项，主要测量想象力，抓住事物线索的能力，手眼协调能力。4项全做，按规定位置摆放碎片。按接点数记分，每个接点记1分，完全正确的再按时间加分，最高44分。

（2）测验的记分。原始分获得：①有时间限制项目，以反应速度和正确性作为评分依据；②不限时间项目，则按反应质量给予不同分数；③言语测验中理解/领悟、相似性、词汇和部分知识测题，要求主试根据评分原则作出主观判断而给分。

原始分换算量表分：①原始分也称粗分，即一个分测验中各题目得分之和。②量表分：各分测验原始分以标准二十记分法换算成标准分，即平均数为10，标准差为3的量表分。③言语量表分：各言语测验量表分相加所得；操作量表分：各操作测验量表分相加所得；全量表分：言语量表分与操作量表分相加所得。④根据相应用表换算成言语智商（VIQ）、操作智商（PIQ）和总智商。

（3）分数解释。

表2-2　智力等级分布表

智力等级	智商范围	理论百分数
极超常	≥130	2.2%
超常	120~129	6.7%
高于平常	110~119	16.1%
平常	90~109	50.0%
低于平常	80~89	16.1%
边界	70~79	6.7%
智力缺陷	≤69	2.2%

（二）常用的团体智力测验量表

瑞文标准推理测验（RSPM），是由英国心理学家瑞文 1938 年编制的非言语智力测验。它的主要任务是要求被试根据一个大图形中的符号或图案的规律，将某个适当的图案填入大图形的空缺中。瑞文标准推理测验适用的年龄范围广，测验对象不受文化、种族和语言的限制，因此具有文化公平性，可个别施测也可团体施测。

1. 瑞文标准推理测验的内容。我们采用的瑞文标准推理测验是由张厚粲教授于 1985 年修订后的中国城市版。RSPM 包括 60 道题，分为 A、B、C、D、E5 组，每组 12 题。A、B、C、D、E 这 5 组题目难度逐步增加，每组内部题目也由易到难排列，所用解题思路一致，而各组之间有差异。

A：反映知觉辨别能力（共 12 题）；B：反映类同比较能力（共 12 题）；C：反映比较推理能力（共 12 题）；D：反映系列关系能力（共 12 题）；E：反映抽象推理能力（共 12 题）。通过以上五个方面得分的结构，一定程度上有助于了解被试智力结构。RSPM 施测无严格时限，一般用 40 分钟左右即可完成。

2. 瑞文标准推理测验的记分。瑞文标准推理测验采用二级评分，答对得 1 分，答错 0 分。被试的总得分就是其通过的题数，即测验的原始分数。本测验的量表分数是先将被试的原始分数转换为相应的百分等级，再将百分等级转化为 IQ 分数。

3. 分数解释。

表 2-3　瑞文智商分级等级标准分布表

智力等级	智商范围	理论百分数
天才	≥145	1%
超级智商	131～144	10%
中上	110～130	16%
中等	90～109	46%
中下	80～89	16%
偏低	70～79	8%
智力不完整	<70	3%

二、社区服刑人员个性特征的评估

社区服刑人员个性评估有关的测验主要包括客观测验和投射测验。本章节中主要针对个性的客观测验进行阐述。

（一）艾森克人格问卷（EPQ）

1. 艾森克人格问卷简介。艾森克人格问卷（Eysenck Personality Questionnaire，EPQ）是伦敦大学心理系和精神病研究所 H. J. 艾森克和 S. B. G. 艾森克设计的一种有关人格维度研究的测定方法，简称 EPQ。它是由早期若干人格量表发展而成的。1952 年制定的莫兹利医学问卷（MMQ）是最早的人格问卷，1959 年又制定了莫兹利人格调查表（MPI），1964 年该量表又发展为艾森克人格调查表（EPI），现在通用的 EPQ 是 1975 年制定的，它是一种自陈量表，有成人（共 90 个项目）和少年（共 81 个项目）两种形式，各包括 4 个量表：E——内外向；N——神经质，又称情绪性；P——精神质，又称倔强、讲求实际；L——谎造或自身隐蔽（即效度量表）。经艾森克等人的因素分析计算，前 3 个量表代表人格结构的 3 种维度，它们是彼此独立的，L 则是效度量表，代表假托的人格特质，也表现社会性朴实、幼稚的水平。L 虽与其他量表有某些相关，但它本身代表一种稳定的人格功能。由于该问卷具有较高的信度和效度，用其所测得的结果可同时得到多种实验心理学研究的印证，因此它亦是验证人格维度的理论根据。

2. 记分方法。

（1）E 量表：外向—内向。第 1、5、9、13、16、22、29、32、35、40、43、46、49、53、56、61、72、76、85 题答"是"和第 26、37 题答"否"的，每题各得 1 分。

（2）N 量表：神经质（又称情绪性）。第 3、6、11、14、18、20、24、28、30、34、36、42、47、51、54、59、63、66、67、70、74、78、82、84 题答"是"的，每题各得 1 分。

（3）P 量表：精神质（又称倔强、讲求实际）。第 19、23、27、38、41、44、57、58、65、69、73、77 题答"是"和第 2、8、10、17、33、50、62、80 题答"否"的每题，各得 1 分。

（4）L 量表：测定被试的掩饰、假托或自身隐蔽，或者测定其朴实、幼稚水平。第 12、31、48、68、79、81 题答"是"和第 4、7、15、21、25、39、45、52、55、60、64、71、75、83 题答"否"的，每题各得 1 分。

3. 测验结果的解释（实际上应按标准差计算再确定）。标准分在 40～60 分之间大约包括 68.46% 的常模群体，如果某个被试的标准分大于 60 或小于 40，就可以认为该被试在某量表上具有高分或低分的特征。

（1）E 量表分：分数高于 15，表示人格外向，可能是好交际，渴望刺激和冒险，情感易于冲动。分数低于 8，表示人格内向，如好静，富于内省，不喜欢刺激，喜欢有秩序的生活方式，情绪比较稳定。

（2）N 量表分：分数高于 14 表示焦虑、忧心忡忡、常郁郁不乐，有强烈情绪反应，甚至出现不够理智的行为。分数低于 9 表示情绪稳定。

（3）P 量表分：分数高于 8 表示可能是孤独、不关心他人，难以适应外部环境，不近人情，与别人不友好，喜欢寻衅攘扰，喜欢干奇特的事情，并且不顾危险。

（4）L 量表分：L 量表分如高于 18，显示被试有掩饰倾向，测验结果可能失真。

（二）卡特尔16种人格因素测验（16PF）

1. 卡特尔16种人格因素测验简介。卡特尔16种人格因素测验是美国心理学家卡特尔经过多年的研究，运用一系列严密的科学手段研制出的16PF量表。他把人类行为的1800种描述称为人格的表面特质，并将这种描述通过因素分析的统计合并成16种因素，称这16种因素为根源特质。他认为只有根源特质才是人类的潜在的、稳定的人格特征，是人格测验应把握的实质。这16种特性因素在任何一个人身上组合，就构成了其不同于其他人的独特人格。其中16种人格因素有：乐群性、聪慧性、稳定性、恃强性、兴奋性、有恒性、敢为性、敏感性、怀疑性、幻想性、世故性、忧虑性、实验性、独立性、自律性、紧张性。16PF人格测验在人事管理中应用得比较广泛，它能够预测应试者的工作稳定性、工作效率和压力承受能力等，也可以广泛地应用于心理咨询、人员选拔和职业指导的各个环节，为人事决策和人事诊断提供个人心理素质的参考依据。

2. 记分方法。16种人格因素测试共有187道题，每种人格因素由10～13道题组成。各题的记分方法有三种：①对应于A、B、C答案分别计2、1、0分；②对应于A、B、C分别计0、1、2分；③有些题目，只有选定了特定的答案才计1分，否则计0分。各个人格因素所涉及题目的计分之和就是相应人格因素的原始得分。研究表明，人群总体在各个人格因素的原始得分符合正态分布。依据此规律，可以把原始分从低到高依次转化为标准分1到标准分10。

3. 分数解释。每项因素得分在8分以上者为高分，3分以下者为低分。

（三）明尼苏达多项人格测验（MMPI-399）

1. 明尼苏达多项人格测验。这是由美国明尼苏达大学心理学家哈兹威（S. P. Hathaway）与精神科医生麦金利（J. C. Mckinley）于1940年编制的自我报告式的个性量表。1979年，中科院心理所宋维真主持汉化和修订。其适用范围是年满16周岁，小学以上文化程度，无读写困难的人。

明尼苏达多项人格量表由4个效度量表和10个临床量表构成。

4个效度量表分别为：

（1）疑问量表（Q）。此量表反映被测试者回避问题的倾向，如果在前面400题中原始分数大于30，则说明被测试者对问卷的回答不可信。

（2）谎言量表（L）。此量表中的题目，是测试被试者的回答是否会容易得到社会公认的行为倾向；题目的内容都是社会上常见的小问题，所谓小毛小病。该分数高，说明过分掩饰自己所存在的问题，心理防御过度。原始分超过10分，结果不可信。

（3）伪装坏量表（F）。此量表由一些不经常遇到的问题组成。分数高表示被测试者回答问题不认真或者理解错误，表现出一组相互无关的症状，或在伪装疾病。

（4）修正量表（K）。此量表用于测验被测试者是否愿意议论个人事情，它与智力、教育以及社会地位有关。分数过高，可能是被测试者不愿合作。

10 个临床量表分别为：

（1）疑病量表（Hs）。此量表原来是为了鉴定疑病患者而制定的。其特征是对自己的身体健康的一种过度的关心，担心自己有病或不健康。

（2）抑郁量表（D）。此量表最初是为评价抑郁症候而制定的。抑郁的特征是缺乏干劲，对未来没有希望，一般对自己的生活状况极其不满。

（3）癔病量表（Hy）。此量表原来是为了区别对紧张状况产生歇斯底里反应的患者而制定的。癔病的特征是心因性的不随意肌体机能丧失和机能障碍。

（4）精神病态量表（Pd）。此量表原来是为了区别那些被诊断为非社会性类型和非道德类型的精神病态人格的患者而制定的。这种病态的特征是说谎、偷盗、性异常、酗酒等，但不包括重大犯罪行为。

（5）性度量表（Mf）。此量表也叫男性—女性量表，它原来是为了鉴别男性同性恋而制定的。反映被测试者的男性化或女性化程度。

（6）妄想量表（Pa）。此量表是为了区分那些被判断为具有关系妄想、被害妄想、夸大自我概念、猜疑心、过度敏感、意见和态度生硬等偏执型人格而制定的。

（7）精神衰弱量表（Pt）。此量表是为了测定精神衰弱的一般性症候类型而制定的。精神衰弱的特征为：焦虑、强迫动作、强迫观念、无原因的恐怖等。

（8）精神分裂症量表（Sc）。此量表原来是为了区别精神分裂症的患者而制定的。其特征包括：思维、感情和行为混乱。

（9）轻躁狂量表（Ma）。此量表原来是为了区别有躁狂性症候的精神科患者而制定的。其特征包括：气质昂扬、爱说、精力充沛、易怒、思维奔逸、抑郁气短等。

（10）社会内向量表（Si）。此量表是为了鉴别对社会性接触和社会责任有退缩回避倾向者而制定的。

2. 记分方法。MMPI 的计分方法 是由原始分转换为 T 分数然后画出剖面图。

（1）计算 Q 量表的原始分。超过 22 分或 30 分无效。

（2）分别计算各量表的原始分。

（3）对 5 个量表加 K 分校正（Hs + 0.5K、Pd + 0.4K、Pt + 1.0K、Sc + 1.0K、Ma + 0.2K）。

（4）查表把原始分转化为 T 分；或计算 T 分：$T = 50 + 10 (X - x) / SD$。

（5）画出剖析图。

3. 分数解释。T 分数在 70 以上为异常（美国标准）；T 分数在 60 以上为异常（中国标准），异常者便视为可能有病理性异常表现或某种心理偏离现象。

三、社区服刑人员综合性评估

（一）症状自评量表（SCL - 90）

1. 症状自评量表（SCL - 90）简介。症状自评量表的种类很多，临床最常用的是 90 项症状清单（Symptom Checklist 90，SCL - 90），又名症状自评量表（Self - reporting Inventory），有时也叫作 Hopkin's 症状清单（HSCL）。此量表包含有广泛的精神病症状学内容，如思维、情感、行为、人际关系以及生活习惯等。SCL－90 的使用范围颇广，主要为成年的神经症、适应障碍及其他轻性精神障碍患者，不适合于躁狂症和精神分裂症。

SCL－90 量表有 9 个因子，分别测试不同方面的心理障碍。每个因子又包括了不同数量的测试题目。这些因子是：①躯体化；②强迫症状；③人际关系敏感；④抑郁；⑤焦虑；⑥敌对；⑦恐怖；⑧偏执；⑨精神病性。

2. 记分方法及分数解释。SCL－90 量表一般采取 1~5 分的 5 级评分标准。1 分代表无症状，5 分代表症状严重，依次递进。总分即为 90 个项目的得分总和。总分 160 分为临床界限，超过 160 分说明被测试者可能存在着某种心理障碍。并且，任一因子得分超过 2 分为阳性，说明可能存在着该因子所代表的心理障碍。SCL－90 量表还有一种 0~4 级的评分标准。如采用这种标准，则总分超过 70 分，因子分超过 1 分被视为阳性。

（二）焦虑自评量表（SAS）

1. 焦虑自评量表（SAS）。焦虑自评量表（Self－Rating Anxiety Scale，SAS）由 Zung 于 1971 年编制，从量表构造的形式到具体评定的方法，都与抑郁自评量表（SDS）十分相似，它是一个含有 20 个项目、分为 4 级评分的自评量表，用于评出焦虑病人的主观感受。

2. 记分方法。SAS 采用 4 级评分，主要评定项目为所定义的症状出现的频度，其标准为："1" 表示没有或很少有时间有；"2" 是小部分时间有；"3" 是相当多时间有；"4" 是绝大部分或全部时间都有。将 20 个项目的各项得分相加，即得到测验的粗分，将测验的原始分数相加乘以 1.25 系数，就是最后得分。分数越高，表示这方面的症状越严重。

3. 分数解释。一般来说，焦虑总分低于 50 分者为正常；50~60 分者为轻度焦虑，61~70 分者是中度焦虑，70 分以上者是重度焦虑。

（三）抑郁自评量表（SDS）

1. 抑郁自评量表（SDS）简介。抑郁自评量表（Self－rating Depression Scale，SDS）是含有 20 个项目、分为 4 级评分的自评量表，原型是 Zung 抑郁量表（1965）。其特点是使用简便，并能相当直观地反映抑郁患者的主观感受，主要适用于具有抑郁症状的成年人，包括门诊及住院患者。只是对严重迟缓症状的抑郁的评定有困难。同时，SDS 对于文化程度较低或智力水平稍差的人使用效果不佳。

2. 记分方法。与 SAS 相同，SDS 采用 4 级评分，主要评定项目为所定义的症状出现的频度，其标准为："1" 表示没有或很少有时间有；"2" 是小部分时间有；"3" 是相当多时间有；"4" 是绝大部分或全部时间都有。将 20 个项目的各项得分相加，即得到测验的粗分，将测验的原始分数相加乘以 1.25 系数，就是最后得分。分数越高，表示这方面的症状越严重。

3. 分数解释。按照中国常模，SDS 的标准分的分界值为 53 分，53~62 分者为轻度抑郁，63～72分者是中度抑郁，72分以上者是重度抑郁。

四、能力拓展训练

学会熟练使用社区矫正人员心理矫正中常用心理评估量表（可以在心理测评室完成）。

（一）训练项目一：智力测验量表的使用

1. 比奈－西蒙智力测验。

2. 韦克斯勒智力量表（WAIS－R）。

3. 瑞文标准推理测验。

（二）训练项目二：人格测验

1. 艾森克人格问卷（EPQ）。

2. 卡特尔16项人格因素量表（16PF）。

3. 明尼苏达多项人格测验（MMPI）。

（三）训练项目三：心理健康状态测验

1. 症状自评量表（SCL－90）。

2. 焦虑自评量表（SAS）。

3. 抑郁自评量表（SDS）。

第三节　建立心理健康档案

随着心理健康教育朝着普遍化、专业化、现代化、本位化等方向发展，心理健康教育档案的建立与管理已成为心理健康管理工作的基础环节。研究心理健康教育档案的基本原理和具体技术，对于切实提高心理健康教育工作的针对性和实效性意义重大。

一、心理健康教育档案的含义

档案是机关、社会组织和个人在社会活动中形成的、作为原始记录分类保存起来以备考察的文字、团表、音像及其他形式和载体的各种文件和材料。心理健康教育档案有广义和狭义之分。狭义的心理健康教育档案是指对个体心理发展变化特点、心理测验结果、司法局（所）中心理咨询与辅导记录等材料的集中保存，这些资料按照一定的顺序排列，组成一个有内在联系的体系，如实反映社区矫正人员的心理面貌。它是司法局（所）为了更好地开展心理健康教育工作，为每个社区矫正人员在心理健康方面建立起来的档案材料。而广义的心理健康教育档案还包括心理健康教育活动的有关资料，如心理健康教育的计划、心理课程开设、活动安排、研究课题及成果、效果评估及管理工作等的记录。

二、心理健康教育档案建立的价值

心理健康教育档案既是心理健康教育工作有效开展的必要依据，又是社区矫正人员接受心理健康教育后的必要的原始记录，它将为我们进行心理科学的研究提供大量的、客观的第一手材料，对于社区矫正人员心理矫正的科学化具有十分重要的意义。具体来说，有以下几点：

1. 心理健康教育档案的建立可以为司法局（所）对社区矫正人员的科学管理提供宏观的决策依据。

2. 心理健康教育档案的建立有利于加强和改善司法局（所）对社区矫正人员心理矫正工作。

3. 心理健康教育档案的建立为社区矫正人员的心理健康发展提供了动态的监测手段。

三、心理健康教育档案资料的种类

（一）个人资料和团体资料

1. 个人资料是反映社区矫正人员个体心理和行为特点的资料，包括社区矫正人员个人的综合资料、心理测评资料以及个案报告等。

2. 团体资料是反映团体社区矫正人员心理和行为特点的资料，是在社区矫正人员个体资料的基础上作出的各种类别和层次的团体分析。这类资料可来源于普通式的抽样调查、团体测验，以及对大量个人资料所作的整体分析、统计处理后得出的各种图表、数据和结论。

（二）专项资料和综合资料

1. 专项资料是反映社区矫正人员心理健康教育工作的某一方面属性或特征的资料。

2. 综合资料是反映社区矫正人员心理健康教育工作的较全面的属性或特征的资料。

（三）量化资料和非量化资料

1. 量化资料是指运用定量研究的方法获得的可进一步统计分析的资料，以及较为规范的问卷调查的量化结果等。

2. 非量化资料是指运用定性研究的方法获得的描述性资料，它为我们更全面、正确地了解社区矫正人员提供了许多有价值的信息。

第三章 社区矫正人员心理教育

第一节 社区矫正人员心理教育的目的和作用

一、心理教育的目的

社区矫正人员是一类有着自身特点的群体。相对于在监犯人，社区矫正人员有一定的人身自由，同时也因为与社会的直接接触而面临着来自社会的各种压力和冲击；相对于社区居民而言，他们虽然具备了人身自由，但同时也一直贴着"罪犯"的标签，要定期接受司法行政机关的改造、教育和帮扶，这些很容易导致他们内心产生自卑、焦虑、敌对等负面情绪。

表 3 - 1 社区矫正人员 SCL - 90 和 EPQ 各因子与全国常模比较 ($\bar{x} \pm s$)

因子	人数	躯体化	强迫	人际	抑郁	焦虑	敌对	恐怖
社区矫正	67	1.70 ± 0.80	1.66 ± 0.66	1.61 ± 0.73	1.65 ± 0.79	1.53 ± 0.72	1.48 ± 0.68	1.34 ± 0.63
全国常模	1388	1.37 ± 0.48	1.62 ± 0.58	1.65 ± 0.61	1.50 ± 0.59	1.39 ± 0.43	1.43 ± 0.55	1.23 ± 0.41
t 值		5.287**	0.548	0.519	1.997*	2.502**	0.287	2.082*

表 3 - 2 社区矫正人员 SCL - 90 和 EPQ 各因子与全国常模比较 ($\bar{x} \pm s$) 续表1

因子	人数	偏执	精神病	SCL 总均分	精神质 P	内外向 E	神经质 N	掩饰 L
社区矫正	67	1.49 ± 0.67	1.44 ± 0.60	141.84 ± 58.49	52.54 ± 13.61	48.88 ± 10.03	47.91 ± 12.47	50.18 ± 10.77
全国常模	1388	1.43 ± 0.57	1.29 ± 0.42	129.96 ± 38.76	50 ± 10	50 ± 10	50 ± 10	50 ± 10
t 值		0.834	2.790**	2.382*	1.992*	0.895	1.650	0.143

注: $^*p < 0.05$, $^{**}p < 0.01$

对社区矫正人员心理状况与全国常模比较，结果显示：社区矫正人员症状自评量表（SCL - 90）的总均分（141.84 ± 58.49）高于全国常模（129.96 ± 38.76），差异显著（p＜0.05）；且各因子中在躯体化、强迫、抑郁、焦虑、敌对、恐怖、偏执、精神病性因子上均分高于全国常模，其中躯体化、抑郁、焦虑、恐怖、精神病因子与全国常模相比具有显著差异（p＜0.05，见表3－1），说明社区矫正人员心理健康状况低于一般人群。也说明社区矫正人员这一特殊群体心理不健康者高于一般人群，心理健康状况问题较为普遍，心理和精神处于消极状态，但核心症状是以情绪障碍为核心的神经症。[1]

表3－3　SCL－90 各因子、人格与常模比较（$M \pm SD$）

因子	社区服刑人员 （$n = 22$）	普通人群常模	t	p
躯体化	1.61 ±0.48	1.37 ±0.48	2.372	0.027*
强迫	1.67 ±0.47	1.62 ±0.58	0.482	0.634
人际关系	1.52 ±0.43	1.65 ±0.61	−1.458	0.160
抑郁	1.51 ±0.45	1.50 ±0.59	0.176	0.862
焦虑	1.37 ±0.34	1.39 ±0.43	−0.303	0.765
敌对	1.44 ±0.53	1.46 ±0.55	−0.368	0.717
恐怖	1.17 ±0.22	1.23 ±0.41	−1.305	0.206
偏执	1.45 ±0.44	1.43 ±0.57	0.198	0.845
精神病性	1.40 ±0.37	1.29 ±0.42	1.469	0.157
其他	1.51 ±0.52			
总均分	1.48 ±0.33	1.44 ±0.43	0.600	0.555
阳性项目数	29.59 ±17.59	24.92 ±18.41	1.246	0.227
精神质（P）	49.32 ±9.92	50 ±10	−0.323	0.750
内外向（E）	56.14 ±10.46	50 ±10	2.752	0.012*
情绪稳定性（N）	46.14 ±9.25	50 ±10	−1.959	0.063
掩饰性（L）	48.86 ±9.25	50 ±10	−0.576	0.571

注：** $p < 0.01$；* $p < 0.05$（以下同）。

表3－1的研究结果显示，社区矫正人员这一特殊群体心理不健康者的概率高于

---

[1]　许晓峰等："江苏省扬州市社区矫正人员心理健康状况调查"，载《实用临床医用杂志》2012年第13期。

用同一测验测得的一般群体，1 个或 1 个以上因子为阳性症状的检出率为 100% ，说明服刑人员的心理和精神处于消极状态。这更表明了当代社区矫正人员心理健康状况存在问题的情况是较普遍的。从本研究看，社区矫正人员表现出的具体心理问题主要以抑郁、躯体化、精神病性等症状为主，但核心症状是以情绪障碍为核心的神经症。究其原因，由于社区矫正人员普遍认罪状况良好，但对自己在正常社会环境下矫正的状态感到苦闷、抑郁及适应不良，因而产生种种阳性症状表现。[1]

通过开展心理教育，使社区矫正人员掌握心理学的基础常识，了解感知、记忆、思维、情感、意志等心理过程，动机、需要、能力、气质、性格、自我意识等个性心理方面的基础知识，对人的心理的实质有正确的认识。具体而言就是让社区矫正人员认识情绪、情感与心理健康之间的关联，了解自身中常见的各种消极情绪和情感表现，懂得并掌握疏导和消除不良情绪、情感体验的原理与方法，建立积极向上的情绪、情感特征。让社区矫正人员充分了解意志对心理行为的调节作用，懂得意志品质对心理健康产生的影响，了解自身在意志品质缺陷方面的具体表现及其克服的方法，增强心理承受能力，培养优良的意志品质。

二、社区矫正人员心理教育的作用

（一）预防作用

虽然对于犯罪的原因一直没有定论，但是普遍认可的观点是：犯罪是个体遗传因素、个体心理因素，以及社会环境相互作用的结果。很多犯罪学理论都认为，心理因素在个体犯罪中起到了很关键的作用。因此加强心理教育对于预防社区矫正人员重新犯罪有积极的意义和作用。

（二）维持作用

心理教育的维持作用主要表现在社区矫正人员能够更好地处理日常学习和生活中的问题，以及保持平和心态，冷静处理问题。通过心理教育能够使得社区矫正人员以积极心态接受教育和帮扶，为今后的新生奠定心理基础。

（三）促进作用

心理教育能够让社区矫正人员了解自身常见的各种不良认知模式的表现及其危害，理解并掌握克服认知障碍的方法，培养正确的认知模式和思维方法；让社区矫正人员了解自身常见的各种消极情绪和情感表现，懂得并掌握疏导和消除不良情绪、情感体验的方法，建立积极向上的情绪、情感特征；让社区矫正人员懂得意志品质对心理健康产生的影响，了解自身在意志品质缺陷方面的具体表现及其克服的方法，增强其心理承受能力，培养优良的意志品质，促进自我的提升和完善，从而达到回归社会的目的。

---

〔1〕 刘素珍等："社区服刑人员心理健康状况调查"，载《心理科学》2006 年第 6 期。

第二节　社区矫正人员心理教育的方法

一、心理教育的方法

所谓心理教育的方法，是指为了完成对社区矫正人员进行心理教育的任务所应采用的方式和手段。在教育目标和教育任务既定的情况下，选择什么样的方法，直接关系到目标的实现和任务的完成。方法得当，社区矫正人员心理教育的要求可以有效落实；方法不当，预期的教育效果不但难以实现，还可能抵消其他教育的作用，甚至干扰以后的教育工作。因此，开展心理教育工作要慎重选用教育方法，切忌主观随意，而必须要遵循一定的心理健康教育的规律。方法的运用要和心理健康教育的目标、内容、原则相一致，要根据具体的教育任务和客观的条件合理地选用。具体的方法主要有：

（一）知识的传授和技能的训练

作为教育形式的一种，心理教育可以采用常规的教育形式。一般分为知识的传授和技能的训练。知识的传授可以通过课堂教学、专题讲座、专家报告、阅读相关书籍、收看教学节目、收听相关内容的广播、观看板报等形式进行；技能的训练是在心理学专业人员的引导下，有针对性地对社区矫正人员进行系统的心理实训，使他们获得改善和调适自身心理状态的能力，可以通过教授、模仿、练习、巩固等环节达到目的。

（二）集体心理教育与分类心理教育

集体心理教育是针对社区矫正人员共同性的心理问题而采用的心理教育方式，分类心理教育则是针对部分社区矫正人员的心理问题而采用的方式。例如，集体心理讲座可以通过对全体社区矫正人员进行心理知识的普及和传授，使他们明白心理健康的重要性，重视自身的身心健康，完善自我。针对一些不同心理问题应该采用分类教育，例如，对社区矫正人员的焦虑、抑郁情绪的专门教育和治疗，帮助他们改善情绪，重塑自我。

（三）个别心理教育与自我心理教育

个别心理教育是分类心理教育的补充，是注重个体特征的教育，因而更具有针对性。当集体心理教育和分类心理教育无法解决个体问题，或者个体问题较为特殊时，就应该进行个别心理教育和辅导。自我心理教育是一种社区矫正人员自我完善的过程。

综上所述，在具体的社区矫正人员的心理教育工作中我们可以采用以下常用心理教育方法和途径来对社区矫正人员进行心理教育。

1. 利用传播媒介开展宣传教育活动。在日常改造中，可利用报纸、墙报、宣传栏、广播、杂志等媒介宣传心理卫生、心理健康知识，录制电台、电视台有关心理健康的节目，组织社区矫正人员收听、收看。在此基础上，各个矫正单位还可创造条件，寻求社会公益组织、志愿者等的协助。

2. 举办有关心理健康的专题讲座。针对不同类型及不同矫正时期的社区矫正人员，开展心理健康的专题讲座。这样能大大增强心理健康教育的针对性和有效性。如对暴力型犯罪的社区矫正人员讲关于攻击性行为产生与控制方面的知识；对盗窃犯罪的社区矫正人员讲盗窃心理、偷窃癖产生的原因及防治；对初入矫的社区矫正人员讲应激与适应、挫折心理与调适；对服刑中期的社区矫正人员讲有关人际关系、自我意识等方面的知识；对服刑后期的社区矫正人员讲理想与现实、自我规划，如何适应社会生活等有关知识。这类讲座，在条件允许的情况下，可邀请社会上的有关专家。专家以其知识性、权威性，往往能够取得更好的效果。

3. 分组讨论法。这是心理健康教育常用的方法。传统的注入式的授课方式很难保证教育效果，而让社区矫正人员积极参与讨论则有利于社区矫正人员的感受与体验。为了达到教育效果，采取分组进行讨论的教育方法。讨论要有目的、有计划、有组织地进行；论题要集中，应是社区矫正人员关心的，并且是在社区矫正人员中普遍存在的问题或某种倾向；气氛要热烈，要让社区矫正人员充分地表达自己的看法、抒发自己的感受；组织要有序，教师要作积极的正面引导以体现教师的主导作用，保证社区矫正人员通过讨论能有所得。

4. 角色扮演法。创设某种模拟情境，让社区矫正人员扮演一定角色去体验感受。例如，为了帮助社区矫正人员正确处理家庭关系，可以创设一个模拟家庭，并设置一些家庭生活的矛盾与冲突，让其分别扮演不同的家庭角色，在矛盾与冲突中去感受与体验，从而获得正确认识。社区矫正人员参与角色活动的积极性一般都比较高，活动气氛也很热烈，但要防止形式热闹而无效果的现象，因此活动后的总结提高很有必要。总结提高的具体方式可以多样，或由专业人员通过归纳而作进一步指导，或组织社区矫正人员讨论叙述自己的感受（即分享）。

5. 社区矫正人员自我教育。大量的理论研究证明，社区矫正人员不是改造的消极客体，而是能动的主体。所以在社区矫正人员心理健康教育方法上，社区矫正工作人员应注重社区矫正人员的主体地位，努力探索以社区矫正人员为学习活动主体的教育方法。例如，鼓励社区矫正人员写日记，在日记中，社区矫正人员作为主体的我对客体的我进行感受、体验和认识，在写日记的过程中进行自我理性构建。社区矫正工作人员所要做的，是指导社区矫正人员如何将写日记的过程转化成为一种思考过程，而不是单纯的记录日常琐事。对于社区矫正人员的不健康心理，在外部力量介入的同时，应注重传授社区矫正人员自我调节的方法。例如，有人提出并尝试运用的精神超越法、以情胜境法、性情陶冶法、自我控制法、以理节欲法、自我激励法、静态安神法、转移目标法、释疑纠偏法、角色互换法、厌恶刺激法等，都可以向社区矫正人员传授，并给予正确的引导。

在开发社区矫正人员自身潜力的同时，还要注重利用社区矫正人员群体的力量，造就一种积极的心理互动的环境。例如，编排心理游戏、心理剧、组织心理矫治典型进行现身说法等。与此同时，为社区矫正人员创造一个相对宽松的心理互动环境，以便他们相互之间施加有益的影响，彼此之间建立和谐的人际关系。例如，设立"情感疏导室"，让社区矫正人员担任疏导员，利用社区矫正人员心理疏导员与其他社区矫正人员便于接触、善于沟通的特点，让社区矫正人员主动走进"情感疏导室"，接受心理咨询和情感疏导，把"情感疏导室"当成自己的"知心朋友"，把心中的烦闷一泄而出，调整好心情，积极投入到改造中去。"情感疏导室"开辟了社区矫正人员心理健康教育的新天地，对于全体社区矫正人员消除情感障碍，合理宣泄情绪压力，强化心理素质，促进思想稳定，提高改造质量，都会发挥积极的作用。

6. 充分利用训练宣泄室、静醒室的作用，让社区服刑人员在宣泄室里发泄情绪、释放压力；让其在静醒室的气氛、色调感染下，放松训练，使他们在多种不同音乐的提示下，将超常的、反复性发作的不良行为驱力不断弱化，从而树立和增强改造信心，培养健康的心理。

图3-1　某地进行社区矫正心理健康知识讲座

图3-2　某社区进行社区矫正心理健康知识讲座

第三节　社区矫正人员心理教育的内容

一、心理学基础知识的教育

对于社区矫正人员来说，心理学可能是一门陌生和神秘的学科。因此，有必要把心理学的基础知识介绍给社区矫正人员，使其了解心理现象的规律及其产生的原因，达到知其然并知其所以然的境界，这样对于心理健康教育可以起到事半功倍的效果。

总之，有针对性地选取心理学基础知识，对社区矫正人员进行教育的目的是使其认识到心理健康的重要性，对自己的心理健康状况有一定的认识，预防心理问题的出现。即使出现心理问题，也可以及时察觉并有的放矢，进行自我调节或寻求专业帮助。

二、认知教育

认知也可以称为认识，是指人认识外界事物的过程，或者说是对作用于人的感觉器官的外界事物进行信息加工的过程。它包括感觉、知觉、记忆、思维、想象、言语，它是人们认识活动的过程，即个体对感觉信号接收、检测、转换、简约、合成、编码、储存、提取、重建、概念形成、判断和问题解决的信息加工处理过程。

（一）几个相关概念

1. 自我认知（self – cognition）是对自己的洞察和理解，包括自我观察和自我评价。自我观察是指对自己的感知、思维和意向等方面的觉察；自我评价是指对自己的想法、期望、行为及人格特征的判断与评估，这是自我调节的重要条件。

如果一个人不能正确地认识自我，看不到自我的优点，觉得处处不如别人，就会自卑、丧失信心、做事畏缩不前……相反，如果一个人过高地估计自己，也会骄傲自大、盲目乐观、导致工作失误。因此，让社区矫正人员恰当地认识自我，实事求是地评价自己，是调节自我和完善人格的重要前提。

2. 自我意识是对自己身心活动的觉察，即自己对自己的认识，具体包括认识自己的生理状况（如身高、体重、体态等）、心理特征（如兴趣、能力、气质、性格等），以及自己与他人的关系（如自己与周围人们相处的关系，自己在集体中的位置与作用等）。

意识对于意识活动本身的认识。广义指人对自己的属性、状态、行为、意识活动的认识和体验，以及对自身的情感意志活动和行为进行调节、控制的过程。在近代西方哲学界，一些哲学家赋予这一术语以更多不同的含义。在康德哲学中自我意识即先验的统觉的同义语，指主体意识对于经验材料的综合统一功能；在黑格尔的哲学体系中，则被视为人类精神在主观精神发展阶段上介乎于意识之后，理性之前的特定的意识形式。

自我意识是一个人对自己的认识和评价，包括对自己心理倾向、个性心理特征和心理过程的认识与评价。正是由于人具有自我意识，才能使人对自己的思想和行为进行自我控制和调节，使自己形成完整的个性。

自我意识是人对自己身心状态及对自己同客观世界的关系的意识。自我意识包括三个层次：①对自己及其状态的认识；②对自己肢体活动状态的认识；③对自己思维、情感、意志等心理活动的认识。自我意识不仅是人脑对主体自身的意识与反映，而且人的发展离不开周围环境，特别是人与人之间关系的制约和影响，所以自我意识也反映人与周围现实之间的关系。自我意识是人类特有的反映形式，是人的心理区别于动物心理的一大特征。

自我意识在个体发展中有十分重要的作用：①自我意识是认识外界客观事物的条件。一个人如果不知道自己，也无法把自己与周围相区别，他就不可能认识外界客观事物。②自我意识是人的自觉性、自控力的前提，对自我教育有推动作用。人只有意识到自己是谁，应该做什么的时候，才会自觉自律地去行动。一个人意识到自己的长处和不足，就有助于他发扬优点，克服缺点，取得自我教育的积极效果。③自我意识是改造自身主观因素的途径，它使人能不断地自我监督、自我提高、自我完善。可见，自我意识影响着人的道德判断和个性的形成，尤其对个性倾向性的形成更为重要。

自我意识主要包括三种心理成分：

（1）自我认识。自我认识是主观自我对客观自我的认识与评价，自我认识是自己对自己身心特征的认识，自我评价是在这个基础上对自己作出的某种判断。正确的自我评价，对个人的心理生活及其行为表现有较大影响。如果个体对自身的估计与社会上其他人对自己的客观评价的差距过于悬殊，就会使个体与周围人们之间的关系失去平衡，产生矛盾，长此以往，将会形成稳定的心理特征，如自满或自卑，将不利于个人心理上的健康成长。自我认识在自我意识系统中处于基础地位，属于自我意识中"知"的范畴，其内容广泛，涉及自身的方方面面。我们进行自我认识训练，重点要放在三个方面：①认识到自己的身体特征和生理状况；②认识到自己在集体和社会中的地位及作用；③认识到内心的心理活动及其特征。自我评价是自我意识发展的主要成分和主要标志，是在认识自己的行为和活动的基础上产生的，是通过社会比较而实现的。由于我们自我评价能力不高，往往不是过高就是过低，其中大多属于过高型。因此，要提高我们的自我评价能力，就应学会与同伴进行比较，通过比较做出评价；还应学会借助别人的评价来评价自己，学会用一分为二的观点评价自己。由于自我评价是自我认识中的核心成分，它直接制约着自我体验和自我调控，所以，我们进行自我意识训练时，核心应放在自我评价能力的提高上。

（2）自我体验。自我体验是主体对自身的认识而引发的内心情感体验，是主观的我对客观的我所持有的一种态度，如自信、自卑、自尊、自满、内疚、羞耻等都是自我体验。自我体验往往与自我认知、自我评价有关，也和自己对社会的规范、价值标准的认识有关，良好的自我体验有助于自我监控。我们进行自我体验训练，就是让自己有自尊感、自信感和自豪感，不自卑、不自傲、不自满，因做错事感到内疚，做坏事感到羞耻。

（3）自我监控。自我监控是自己对自身行为与思想言语的控制，具体表现为两个方面：①发动作用；②制止作用，也就是支配某一行为，抑制与该行为无关或有碍于该行为进行的行为。进行自我认知、自我体验的训练目的是进行自我监控，调节自己的行为，使行为符合群体规范，符合社会道德要求，通过自我监控调节自己的认识活动，提高学习效率。提高自我监控能力，重点应放在一个转变上，即由外控制向内控制的转变。如果自我约束能力较低，就会常常在外界压力和要求下被动地从事实践活动，如只有教师要求做完作业后检查，学生才会进行检查。针对这种现象，应学会如何借助于外部压力，提高自我监控能力。

三、意志力教育

意志力是个体克服困难、忍受挫折的能力。意志力教育旨在使罪犯了解意志的心理特点，了解挫折的心理规律，使他们能够正确面对挫折，自觉运用挫折的原理，理智地采用积极的挫折应对方式。

（一）什么是良好的意志力

目前，人们普遍认为，在智力商数以外，只存在一个生命科学参照元素：情绪商数（即情商 EQ）。而情绪商数往往比智力商数更为重要，它决定着一个人的婚姻、事业及人际关系的成败。事实上，除了"智商"和"情商"外，还存在第三个相对独立的生命科学参照元素，这就是"意商"，它既不同于智商，也不同于情商。人的全部认识活动可分解为知、情、意三种相对独立的心理活动，人的综合心理素质也相应地分解为三种相对独立的心理素质：认知素质（或智力素质）、情感素质和意志素质，它们分别反映人对于事实关系、价值关系和实践关系的认识能力。

意志素质的高低取决于人对于实践关系的主观反映（设想、计划、方案、措施、毅力等）与实际情况相吻合的程度，它包括意志的果断性、自觉性、自制性、坚韧性等，具体体现为形成创造性设想、准确性判断、果断性决策、周密性计划、灵活性方案、有效性措施、坚定性行为等方面的能力。

（二）如何培养挫折的耐受力

1. 挫折的含义。挫折是指个体的意志行为受到无法克服的干扰或阻碍，预定目标不能实现时所产生的一种紧张状态和情绪反应。

挫折具体包含三层含义，即挫折情景、挫折认知、挫折行为。

2. 挫折情景的形成。挫折情景就是使目标不能实现的各种阻碍和干扰的因素，概括起来分为主观因素和客观因素两类：主观因素是个体的生理和心理因素；客观因素主要包括自然和社会环境因素。

3. 挫折的反应。个体对挫折的反应表现在三方面，即情绪性反应、理智性反应和个性的变化。

（1）情绪性反应：表现为强烈的内心体验或特定的行为反应，如冷漠、退化、固执等。

（2）理智性反应：意志行动的表现，如审时度势，积极进取，勇往直前，坚定不移地朝向目标。

（3）个性的变化：持续或重大的挫折甚至能使挫折反应固定下来，形成习惯和个性特点，影响个性的形成发展。

4.挫折的承受力。能否经受得起挫折不仅取决于个体经受挫折时的心态，对挫折的认识、评价和理解，还取决于个体对待挫折的态度以及应对挫折的行为方法，其中重要的增强挫折承受力因素如下：

（1）正确对待挫折。挫折是普遍存在的，它是生活的一部分。

（2）改善挫折情景。用智谋预防、改变、消除或逃避挫折情境。

（3）总结经验教训。善于总结自己和别人的挫折中的教训。

（4）调节抱负水平。要使个体生活中产生成就感又不受挫折，就要提出适合自己能力的有挑战的标准。

四、情绪情感教育

情感教育是心理教育的关键。因为人的行为与其当时的情绪和情感有着很直接的关系，要控制社区矫正人员的行为，必须首先能够控制他们的情绪。情绪教育就是指培养社区矫正人员体验他人情绪、控制和表达自身情绪的能力，这样才有利于其更好地保护自己。

（一）对自己和他人情绪的觉察

戈尔曼把对自己和他人情绪的觉察称之为"情绪智力"，他系统地阐述了情绪智力的概念及其表现，并把它概括为五种能力，即情绪的自我觉察能力、情绪的自我调控能力、情绪的自我激励能力、对他人情绪的识别能力和处理人际关系的能力。

1.人的情绪自我觉察特点有以下几种类型：

（1）自我觉知型。这种情绪风格的人一般表现为，当自己的情绪一出现时，不管是积极的还是消极的情绪，都能够马上察觉到，并能够有效地控制与管理自己的情绪，是一个身心健康的人。

这种情绪风格的人，一般都拥有积极的人生观和价值观，心理健康。如果遭到不顺心的事情或是情绪低落时，会努力调适，很快恢复。

（2）自我沉溺（受控）型。这种情绪风格的人一般表现为，情绪多变并且反复无常，常常把自己卷入情绪的狂风暴雨中，无力摆脱，听凭情绪的发作，常常处于情绪的失控状态，自感被压倒与击溃。

（3）自我认可（放任）型。这种情绪风格的人一般表现为，对自己的感受了解得一清二楚，然而尽管能够接受并认可自己的情绪，但其并不打算去改变某些负面情绪。

2.对他人情绪的识别能力。对他人情绪的识别能力是指具有觉察他人的感情与需求，以及关心周围事情的能力。对他人情绪的识别能力是在对情绪的自我觉知的基础上发展起来的另一种能力，也是个人最基本的人际交往与建立人际关系的一种能力。这使个人有能力分享他人情感，对他人感同身受，并且能够客观地理解、分析他人的情绪。这种能力从婴儿期就开始发展起来。1岁左右的孩子，在看到别人跌倒而哭泣时，他会像自己跌倒一样哭起来；见到别人的手指割破出血时，他会把自己的手指放在嘴里吸吮，或者马上躲在妈妈的怀里寻求安慰。随着孩子的成长，他会逐渐理解自己的情绪感受，而且也能够认识到他人在某种环境下的情绪感受与情绪表达，从而进行有效的人际交往。一个人能够识别他人的情绪感受，就能够通过一些细微的人际信息，敏锐地感受到他人的需要与愿望，并与他人进行和谐的交往，使自己快乐而不忧虑、热情而不呆板，使自己的人格更加完善。

3. 对他人情绪情感的分析能力。能够准确地探测他人的情绪，并能够洞察他人的情感、动机或担忧，知道他人是如何感受与交流情绪与友情的。这种人一般已经掌握了比较娴熟的社会交往的技能，往往人际关系良好，人们喜欢跟他在一起，是情绪与情感的激励者。同时，他又能够使自己的情绪表达恰到好处，随机应变地反应他人的情绪情感。具有对他人情绪分析技能的人，既能够鼓动和引导他人从事某种工作、学习或游戏，又能够促成或控制事情向好的方向发展；既能够对众人沟通和解决各种各样的问题与分歧，又能够培养和建立起和谐的人际关系、与他人的合作与协调的关系，与他人齐心协力，发挥群体效应，实现群体的共同目标。

总之，对自我及他人情绪的识别与辨别，以及对人际关系的协调与处理技能，决定了一个人如何更好地去建立良好、和谐的人际关系。

(二) 情绪情感的管理和调节

情绪直接关系到身心健康，所有的心理活动都在一定的情绪体验基础上进行，因而情绪是身心联系的纽带。积极的情绪可对人体的生理功能起到良好作用，充实体力和精力，发挥潜能，提高工作效率，提高生活质量。反之，会伤害人的身心健康。

情绪情感积极调控的方法如下：

1. 自我激励法。给自己勇气，自我鼓励，或者在希望渺茫时，用"我应该……""我能……"进行自我激励。

2. 外物调控法。如借助语言（语言是一个人情绪体验强有力的表现工具）引起或抑制情绪反应，即使不出声的内部语言也能起到调节作用。林则徐在墙上挂有"制怒"二字的条幅，就是用语言来控制调节情绪的好办法。

3. 注意转移法。把注意从自己消极的情绪上转移到有意义的方向上。人们在苦闷、烦恼的时候，看看调节情绪的影视作品，读读回忆录等都能收到良好的效果。

4. 行动转移法。克服某些长期不良情绪的方法，可以用新的工作、新的行动去转移负面情绪的干扰。贝多芬曾以从军来克服失恋的痛苦，就是一种好的选择。

五、人格教育

对人格的大量研究中，艾森克的研究非常突出，他认为人格与犯罪行为有一定的关系。而国内许多研究也发现罪犯的人格与常人有显著差异；国外的许多调查研究也发现犯罪活动与某些人格有着非常密切的关系，如反社会性人格。因此，针对社区矫正人员的人格进行教育十分有必要。

（一）人格及健康人格

人格是一个有着颇多歧义、颇多解说的概念。不同的研究者对人格的理解不同，对人格所下的定义也很不同。著名心理学家黄希庭认为[1]，人格是个体在行为上的内部倾向，它表现为个体适应环境时在能力、情绪、需要、动机、兴趣、态度、价值观、气质、性格和体质等方面的整合，是具有动力一致性和连续性的自我，是个体在社会化过程中形成的给人以特色的心身组织。在这个定义中，强调了人格的四个主要方面：整体的人、稳定的自我、独特性的个人、具有心身组织的社会化的对象。

那么，什么是健康的人格？具有健康人格的人的特点是什么？心理学家从各方面描述健康人格的特征，我们来看看他们的描述：

1. 奥尔波特：具有健康人格的人是成熟的人。而成熟的人有七条标准：①专注于某些活动，在这些活动中是一个真正的参与者；②对父母、朋友等具有显示爱的能力；③有安全感；④能够客观地看待世界；⑤能够胜任自己所承担的工作；⑥能够客观地认识自己；⑦有坚定的价值观和道德心。

2. 罗杰斯：具有健康人格的人是充分起作用的人。而充分起作用的人有五个具体的特征：①情感和态度上是无拘无束的、开放性的，没有任何东西需要防备；②对新的经验有很强的适应性，能够自由地分享这些经验；③信任自己的感觉；④有自由感；⑤具有极高的创造力。

3. 弗洛姆：具有健康人格的人是创造性的人。除了生理需要，每个人都有各种各样的心理需要，这正是人与动物的重要区别。具有健康人格的人将以创造性的、生产性的方式来满足自我。

4. 弗兰克：具有健康人格的人是超越自我的人。而超越自我的人可以被概括为：在选择自己行动方向上是自由的；自己负责处理自己的生活；不受自己之外的力量支配；缔造适合自己的有意义的生活；有意识地控制自己的生活；能够表现出创造的、体验的态度；超越了对自我的关心。

（二）人格障碍概述

1. 人格障碍的概念。人格障碍亦称病态人格、变态人格和人格异常等，表现为明显偏离正常且根深蒂固的行为模式，对环境适应不良。人格障碍影响了他们的情感和意志活动，破坏了其行为的目的性和统一性，同时，由于其人格内在发展不协

---

〔1〕 黄希庭：《人格心理学》，浙江教育社 2002 年版。

调，其自身遭受痛苦的同时还会给他人及社会带来不良影响，给人一种"古怪的感觉"：他们难以对周围环境刺激作出恰如其分的反应，难以正确评定自己的行为反应方式，难以正确处理复杂的人际关系。因此，他们常与朋友、邻居乃至亲人发生冲突。例如，有的人过分倔强，嗜好成癖等，大都有病态人格的因素在起作用。

人格障碍没有明确的发病时间，通常开始于童年，青少年或成年早期，并一直持续到成年乃至终生，人格障碍主要的评判标准来自社会、心理的一般标准。

2. 人格障碍的特征。

（1）人格障碍的表现很复杂，人格障碍者的内心体验与正常人常相背离，其外显行为违反社会准则，这种偏离常态的内心体验和行为模式，用教育、医疗或惩罚措施都很难从根本上得以改变。心理特点表现在紊乱、不定，并在人际关系方面与人相处很差，表现出一定的怀疑、偏执等。

（2）表现出明显的自知和自制的缺陷，把社会和外界对自己的不利及所遇到的困难都作外在归因，这样的思维不仅不能认识自己存在的问题，更无法吸取教训、改正行为偏差；有时虽有自知力，但缺少自控力也不能用正确的认识指导其行为。

（3）没有责任感，情绪情感表现出不成熟性。人格障碍者在没有意识障碍，智力活动无明显缺损的情况下，情绪表现极不稳定，对包括亲人在内的人都没有责任感，对伤害别人的行为既不后悔也无罪恶感。

（4）行为活动受本能驱使，自制力差，缺乏目的性、计划性和完整性。

（5）人格障碍一般从幼年开始显露，但迹象不明显，到青春期出现较明显的人格缺陷，一旦形成即具有相对稳定性，较难矫正，有的人到了中年以后，由于体力、精力下降会有所缓和，有的则会持续终生。

此外，人格障碍与人格的改变不能混淆。人格改变是获得性的，指那些原来人格发展正常，到成年由社会心理因素造成的人格异常，而由脑部器质性疾病损害造成的人格异常，即器质性人格综合征或类病态人格，它们都不属于人格障碍。

（三）人格障碍的常见类型

人格变态的表现比较复杂，目前，其分类方法并不一致，根据中国精神障碍分类与诊断标准（CCMD－3），罪犯常见的人格类型和表现如下：

1. 反社会型人格障碍。反社会型人格障碍在心理学上又称为悖德型人格障碍、无情型人格障碍、违纪型人格障碍、非社会型人格障碍、社交不良型人格障碍等，他们普遍缺乏理性、自私、情感淡漠，总是想控制别人，妄图为所欲为。这类人有时被称为社会病者或者心理病者。反社会人格障碍是一种以行为不符合社会规范为主要特点的人格障碍，主要表现为：

（1）在心理上，他们反社会心理突出，缺乏同情心、责任感和愧疚感。

（2）在行为上，其行为与整个社会规范相背离，忽视社会道德规范、行为准则和义务，对自己的行为不负责任，对他人的感受漠不关心，表现为不认罪、不伏法、仇视干警和社会等特点。

（3）在生活中，往往出现欺压他人等情况。

（4）在气质上，精力旺盛，兴奋性很高，心境变化剧烈，脾气暴躁，容易激动，难以自我克制。

（5）在性格上，思想独立，性格外向，不易受监狱环境的影响，能够适应监狱生活。

（6）在社交能力方面，社会交往能力较强，能拉拢身边其他社区矫正人员并相互学习和总结犯罪经验教训。

（7）在需要、动机、兴趣、理想等个性倾向性，以及自我价值观念等方面均与常人不同，他们往往缺乏正常的友情、亲情，缺乏罪恶感和焦虑感，极少内疚和自责，经常有冲动性行为，而且不吸取教训，行为放荡，无法无天。

2. 冲动型人格障碍。冲动型人格障碍亦称爆发型人格障碍或攻击型人格障碍，对事物产生常作出爆发性反应，稍不如意就爆发愤怒情绪和冲动行为，且行为有不可预测和不计后果的特点。这类人一旦发作起来对社会的危害性很大，容易发生激情犯罪，而暴怒时犯罪易造成灾难性后果。从司法实践来看，他们容易实施多种冲动性犯罪行为。例如，性暴力犯罪、伤害与杀人犯罪、交通犯罪等。在某些情况下，冲动型人格障碍者会实施严重、残忍的凶杀犯罪活动，具有很高的社会危险性。其主要表现为：

（1）情绪不稳，易与他人发生争执，冲动后对自己的行为虽很懊恼，但不能防范，情感爆发时对他人可能有攻击行为，也可能有自杀、自伤行为。

（2）人际关系强烈，并且时好时坏，没有长久的朋友。

（3）做事虎头蛇尾，缺乏目的性和计划性，难以完成需要长时间努力的工作。

此类人格障碍者易怒，不发作时一切正常，但微小的刺激即可使他陷入狂怒和冲动之中，故极易发生激情犯罪。

3. 抑郁型人格障碍。抑郁型人格障碍是指以心境低落、思维迟缓、行为减少，即"三低症"为主要特点的人格障碍。形成该种人格的主要原因在于其存在痛苦、失落和抵触刑罚的心理，以及长期同社会隔离，各种欲望无法满足或者环境压抑等。这类人情绪低落、多疑多虑、过分敏感，内心体验极为深刻，忍耐性低、容易激动和发脾气，防御意识和防御反应明显。这类人平时安静、胆小、沉默，激动时则暴躁、烦躁甚至会歇斯底里地采取自杀、自残行为，或者进行犯罪行为。

4. 多重人格型人格障碍。多重人格主要是指一个个体存在多种人格，他们会随着场景的不同而不断改变自己的人格面具。对于社区矫正人员，主要表现为对管理者和强者卑微、屈从，对弱者则盛气凌人。这种人善于伪装自己、投机取巧，以迎合监管人员和其他强者。他们在矫正期间中善于交往和表现自己，在矫正过程中容易交叉感染。多重人格易使自我价值发生偏离，往往以获得其他社区矫正人员对自己恶习、犯罪行为的称赞为满足。他们虽然不安分守己，但一般不会故意触犯监管法规，不会在矫正期间故意进行犯罪。

5. 偏执型人格障碍。偏执型人格障碍以猜疑和偏执为特点，主要表现为：

（1）对周围的人或事物敏感多疑，心胸狭窄，自尊心过强，人际关系往往反应过度，有时产生牵连观念，常无端怀疑别人欺骗自己，易与他人发生争辩、对抗。

（2）自负、自我评价过高，固执地追求不合理的权益；忽视或不相信与自己想法不符合的客观证据，所以很难改变自身的想法和观念；容易记仇，自认为受到轻视，为此耿耿于怀，易引起敌意和报复心。

（3）遭到挫折和失败时常推诿客观原因，不找自身的主观原因，常有病理性的嫉妒观念，怀疑配偶和情侣的忠诚。

偏执型人格障碍者在嫉妒报复心理的支配下，易实施杀人、纵火、投毒等犯罪行为。

6. 分裂型人格障碍。分裂型人格障碍以情绪情感冷漠、无亲切感，观念、行为外貌装饰奇特，人际关系明显有缺陷为特点，主要表现为：

（1）冷漠、缺乏情感体验。既不能表达对他人的体贴、温暖和愤怒，又对批评和表扬无动于衷。

（2）性格明显内向（孤独、被动、退缩），回避社交，离群索居，我行我素。

（3）行为荒诞、怪僻。常不修边幅、服饰奇特，行为不合时宜、不合风俗民情。

（4）爱幻想，会有奇异的信念，脱离现实，如思考一些正常人看来毫无意义的事情。可有一些牵连、猜疑、偏执的观念。

有的分裂型人格障碍者情感冷淡、猜疑，可能会无事生非，寻衅滋事。

7. 表演型人格障碍。表演型人格障碍（癔症型人格障碍）有感情用事，过分夸张地自我表现及追求刺激和自我中心的特点，主要表现有：

（1）爱表现自己，行为做作，在外貌和行为上表现夸张，以期望引起别人的注意；自我中心，爱强求别人满足自己的私愿；暗示性强，容易受他人诱惑。

（2）情感体验肤浅、强烈，并且容易变化。心胸狭窄，经不起批评，不如意时常以情感相要挟，如扬言自杀或威胁性自杀，达到目的才肯罢休，设法操纵他人为自己服务。

（3）爱编造谎言，凭猜测或预感作出判断，有时用幻想与想象补充事实，言语内容不完全可信。喜欢寻求刺激，甚至于卖弄风情，喜爱挑逗，好炫耀自己，给人以轻浮的感觉。

此类人格障碍者有些易参与诈骗、卖淫活动。

8. 强迫型人格障碍。强迫型人格障碍以刻板固执，墨守成规，缺乏应变能力为特点，主要表现为：

（1）常有不安全感，过分多虑，反复核对实施的计划，过分注重细节，唯恐出现差错。

（2）对任何事情要求过高过严，追求十全十美；按部就班、拘泥细节，犹犹豫豫，常常避免作出决定，否则会感到焦虑。

（3）主观、固执，事必躬亲，对别人做事不放心。

（4）好洁成癖；过分节俭，甚至吝啬；过分沉溺于职责义务与道德规范，过分投入工作，但工作缺乏愉悦感，没有创新精神和冒险精神。

9. 焦虑型人格障碍。焦虑型人格障碍以一贯感到紧张，易惊恐，懦弱胆怯为特点，主要表现为：

（1）有广泛性的持续紧张和忧虑的感觉，因有自卑感和人际交往有限，缺乏与别人建立关系的勇气。

（2）胆小，有不安全感，总是需要被人接纳和喜爱，对拒绝和批评过分敏感，习惯性地夸大日常生活中的潜在危险，有回避某种活动的倾向。

人格障碍犯罪中并非都是单一型人格犯罪，有的是属于混合型人格障碍犯罪。犯罪的原因是极其复杂的，不能说具有人格障碍的人就一定会犯罪。

六、人格教育的措施

1. 宣传教育。通过社区内的电视、网络、报纸、板报等途径，向罪犯宣传人格方面的知识。

2. 知识讲座。社区从事心理健康教育的专业人员通过组织人格教育知识讲座让社区矫正人员掌握健全人格和不健全人格的概念，认识到不健全人格对个体心理健康的消极影响，了解服刑人员常见的人格缺陷表现，掌握消除不健全人格和培养健全人格的方法。

3. 注重社区文化建设。通过开展体育竞赛，歌咏、绘画、书法、演讲比赛等健康积极的文体活动，丰富社区矫正人员的生活，让他们通过适当的途径宣泄不良情绪和压力。同时淡化社区矫正带来的心理压力，培养其积极的兴趣爱好，帮助其形成良好的人际关系。及时引导社区矫正人员正确认识、处理改造过程中的挫折和矛盾，激励他们悔过自新，改恶从善。

图3-3　某社区进行社区矫正宣传活动

4. 心理训练。心理训练是指通过有目的的心理练习，对被训练者进行有意识的影响，使其心理状态发生变化，以达到适宜的心理程度，提高心理健康水平，增强身心健康需要的教育手段。心理训练能使被训练者以良好的心理素质，经受困难和挫折的考验。搞好心理训练不仅可以预防心理疾病的产生，同时还可以激发各种心理潜能，提高心理素质，塑造健全人格。

图 3 - 4　心理拓展训练场景

七、能力拓展训练

（一）训练项目一：愤怒情绪自控训练

实训的地点：治疗室。

实训的操作步骤：

1. 用快速控制呼吸技巧控制愤怒的躯体反应。对受训练的社区矫正人员提出要求：①在你觉得自己开始生气时，注意你的呼吸。它是否变得更急促更迅速，你能否深呼吸5次把速度降下来。②尽你所能将空气完全呼出，然后吸气保持1秒钟，慢慢地从口腔中呼出气体。接着仍是吸气，保持1秒钟，慢慢地从口腔中呼出气体，并默默地从5倒数到1。③请记住要彻底地把空气呼出，就像深深地叹息，然后再吸气，屏气，慢慢呼气，倒数5、4、3、2、1。④再进行3次呼吸，到最后一次时轻轻地对自己说"平静下来，控制自己"。⑤当你这么练习时，你应该发现你的愤怒情绪略有降低。这将帮助你更加清楚地进行思考，从而能够选择如何做出反应。请经常练习这一技巧。

2. 应付愤怒的"中场休息"技巧。"中场休息"技巧是最为成功的技巧，也是使用最广泛的一种自我控制的方法。它使得个体能够掌握自己的愤怒，并在丧失控制之前及时进行"中场休息"。"中场休息"意思就是离开当时的情景，避免愤怒进一步升级。使用呼吸技巧或其他技巧帮助自己平静下来，不以失控的方式来处理问题，而等到平静地回来时再应对。

（二）训练项目二：自信心训练

实训的地点：治疗室。

实训的操作步骤：

1. 收集、分析和归纳社区矫正人员在日常生活中最容易遇到的、难以表达自己感情和坚持自己观点的情境。例如，受到不良朋友引诱甚至胁迫的情境，想做好事但是又顾虑重重的场合等。

2. 每次选择和设定一种情境，讨论在这种情境中的权利、义务和责任。

3. 分析社区矫正人员在这种情境中采取不同的行为可能产生的短期和长期后果。

4. 鼓励社区矫正人员进行他们认为正确的行为，这种行为既包括实际的行动，即在模拟的情境中，进行角色扮演行为，如拒绝接受别人的意见，或者劝说别人放弃违法犯罪的行为或打算；也包括言语表达，即让社区矫正人员在别人面前大声讲出自己想说的话，如大声向别人道歉、大声称赞别人的良好举动、大声说自己不喜欢什么事情等。

5. 在社区矫正人员进行了上述活动之后，引导他们讨论在以后的实际生活中，是否能够像在这里一样采取行动，巩固和强化其已经学会的人际互动方式，促使他们在以后的生活中能够应用这些人际互动方式，避免发生人际冲突行为和违法犯罪行为。

参考文献

1. 李虹：《健康心理学》，武汉大学出版社 2007 年版。

2. 全国十二所重点师范大学联合编写：《心理学基础》，教育科学出版社 2002 年版。

3. 刘邦惠：《社区服刑人员心理矫治研究》，科学出版社 2015 年版。

4. 张建明：《社区矫正实务》，中国政法大学出版社 2010 年版。

5. 范辉清、李伟兰主编：《违法心理矫治》，暨南大学出版社 2011 年版。

6. 叶俊杰主编：《罪犯心理咨询与矫正》，华中科技大学出版社 2011 年版。

7. 马立骥主编：《罪犯心理与矫正》，中国政法大学出版社 2009 年版。

第四章　社区矫正人员心理咨询

第一节　社区矫正人员心理咨询概述

一、概念

随着社区矫正工作的全面推进，社区矫正人员的心理咨询工作也以它特有的作用进入到社区矫正工作中，并受到公安、司法等职能部门和社区广大群众的关注。

心理咨询是运用谈话、讨论、分析等方法对社区矫正人员提供解释和指导等帮助的活动，是最基本、最常用的心理矫正方法。社区矫正人员心理咨询是指心理专业人员运用心理学的理论和方法，帮助有心理问题的社区矫正人员发现自身的问题及其根源，改变其原有的认识结构和不良的行为模式，以提高社区矫正人员对重返社会的信心和能力。

二、社区矫正人员心理咨询需要注意的问题

从性质上看，目前我国的心理咨询多属于心理健康咨询，又称"心理保健咨询"、"心理卫生咨询"、"健康心理咨询"等，除此以外，还有医学心理咨询。可以把这两方面的心理咨询看成是一般心理咨询。很显然，社区矫正人员的心理咨询工作与一般心理咨询工作，虽然有密切联系，却也有明显不同的特点，在具体的咨询工作中应该注意以下几点：

（一）心理咨询对象的特殊性

社区矫正人员的心理咨询主要适用于被判处管制、被宣告缓刑、被裁定假释，并在社会上服刑、被暂予监外执行的五种罪犯。其中罪行较轻、主观恶性不大的未成年犯、老弱病残犯、女犯，以及罪行较轻的初犯、过失犯等是重点对象。因此在具体的社区矫正人员心理咨询中应该要针对具体的咨询对象而制定咨询目标和计划，以达到较好的心理矫正效果。

（二）心理咨询人员的专业性

针对社区矫正人员这一特殊群体，心理咨询师不仅要具备心理方面的专业知识和技能，更应该具备社区矫正方面的专业知识，或对社区矫正人员心理有一定的了解。

（三）心理咨询内容的特殊性

社区矫正人员的心理咨询工作帮助社区服刑人员消除不良心理，解决他们的心理问题，促进其渐次培养起健康心理。针对社区矫正人员的特殊性，心理咨询的内容会有一些不同，例如，在社区矫正人员心理咨询实践上经常遇到的问题主要有：

社会适应性问题、家庭关系问题、人际关系问题、情绪管理与控制问题、压力管理与化解问题等。

第二节　社区矫正人员心理咨询的操作程序

一、社区矫正人员心理咨询的流程

（一）预约咨询

社区矫正人员需要进行心理咨询，应向所在司法所的社区矫正工作人员提出申请，并填写《心理咨询预约单》，由社区矫正工作人员报司法局（所）所在心理矫正负责部门（社区服刑人员心理矫正中心）进行审核并安排、落实心理咨询师。如果审核中发现不宜进行心理咨询的情况，应及时向提出申请的社区矫正人员说明原因。

（二）初诊接待

咨询师通过初诊接待了解来访社区矫正人员的问题，确定来访社区矫正人员的问题是否符合心理咨询的范围，以及咨询师自己能否帮助来访的社区矫正人员解决问题。如果不属于心理咨询范围，或者不属于自己的心理咨询领域，咨询师应建议来访社区矫正人员到其他咨询师那里寻求心理咨询。咨询人员要热情接待来访社区矫正人员，然后向对方介绍心理咨询的性质和原则，尤其要讲明双方的责任、权利与义务，以便双方初步建立互相信任关系。

1. 初诊接待的准备。

（1）咨询师的仪态。作为第一次与来访的社区矫正人员的接触，咨询师的仪态非常重要，直接影响着来访的社区矫正人员对于咨询师的第一印象和信任程度。咨询师应有的仪态：服装整齐大方、坐姿端正规范、距离适当。咨询师应有的接待方式：礼貌接待、朴实庄重、温和亲切、干练利索、表情平和。

（2）咨询师的接待语言和方式。咨询师在使用接待语言时，注意用语要礼貌、委婉。例如，"您好"、"请坐"、"我很愿意向您提供心理方面的帮助"、"今天就聊到这里，感谢您对我的信任。如果以后还有什么问题的话，请预约来心理咨询中心面谈"。

2. 初诊接待内容。

（1）向来访的社区矫正人员介绍心理咨询的性质。在社区矫正人员初次来面谈时，心理咨询师应该让社区矫正人员了解心理咨询的性质：了解心理咨询是"助人自助"的过程，是咨询师与求助者建立起来的一种协助关系，只有当求助者对心理咨询有一定的信任度时才能够达到较好的咨询效果。

心理咨询是一个长期的过程，不是药到病除的"灵丹妙药"，要告知来访者：心理咨询是一个过程，问题必须经历一段时间才会解决；有时心理咨询并不能够解决求助者的所有问题。只会在求助者有意愿改变并愿意为此付诸行动时才会得到一定程度的改善，所以咨访双方都应该正确看待这一问题。

（2）向来访社区矫正人员说明保密原则。

第一，反复向来访者说明保密原则。心理咨询师受职业道德中的保密原则制约，未经来访者同意，绝不能将有关来访者的个人资料泄露给别人。例如，个人生活、成长过程、婚姻、工作等隐私。保密原则不仅涉及咨询内容，也涉及心理诊断结果：不可将对来访者的诊断结果到处宣传或传播。

第二，要向社区矫正人员说明保密原则的绝对性和相对性。保密原则的绝对性是指，未经来访者同意，不能在任何场合谈论来访者的隐私，不能向来访者的亲属、朋友、同事等谈及来访者的隐私，不能在报刊上发表相关案例及隐私。保密原则的相对性是指，在咨询过程中，当发现社区矫正人员有危害自己和他人的可能的时候，必须采取必要措施。心理咨询师接受卫生、司法、公安机关询问时不得隐瞒咨询内容与报告。

（3）了解来访社区矫正人员的需求。当来访社区矫正人员是第一次来咨询时，应该弄清楚来访社区矫正人员的需求。应该了解来访社区矫正人员的需求是否属于心理咨询的工作范畴。

（4）说明心理咨询关系中双方的权利和义务。来访社区矫正人员的责任、权利和义务：①来访社区矫正人员的责任：向咨询师提供与心理问题有关的真实资料；积极主动地与咨询师一起探索解决问题的方法；完成双方商定的作业。②来访社区矫正人员的权利：有权利了解咨询师的受训背景和执业资格；有权利了解咨询的具体方法、过程和原理；有权利选择或更换合适的咨询师；有权利提出转介或中止咨询；对咨询方案的内容有知情权、协商权和选择权。③来访社区矫正人员的义务：遵守咨询机构的相关规定；遵守和执行商定好的咨询方案各方面的内容；尊重咨询师，遵守预约时间，如有特殊情况提前告知咨询师。

咨询师的责任、权利和义务：①咨询师的责任：遵守职业道德，遵守国家有关法律法规；帮助求助者解决心理问题；严格遵守保密原则，并说明保密例外。②咨询师的权利：有权利了解与求助者心理问题有关的个人资料；有权利选择合适的求助者；本着对求助者负责的态度，有权利提出转介或中止咨询。③咨询师的义务：向求助者介绍自己的受训背景，出示营业执照和执业资格等相关证件；遵守咨询机构的有关规定；遵守和执行商定好的咨询方案的各方面内容；尊重求助者，遵守预约时间，如有特殊情况应提前告知求助者。

3. 初诊接待应该注意的事项。

（1）避免紧张情绪。来访者是社区矫正人员，对于心理咨询师而言，第一次面对来访者应避免紧张情绪，增加实训时间。

（2）语言表达要清晰。语速适中，吐字清晰，避免使用方言。

（3）反复向来访服刑人员说明保密原则。

（三）摄入性谈话

摄入性谈话的工作程序：

1. 确定会谈的目标、内容与范围。确定会谈内容和范围所依据的参照点有以下几个：

（1）来访者主动提出的求助内容。例如，"我的孩子学习没兴趣，学习成绩不好"、"夫妻之间感情有了裂痕，不知怎么办"等。来访者提出上述问题，咨询师可以就事论事地将其确定为摄入性会谈的目标。在与来访者交谈的过程中，可以围绕这些问题收集有关资料。

（2）心理咨询师在初诊接待中观察到的疑点。例如，观察到来访者情绪低落，情绪焦虑不安；来访者在初诊接待中对某个问题欲言又止；等等。又如，来访者初诊时情绪低落并对心理咨询人员谈："其实，我找到你们，要谈的问题也没什么了不起，只是有时觉得生活没意思。"这些话很重要，虽然他并没有表达任何实质内容，但依据来访者的情绪状态和含混的表达，他可能有自己尚未意识到的深层心理问题，此时应从了解来访者的一般生活状况入手，进行摄入性会谈，把探索深层心理问题作为工作的目标。

（3）心理咨询师可以依据心理测评结果的初步分析发现问题。例如，MMPI（明尼苏达人格测量量表）的测评结果中抑郁分很高，这时就要把摸清引发抑郁情绪的原因定为会谈目标，去了解与此相关的各类问题。

（4）上级心理咨询师为进一步诊断而下达的会谈目标。

（5）确定会谈的内容与范围。

会谈目标中若有一个以上的内容，应分别处理。例如，求助者说："我的孩子学习上不去，他父亲也不管，为这事我经常与他吵，可是不管用，不知该怎么办？"这一会谈目标（关于管理孩子）中，最少包括两个内容：①孩子学习状况到底如何；②夫妻之间的关系如何。为此，应当迅速将这两个问题区分开，进而搞清两者之间的逻辑关系，是孩子自身学习不好，引发父母在教育态度上不一致；还是夫妻之间吵吵闹闹，家庭不和造成孩子心理压力，影响了学习。弄清其中的关系，把问题分清前后、主次，再依次提问，进行摄入性会谈。

2. 提问及提问技术。根据会谈目的和想收集的资料内容来确定提问方式。一般情况下，应使用开放式提问，不使用封闭式提问。但在特殊情况下，也可使用半开放式提问（或称为限制性开放式提问）。例如，"除了在孩子管理方面，你们夫妻之间还有什么矛盾？"为了弄清孩子学习不好与夫妻吵架这两者的关系，可使用这类半开放式提问。有时为了确证某种现象是否存在也可用封闭式提问。例如，为确定是否有家庭暴力，可用封闭式提问："你丈夫打孩子吗？"总之，到底用哪种提问方式，是依据会谈目标、收集资料的性质和内容来确定的。

3. 注意倾听。确定了提问方式并提出问题后，要耐心倾听来访者的叙述。倾听，不是不动脑筋地随便听听，而是全神贯注地、倾心地听。在听的过程中，不能随便打断来访者的话，不能插入自己对会谈内容的评价（摄入性会谈规定不能在交谈中加入咨询师的评论）。倾听，不单是听，还要注意思考，要及时而迅速地判断来访者的谈话是否合乎常理，是否合逻辑。另外，在听的过程中要及时地把握"关键点"。

4. 控制谈话的内容与方向。会谈必须在心理咨询师的控制下进行。也就是说，会谈的方向、所涉及的问题及会谈时间，都必须是有计划、有目的的。另外，控制会谈的内容，对保证心理咨询的效果十分重要，假如把会谈搞得漫无边际，来访者很快就会因为无所收获而感到厌烦。

控制会谈和转换话题的技巧很多，而且可以随机应变，最常用的方法是"释义"，所谓"释义"，就是在征得来访者同意后，把来访者的话重复一下并作出解释，解释完以后，顺便提出另一个问题。这样做，使来访者感到很自然，会感到心理咨询师的问题提得合理。例如，来访者说："一想起睡觉，就紧张，怕自己失眠。越怕睡不着就越不能入睡。"心理咨询师很想了解来访者最初失眠的原因，于是，便可以接着来访者的话说："越急就越不能入睡，这是情绪对睡眠的干扰作用，心理学认为，任何失眠都是情绪性的，都是情绪干扰的结果，毫无例外。但不知您最初不能入睡时是什么情绪干扰，你愿意谈一谈吗？"另一个方法是中断，所谓中断，就是在会谈中暂时休止一下，当来访者因情绪激动或思维混乱而喋喋不休时，不能够强行迫使他停止会谈，这时，可以请他抽支烟，替他倒一杯水，请他取一样东西过来，或者建议他换一个地方再继续谈，等等。如果时间有限，也可以建议暂时停止会谈，下次再来。为控制会谈的方向，也可以使用情感的反射作用，即心理咨询师有意识地刺激一下来访者，使他把会谈转向某类问题。这里必须注意的是，在初次会谈时尽量不要使用这种方法，因为这往往会引起来访者情绪紊乱，一时难以控制。这种方法在治疗中使用较多，但也得慎用。当心理咨询师有经验而且足够机敏时，他们最常用的方法是引导，即由目前的话题引向另一话题。引导不是直接建议转换话题，而是由原来的话题引申出新话题。例如，当咨询师想了解来访者的一般社交关系而她本人却喋喋不休地埋怨自己的丈夫时，咨询师可以把夫妻关系引申为人际关系的一种，而后再对社会上一般人事关系的冷漠发表感叹，一方面表示对她的同情，另一方面把她的思想引向更远的地方，随后再提出同事关系和朋友关系的问题，进而使她谈谈朋友们对她的态度，这样引导比直接发问要自然一些。

5. 对谈话内容进行归纳整理。在咨询交谈中，一般情况下，不能做笔录，更不能录音和录像，除非得到来访者同意。所以，摄入性会谈中涉及的问题和来访者提供的信息大部分要靠咨询人员的临场记忆，以及在会谈结束和来访者离开后，依靠回忆写成文字材料。这种操作难度较大，为了不丢失信息，在交谈中，只可以按以下项目做简单笔录：

（1）个人成长、发展中的问题（经受的挫折或不良行为等）。

（2）现实生活状况。

（3）婚姻状况。

（4）人际关系中的问题。

（5）身体方面的主观感觉（主观症状）。

（6）情绪体验、生活态度。

（7）其他。

6. 结束谈话。咨询师在结束谈话时应该注意语言语气。例如，"我可以负责地说，依据我们的道德和相关法律，今天我们的全部会谈，会绝对保密，请您放心。"

如果会谈还要继续，应征求来访者的意见："今天暂时谈到这里，在今天的交谈中，我基本上对您提出的问题有所了解，但要我马上做出最后的确切判断，还有一定困难。由于时间关系，今天无法继续（约定的会谈时间段已结束），如果您愿意的话，我建议我们再谈一次，您觉得如何？"

如果已做出诊断，而没有时间讨论矫治方案，应以如下话语表示结束咨询："今天我们的讨论，已经有了初步结论，对这个结论您是否同意，希望您回去后再认真想想，是否还有需要补充说明的，我也再想想，是否还有什么不妥之处，我们就按今天的诊断回去考虑一下矫治方案，您觉得如何？"

如果经摄入性会谈后，发现来访者有其他疾病（躯体或精神疾病），则应向来访者说明："就您谈的情况看，恐怕您应该先到某某科做个检查，我将会根据某某科的检查，再来考虑您目前状况是否有心理问题的因素存在。"（若发现有可能是精神疾病，可建议精神科会诊）

结束语："谢谢您的来访和对我们的信任，以后有什么问题，希望再联系。谢谢！"

7. 注意事项。摄入性谈话是搜集来访者资料的一条重要途径，也是咨询师与其建立良好的咨访关系的基础。摄入性谈话时应注意如下事项：

（1）提问中避免失误。

（2）在摄入性谈话后不应给出绝对性的结论。

（3）除了提问和引导性话语，不能用生硬的话做结束语，以免引起误解。

（4）不能以指责、批判性语言阻止或扭转来访者的谈话内容

（5）态度必须保持中立。在接待、提问、倾听的过程中，心理咨询师面部表情、提问语调、动作不可表达出对谈话内容的兴趣。

（四）搜集整理相关资料

1. 一般资料：包括人口学资料、生活状况、婚姻家庭、服刑记录、社会交往、自我描述、个人内在世界重要特点、对未来的看法等。

2. 成长史资料：婴幼儿期：出生情况、母亲身体、是否顺产等；童年期：发育情况、有无重大事件、身体是否有病、父母感情是否和谐、童年教养方式、学校教育情况、有无退缩或攻击等；少年期：有无挫折、最骄傲的事情、最羞耻的事情、性萌动对待、有无重病、与成人有无不愉快、与同伴关系、游戏情况等；青年期：

最崇拜的人、爱情生活、就业、婚姻挫折等。

3. 目前状态资料：身体状态：躯体异常感受、近期身体检查报告；社会功能：服刑动机、交往状态、劳动效率；精神状态：情绪情感表现、感知觉、注意力、记忆力、思维状态、意志行为（自控能力、言行一致）、人格完整性、相对稳定性。

（五）心理评估与诊断

咨询师需要对来访者的问题和相关的情况有一个全面的了解，对来访者的问题的类型和严重程度有一个诊断，需要对造成来访者心理问题的原因进行分析和判断。评估与诊断主要通过与来访者的谈话、与来访者密切关系认识的谈话、咨询师的观察、心理测验等方式进行，对来访者的评估与诊断往往会贯穿心理咨询的全过程。

对罪犯心理问题的评估与诊断一般从以下四个方面进行：

1. 如果是神经症，鉴别为哪种。例如，神经衰弱、恐怖症、焦虑症、强迫症、抑郁症等。

2. 如果是某种神经症，就要鉴别具体是那一种。如恐怖症有广场恐怖症、社交恐怖症、对特定物体恐怖等。

3. 判断病与非病，即是否有精神病。诊断依据如下：

（1）是否违背了病与非病的三原则：心理活动在形式上和内容上与客观环境保持一致，符合统一性原则；各种心理过程之间协调一致；个性相对稳定。

（2）是否有求助动机愿望而主动求助。

（3）自制力是否完整，能认识到自己心理行为异常，也能分析产生的原因。

（4）有无感知觉异常，有无幻觉、妄想等精神病症状。

4. 诊断是一般心理问题、严重心理问题还是可疑神经症或神经症。判断一般心理问题与严重心理问题的依据如下：

（1）不良情绪持续的时间（病程）。

（2）精神痛苦程度（是否能自行摆脱）。

（3）社会功能受损程度。

（六）制定咨询方案阶段

1. 制定咨询目标。咨询师要与来访者共同商定咨询目标，其所涉及的内容包括：改变来访者的不良情绪；改变来访者的不良行为；改变来访者的不合理认知；改变来访者心理生理状态（如睡眠、饮食等）；最终促进来访者的心理健康发展，逐步完善人格。

2. 心理咨询师要本着以下原则对咨询目标进行评估：积极、属于心理学范畴、可以评估、双方可以接受、可行、具体、多层次统一。

3. 制定咨询方案。根据来访者的心理症状程度和咨询目标，设计心理咨询的具体时间和次数。心理咨询次数短则 2 ~ 3 次，长则 10 次、20 次或更长不等，每次咨询一般为 50 分钟左右。

（七）帮助与改善阶段

这是心理咨询中的最重要的阶段，直接决定着心理咨询的效果。在这一阶段运用何种心理咨询方法，使来访者产生何种变化，完全与来访者及其所面对的问题有关。在这一阶段，心理咨询师要分析来访者的心理问题成因，选择相应的心理咨询方法与技巧给来访者提供有效的帮助和指导。分析来访者的心理问题成因，一般从生物因素、社会因素和心理因素三个方面着手。

在给来访者提供有效的帮助与指导，心理咨询师应注意以下问题：

1. 心理咨询师在给予来访者帮助指导时，要坚持给予心理方面的指导与帮助，而不是包办一切。

2. 心理咨询师要注意双方是咨访关系，即心理咨询师帮助来访者分析其心理问题及其成因，提供指导意见，最后解决问题还要来访者自己。心理咨询过程是一个助人自助的过程。

3. 双方一起讨论解决问题的方案，最后如何，改善来访者心理状态，心理咨询师也要尊重来访者的自身意愿。

4. 心理咨询师在咨询过程中，既要遵循一般心理咨询的原则，也要遵守相关法规。

（八）结束阶段

心理咨询实施一段时间，并取得满意的咨询效果后，随即应该进入结束阶段，以便结束对来访者的咨询。在结束阶段应注意以下几点：

1. 综合所有资料、作出结论性解释，使来访者有机会对自己进行更清楚的认识，以便应付将来必须面对的心理生活。

2. 帮助来访者举一反三，学习应用咨询经验。

3. 准备结束，接受离别。

［案例］

一例社区矫正人员严重心理问题咨询的个案分析报告

一、资料收集

1. 人口学资料：于某，女，19 岁，系单亲家庭，父亲很小就离开家，其被母亲寄养在许多亲戚家，最后放在外婆家，从小受人非议，经常被妈妈打骂，生活环境较差，家庭支持也严重不足，因在读书时与舍友发生口角，一时冲动下用刀划向对方造成轻伤，被判缓刑 2 年，入矫后不久，母亲萎靡不振并生病卧床，加上因伤害罪需赔付的 11 万元让其不堪重负，心理压力非常之大，不知道如何处理，目前出现失眠、精神紧张、情绪抑郁的状态，迫切寻求咨询师帮助。

2. 个人陈述：于某主动向咨询师解释此次事件是因为对方对自己进行言语上的人格侮辱，并打过自己 2 次，所以在其第三次骂自己时，情绪一时冲动，手上刚好拿着刀就伤害了对方。对这次犯罪觉得自己有过错，心理也有问题。自述小时候自卑没什么朋友，在学校与同学室友关系不好，经常被孤立，没有太多交流。妈妈常年情绪状态不好，外婆年迈，家中的经济状况一直不稳定，现有一男友，尚在念书，在精神上还可以给自己一些安慰，经济上就没办法了，现在母亲病倒，自己被判刑，不知以后要怎么生活下去。

3. 司法所社区矫正工作人员调查结果：于某自入矫以来，总体表现良好，能够积极主动参加教育和学习，其他时间都待在家里，家人反映于某经常干活心不在焉，像是在想什么事情似的，经常发呆。

4. 咨询师的观察了解：初次见面，该社区矫正人员面容清秀，表达自如，对咨询师开放度较好，但表情忧伤，较显紧张，手不断地来回搓纸，述说到伤心时暗自哭泣。

5. 心理测试结果：SCL－90 中人际关系敏感 2.2 分，抑郁 2 分，焦虑 2.4 分，敌对 2.2 分，心理健康状况差，有较明显的心理问题。EPQA 人格个性量表中，神经质（N）T 分较高，情绪不稳定，易被不良情绪困扰。

二、评估与诊断

（一）临床资料分析

1. 精神状态：情绪低落、胡思乱想、痛苦、自责、紧张、焦虑。

2. 生理状态：睡眠障碍、食欲差、心慌。

3. 社会功能状态：除了男朋友，与其他人交往少，不能正常进行社会交往。

4. 心理状态评估：意识水平降低，心理自控力差，自信心过低。总体心理健康状态偏差。

5. 病因分析：于某现在的心理状态，与童年时的经历有关，父母很年轻时就在一起，但未正式结婚，3 岁时父母分开，父亲离开不再管她们，其被母亲寄养在许多亲戚家，最后放在外婆家，从小受人非议，还经常被妈妈打骂，身边其他亲人也无法做到情感支持，有原始心理创伤。加上从小不被关注、不被爱而造成自卑、暴躁的性格，在同学的刺激下，做出犯罪行为。好在其自知力尚好，对自我有一定的认识，非常想让自己往积极正向的人生道路上走，求助动机强烈。

（二）诊断依据及鉴别诊断

根据病与非病三原则，该来访者知情意是统一、一致的，对自己的心理问题有自知力，主动求医，无逻辑思维混乱、无感知觉异常，无幻觉、妄想等精神病症状，可以排除精神病。同时，来访者的心理冲突有两个特点：①与现实处境直接相联系，涉及大家公认的重要生活事件；②带有明显的道德性质，即心理冲突没有变形，可以排除神经症。另外，该社区矫正人员表现为对负性生活事件的心理紧张，没有明确客体对象和具体观念内容的提心吊胆和恐惧不安的心情，可以排除焦虑症。但来访者情绪低落、紧张、焦虑、睡眠障碍等心理问题持续时间已有半年多，对生活中任何事都出现了泛化、回避，影响社会功能，已经不属于一般心理问题的范畴。因此，按心理测试结果、临床资料分析及上述依据，鉴别诊断结果为：严重心理问题。

三、确立目标，选择方法

（一）咨询目标

本目标所体现的有效性包括：具体、可行、积极、双方可以接受、属于心理学性质、可以评估、多层次统一。为此，经双方共同商定，确定如下咨询目标：

1. 具体目标和近期目标：①改变不良情绪，改善睡眠情况；②改变错误认知，纠正错误评价。

2. 最终目标与长期目标：在达到上述目标的基础上，最终改变其错误认知，重建正确的认知模式，树立自信，促进来访者心理健康发展，完善人格。

（二）咨询方法

合理情绪疗法的基本人性观认为，人既是理性的，也是非理性的。持非理性观念的人们一旦陷入严重的情绪困扰状态中，往往难以自拔。这就需要用合理情绪疗法的理论和技术加以治疗。结合于某的个案，决定采取合理情绪疗法。要以理性替代非理性，帮助来访者以合理的思维方式代替不合理的思维方式，以合理的信念代替不合理的信念；通过理性分析和逻辑思辨改变造成来访者情绪困扰的不合理观念，并建立起合理的理性观念，帮助来访者克服自身的情绪问题，改变错误认知，减少或消除已有的情绪障碍，以合理的人生观来创造生活，并以此来维护心理健康，促进人格的全面发展。

四、咨询过程

第一阶段：诊断评估与咨询关系建立阶段。

1. 方法：摄入性会谈。

2. 过程：以尊重、热情、真诚的态度使来访者感到被理解、被接纳。采用会谈法与来访者于某交谈。对于一个年纪轻轻就需承担如此多压力的 19 岁女孩子来说，感受到无助、痛苦甚至绝望的情绪都是完全可以理解的，她此时最需要别人的情感支持，故咨询师应尽可能让其表达内心痛苦，做到积极倾听，同理共情。同时通过放松椅和放松训练仪教其放松技术，几次训练以后仪器显示身体放松度较好，于某也掌握了基本的放松方法。咨询师还采用意象方式让其积极想象"树苗长成大树"，并加强腹式呼吸，感受以后美好生活的画面，建立内在力量。于某表示，大树长得快撑爆画面了，感觉内心很放松很充实，希望妈妈也能有这样的体会，过上正常生活。此时可以看到，于某的情绪非常低落。可喜的是，在这个过程中，咨询师成功地取得了于某的信任。于某逻辑思维清晰，领悟力较强，咨询师直接对其讲解了合理情绪疗法 ABC 理论原理，指出造成于某心理问题的症结是其思维方式、信念的不合理，使自己陷入情绪困扰状态。经过耐心细致的工作，于某能够接受这种理论对自己的问题的解释。

3. 家庭作业：运用 ABC 理论，结合自己的问题予以初步分析：①具体找出自己不合理的思维方式是什么？②找出这种想法有什么证据？

第二阶段：心理帮助阶段。

1. 目的：巩固咨询效果；分析问题产生的原因，改变不良认知，来访者应对自己的问题负责。进一步寻找来访者心理问题发生的认识根源，进行心理调节。

2. 方法：会谈、合理情绪疗法。

3. 过程：咨询作业反馈过程中，来访者自己找出了不合理的思维方式："我觉得这就是天意：如果不是她们（受害者）一次两次地找我的茬儿、侮辱我还打我，我又手上刚好拿着刀，我是不会伤害她们的，妈妈就不会病倒，也不用交那么多赔偿款，我也不知道该怎么办，让我一天心烦的吃不好，睡不好，什么事都不想做，反正我现在什么也没有了，我也不想活了。"而且于某不能找出足够的证据来否定这一信念。咨询师肯定了于某找出的这一不合理信念，并帮助其分析："犯了罪是既定事实，母亲病倒是会恢复的，钱可以通过自己的努力挣取，你还很年轻，认为自己什么都没有了，这是不合理的观念，是一种糟糕至极的想法和绝对化的要求，使自己陷入情绪困扰之中，产生自罪自责、焦虑不安等不适情绪和失眠心慌等躯体症状。"如此，于某领悟到她的情绪问题是由自己现在所持有的不合理信念造成的，而不是诱发事件本身。她对自己的情绪和行为反应有责任。只有改变了不合理信念，建立合理思维方式，才能减轻或消除症状。为了检验于某是否真正领悟，咨询师要求于某分析她自己的问题，让她举例来说明问题的根源，作为家庭作业下次再谈。

4. 家庭作业：①要求于某想想现在首要的问题是什么？②要求于某为自己今后的人生作出规划。

第三阶段：结束与巩固阶段。

1. 目的：①巩固咨询效果，学会用理性思维方式思维，使来访者在认知、思维、情绪、行为等方面重建新的反应模式。②学习与不合理信念辩论，帮助来访者拥有较现实的、较理性的、较宽容的人生哲学。

2. 方法：会谈，合理情绪疗法。

3. 过程：这次来访者前来咨询时，表情轻松、自然，自述通过上次与不合理的思维方式辩论以及家庭作业的实践反思后，收获很大，心理感觉轻松了许多，感觉生活还是很有希望的，已经开始托男朋友为自己找份工作。为了进一步帮助来访者摆脱旧有思维方式和非理性观念，继续探索与本症状无关的其他非理性信念。

五、咨询效果评估

来访者于某的情绪低落，焦虑、紧张抑郁等不适情绪明显好转，自罪自责情绪消失，无失眠现象，进食情况正常。同时，于某的社会功能状态有良性发展，人际关系恢复正常，换了工作，到另一公司负责汽车销售，感觉眼界开阔了很多，人也越来越成熟，经济收入也好了起来，并表示很喜欢这份工作，对未来充满希望。

最近的心理测验表明，90项症状清单（SCL-90）人际关系敏感1.6、焦虑1.4、抑郁1.9；焦虑自评量表（SAS）标准分54分；抑郁自评量表（SDS）标准分61分。与咨询前相比，其严重心理问题得以缓解。改变了于某的不合理信念，解除了情绪困扰，恢复了正常的改造生活，使其能够进行自我调节，促进了自我成长和人格完善。通过回访和跟踪，证明咨询已基本达到预期目的。

二、社区矫正人员心理咨询的技巧

（一）建立良好的咨访关系

咨访关系是咨询者与来访者之间的联系，依据这种关系，咨询者向来访者提供心理上的帮助。建立良好的咨询关系至关重要，因为任何咨询活动的开展都离不开基本关系的建立，忽视咨询关系的话很难获得预期的咨询效果。

所谓良好的咨访关系，应该是咨询者与来访者之间相互信任、相互理解、相互接纳、相互卷入的关系。一方面，咨询者要理解、同情来访者所遇到的事情，相信来访者，使来访者对咨询充满希望；另一方面，来访者要接纳、信任咨询者，承认并尊重咨询者的权威，积极配合咨询者，执行咨询者提出的咨询方案和措施。只有在咨询者与来访者之间形成这样一种理想的咨访关系，才可能通过咨询者和来访者的共同努力达到咨询目标。

1. 尊重。无条件的尊重是罗杰斯提出的著名观点，是对来访者接纳、关注、爱护的态度，要尊重来访者的现状、价值观、权益和人格。这是建立良好咨访关系的重要条件，也是使来访者人格产生建设性改变的关键条件。尊重来访者，其意义在于可以给来访者创造一个安全、温暖的氛围，这样的氛围可以使其最大限度地表达自己，获得一种自我价值感，特别是对那些急需获得尊重、接纳、信任的来访者来说，这具有明显的助人效果，是咨询成功的基础。

在具体的咨询过程中，应该注意：

（1）尊重意味着完整接纳。

（2）尊重意味着一视同仁。

（3）尊重意味着以礼待人。

（4）尊重意味着信任来访社区服刑人员。

（5）尊重意味着保护隐私。

（6）尊重应以真诚为基础。

2. 热情与温暖。热情与温暖体现在咨询的整个过程当中：咨询师能够化解来访者的潜在的敌意，消除和减少不安心理，使双方在心理上更加接近；激发来访者的合作意愿，当遇到不合作的来访者，温暖可以加强双方的互动；温暖本身具有助人的功效，只有让来访者感觉到了热情温暖，才能对咨询工作充满热情，把咨询工作做好。例如，当与来访者初次见面时，咨询师要表示出礼貌、欢迎的态度；当来访者哭泣时，帮其拿来纸巾；等等。

3. 真诚。真诚是指在咨询过程中，咨询师应该以"真正的我"出现，而不是以种种防御的方法来保护自己或扮演十全十美的角色。相反，咨询师应该是开放、自然、诚实、可靠、真心实意地投入心理咨询的全过程。美国心理咨询学家伊根（Egan）就曾说过："一个真诚的心理咨询人员不会将自己隐藏在专业角色的背后，帮助他人已成为他生活的一个部分，绝非是扮演一个临时的角色和戴上或脱下一个面具。"

具体来说，真诚的表现就是咨询师开诚布公地与来访者交谈，直截了当地表达自己的想法，而不是让来访者去猜测谈话中的真实含义，或去想象所说的是否还提供了什么别的信息；咨询师清楚自己的价值观和人生信念，在咨询中心口一致、言行一致，咨询的取向不与自己的价值观和信念相违背；咨询师自由地表达自我，不害怕暴露自己的短处，不戴面具，大方自然。真诚对于咨访关系是非常重要的，因为咨询师的真诚不仅给来访者一种安全感，而且为来访者提供了一个榜样。看着咨询师的真诚开放，来访者也会慢慢放下自己的面具，诚实地开放自己，表达自我。同时，咨询师的真诚表达，也有助于来访者正确地认识自我。

　　总而言之，咨询师对来访者的同感、尊重和真诚，是建立良好咨访关系的基本条件。

　　4. 共情。共情是心理咨询中的基本特质，也是建立良好咨访关系的重要因素。共情，又叫共感、同感、移情、同理心等，意指能设身处地体会来访者的内心感受，对来访者境况的心领神会。共情含有同情的成分，但又不是同情，同情不一定会有对对方感受的理解和体会。共情不仅有同情，更有理解。在咨询过程中，咨询师不但要有能力正确地了解来访者的感受和那些感受的意义，同时还要将这种对感受的理解和体会准确地传达给对方。只有正确表达共情，才能产生积极作用。通过共情，来访者感到自己被理解和接纳，感到心情舒畅，乐于自我倾诉，才便于双方沟通，有助于建立良好的咨访关系，使咨询师了解来访者更多的情况。在咨询过程中，咨询师的感受越准确，共情层次越高，咨询效果越显著：

　　来访者：每次我总尝试着与父亲心平气和地交谈，但是的确不行，因为我父亲对我一直都太严厉。

　　咨询师1：不要急，我相信将来总能行的（安慰、否认）；一个人在青春期对父母逆反是很自然的事（否认）；我想，你应该努力去理解父亲的想法（教育和建议）。

　　咨询师2：你与父亲的关系正处于很困难的时期，尽管你想改善这种关系，但没有找到好的办法（单纯内容反映，没有情感反映）。

　　咨询师3：你尝试与父亲心平气和地交谈，但又不成功，面对严厉的父亲，你感到沮丧（既反映了内容，也反映了有情感）。

　　咨询师4：你似乎无法接近严厉的父亲，没法与他沟通，所以感到沮丧，你想让他对你宽容一些，可目前没有找到好的途径（恰如其分地进行了内容和情感反映，并指出了来访者的心理期待）。

　　5. 积极关注。正向关注，积极关怀，是以积极态度对待来访者，对其言语、行为中的积极面和长处予以有选择的、特别的关注，强调正面的优点，使来访者拥有正向的价值观。积极关注涉及对人的基本认识、基本评价和基本情感，如果咨询师想帮助来访者有所改变，就必须相信他是能够改变的，而且已具有改变自身的积极因素。不仅如此，咨询师还要相信每个人身上都有优点和长处，都有一种向上成长的动力，都可以通过努力比现在更好。没有这样的理念，咨询就难以真正发挥作用。咨询师对来访者的积极关注不仅有助于建立咨访关系，促进沟通，而且本身就有咨询辅导的效果。积极关注往往能帮助来访者全面地认识自己和周围环境，发现自己的优点、光明面和对未来的希望，从而树立信心，增强战胜困难的勇气。

（二）参与性技术选择与使用

1. 倾听。倾听是心理咨询师的基本功，也是建立良好咨询关系的基本要求。倾听既表达了对来访者的尊重，同时也能促进来访者的表达，使之在比较宽松和信任的氛围下诉说自己的问题及宣泄情绪，探索解决方法，实现自我发展与成长。社区心理咨询师在实践中，不仅要学会听，习惯听，还要善于听。所谓善于听，是指咨询师在咨询过程中不仅要关注来访社区服刑人员的语言内容，而且也要注意到他在说话时语调的抑扬顿挫、声音的高低强弱，以及伴随的非语言行为。倾听是在接纳的基础上，积极地听，认真地听，关注地听，并在倾听时适度参与。

无条件地接纳来访者才能很好地倾听，这要求咨询师不带任何偏见，不按自己的生活态度、生活方式要求来访者，不做价值评判。倾听是一种积极的听。倾听时咨询师应该非常积极，通过倾听掌握来访者歪曲的认知，消极的行为模式，负性的情绪等消极、灰暗，负性的一面；也可以了解来访者积极、光明、正性的一面。从而客观地看待来访者及其问题。倾听是一种认真的听。也许来访者所说的内容不一定是咨询师同意或感兴趣的，但咨询师还是要认真地听，更多地了解来访者的情况。倾听时还需要适当地回应，这种回应可以是语言的，也可以是非语言的，如咨询师说："我在听，请接着说"，有时可以点头，说"噢"、"嗯"、"是的"、"然后呢"等，这些都是参与而不是打断来访者。

2. 鼓励和重复。鼓励技术，就是咨询师通过语言等对来访者进行鼓励，鼓励其进行自我探索和改变。鼓励技术具体表现为咨询师直接地重复来访者的话或仅以某些词语"嗯"、"讲下去"、"还有吗"等来强化来访者叙述的内容并鼓励其进一步表达、探索。

重复技术就是咨询师直接重复来访者刚刚所陈述的某句话，引起来访者对自己某句话的重视或注意，以明确要表达的内容。咨询中有些来访者的表达常常会令人不解，或与事实不符，或与常理不符，对此咨询师就需要采用重复技术澄清。使用重复技术时需注意：该技术只在来访者的表达出现了疑问、不合理、与常理不符等情况下使用，若来访者的表达是明确的、清楚的，就没有必要使用该技术。

3. 反应。反应包括内容反应和情感反应。

（1）内容反应技术也称释义或说明，是指咨询师把来访者的主要言谈、思想加以综合整理，再反馈给来访者。

社区服刑人员："我在社区中服刑已经两年了，没有工作，家里人瞧不起我，女朋友也分手了，老是吃不好，睡不香，不知怎么办才好？"

咨询师："就是说失恋了，你总是吃不好，睡不香是吗？"

（2）情感反应技术是指咨询师把来访者所陈述的有关情绪、情感的主要内容经过概括、综合与整理，用自己的话反馈给来访者，以达到加强对来访者情绪、情感的理解，促进沟通的目的。此技术着重于来访者的情绪反应。情感反应的最有效方式是针对来访者现在的而不是过去的情感进行沟通；情感反应最大的作用就是捕捉来访者的瞬间的感受。

4. 具体化。具体化技术是指咨询师协助来访者清楚、准确地表述他们的观点，以及他们所用的概念、所体验到的情感和所经历的事情。来访者因为各种各样的原因，其所叙述的思想、情感、事件等常常是模糊、混乱、矛盾、不合理的，进而使问题变得越来越复杂，纠缠不清，这些常常是引起来访者困扰的重要原因之一。此时，咨询师借助于具体化这一咨询技术，澄清来访者所表达的那些模糊不清的观念及问题，把握真实情况。同时也使来访者弄清自己的所思所感，从而促进咨询的顺利进行，这就是具体化技术的意义。

当出现以下情况时，咨询师应该使用具体化技术：

（1）问题模糊。有时来访者搞不清自己的问题所在，或者只愿意概括而使用含糊、笼统的概念陈述问题。例如，"我快烦死了"、"我很伤心"、"我感到绝望"等。此时咨询师应该使用具体化技术使之明确上述问题。

（2）过分概括化。即以偏概全的思维方式，把"有时"演变为"经常"，把"过去"扩大到"现在"和"未来"。这就需要予以澄清。

（3）概念不清。来访者因文化程度等原因，可能在某一概念的内涵和外延上与咨询师的理解不同，因此所使用的某一概念、所陈述的问题等有时与咨询师的理解相距甚远。此时咨询师需要使用具体化技术澄清，而不能主观地认为这就是来访者的问题，机械地帮助其解决。

社区服刑人员："每当小组讨论集体学习要我当众发言时，我就会脸红，真是丢人。"

咨询师："你在众人面前讲话脸红并为此感到丢脸？……"（内容反应技术）

社区服刑人员："是的，我觉得自己有这样的毛病很丢面子。"

咨询师："你觉得你不该有害羞的行为，偏偏控制不了，觉得很无奈？"（初级同感技术）

（三）影响性技术的选择与使用

1. 面质。面质又称质疑、对质、对峙、对抗、正视现实等，是指咨询师指出来访者身上存在的矛盾。

2. 解释。解释即运用某一种理论来描述来访者的思想、情感和行为的原因、实质等。

3. 指导。指导就是咨询师针对来访者关心的问题，给予一些指导性的建议或参考性信息。指导与提供信息技术可以应用在咨询过程的任何阶段。但要注意以下几点：①要审慎地判断来访者来咨询的动机及真正的需要，咨询师若一味地站在指导的立场，给予主观的劝告或指示，则无法实现真正的咨询，对来访者也没有帮助；②要掌握提供资料的时间，判断合适的时机，否则资料就会不受重视或不被接纳；③咨询师不必一味地去提供所有的资料，要避免养成来访者的依赖习性，有时要鼓励、激发来访者主动去搜索资料，来访者在引导下所获得的资料更有价值；④提出指导的措辞应委婉，避免措辞生硬引起来访者的抵触心理；⑤不要给予太多的指导，避免引起来访者的抵触、逆反。

4. 表达。表达分为内容表达和情感表达。内容表达是指咨询师传递信息、提出建议、提供忠告，给予保证、进行褒贬和反馈等。咨询师告知自己的情绪、情感活动状况，让来访者明白，即为情感表达。

5. 自我开放技术。这指的是咨询师在必要的时候适当地将自己的感觉、经验和行为与来访者分享，也称作"自我暴露"。自我开放有两种形式：①咨询师把自己对来访者的体验感受告诉他；②咨询师暴露与来访者所谈内容相关的个人经验，从而表明理解他并促进他更多地自我开放。

自我开放的作用有以下几个方面：①使来访者会更愿意与咨询师接近；②增加了来访者对咨询师的信任感；③对来访者具有示范作用；④可以缩短咨询师与来访者之间因角色不同而产生的距离；⑤经过咨询师的自我开放，来访者不只是倾诉者，同时也成为一个倾听者，从咨询师的经验当中，来访者可以看到一些自己忽略的地方，从而对自己的行为进行反思。

来访者："我胆子很小，很怕与陌生人讲话，遇到社矫官我更是一句话也说不出来，我不知道该怎么办？"

咨询师："我刚参加工作时胆子也非常小，尤其是看到领导更是有些害怕，后来花了很长一段时间才克服了这种困扰……"（自我开放技术）

三、能力拓展实训

（一）实训一：根据心理咨询的流程，为社区矫正人员设计和制定一个心理咨询的方案

案例一

社区矫正人员李某，15 岁，初中文化，因盗窃摩托车判处缓刑 1 年，之前有过被拘留的前科。父亲在其出生后 40 天去世，母亲一人抚养其长大，为低保户，家庭紧密度低，李某与母亲沟通较少，处在青春叛逆期，自述讨厌母亲的唠叨，不愿与母亲多相处。在与李某的初次访谈中，李某告之自己不喜欢被管束，喜欢自由自在，爱好车，所以想去偷，平时还喜欢看探秘的书和电视，比如破案推理小说，会有"如果是我的话，会比他们（作案人）做得更好"的想法。思想价值观偏差严重。朋友很少，不擅沟通，自感孤独。谈到激动处显示出情绪较难控制，但对咨询师有一定的尊重感和信任感。

案例二

社区矫正人员林某某，男，48 岁，因寻衅滋事罪被判缓刑 3 年，咨询师介入心

理矫正之前其已经在矫一年半，司法所向咨询师表示该名社区矫正人员之前已被警告 2 次，均因不服从监管，不愿接受教育，对工作人员态度恶劣，甚至与之争吵，并无悔过之心，希望咨询师尽早进行心理干预。初次见面后，该社区服刑人员不与咨询师对视，身体倾斜，对咨询师的到来并不十分接纳，但愿意向咨询师倾诉内心的感受，面谈过程中其对司法所的管理有较多愤怒感和不公感，认为自己没有犯错，不应该记警告，讲到愤怒处，甚至扬言要报复司法所工作人员，情绪极度不稳定。同时从司法所这边了解到，林某某因为犯罪，经济上有很大的损失，压力大，现在其承包一些小工程，赚钱心态强烈，在时间上与司法所的要求有很大冲突，也经常在不上报不请示的情况下脱离管束，去工地工作。

（二）实训二：心理咨询技巧训练

1. 倾听技术。

（1）训练目的：掌握倾听技术的基本技巧，懂得利用倾听技术，建立并维持良好的咨访关系；激励来访者开放自己、坦诚表白；聆听与观察来访者语言与非语言行为，深入其内心世界。

（2）训练形式：5 人一组，由 1 人扮演来访者，1 人扮演咨询师，其他 3 人作为观察员。通过实训案例，要求特别讨论倾听状态时的身体感受和内心想法，大家交流分享。

（3）训练题目：

第一，来访者："我真后悔，如果不是因为开（车）得太快，我们敏儿（来访者的女儿）就不会死，我老公也不会跟我离婚……"

咨询师倾听时的表现（可以拍摄出来）。

第二，来访者："如果不是她们（受害者）一次两次地找我的茬儿、侮辱我还打我，我又手上刚好拿着刀，我不会伤害她们的，妈妈也就不会病倒，更不用交那么多赔偿款，我也不知道该怎么办……"

咨询师倾听时的表现（可以拍摄出来）。

2. 共情技术。

（1）训练目的：掌握共情技术的基本技巧；懂得利用共情技术，建立良好的咨访关系；修正咨询师对来访者的了解；协助来访者了解内在的深层想法与感受。初层次共情技术具有前两项功能，而高层次共情技术具有后两项功能。

（2）训练形式：5 人一组，由 1 人扮演来访者，1 人扮演咨询师，其他 3 人作为观察员。通过实训案例，要求特别讨论倾听状态时的身体感受和内心想法，大家交流分享。

（3）训练题目：

第一，来访者："我真后悔，如果不是因为开（车）得太快，我们敏儿（来访者的女儿）就不会死，我老公也不会跟我离婚……"

咨询师：_____

第二，来访者："如果不是她们（受害者）一次两次地找我的茬儿、侮辱我还打我，我又手上刚好拿着刀，我不会伤害她们的，妈妈也就不会病倒，更不用交那么多赔偿款，我也不知道该怎么办……"

咨询师：＿＿＿＿＿＿＿＿＿＿＿＿＿＿＿＿＿＿＿＿＿＿＿＿

第五章　社区矫正人员心理治疗理论与操作

第一节　行为矫正疗法

一、行为矫正疗法概述

行为矫正疗法也叫行为矫正法，它是建立在行为学习理论基础上的一种心理咨询方法。其基本认识是：异常行为和正常行为一样，是通过学习、训练等后天培养而获得的，自然也可以通过学习和训练来使之改变或消失。

（一）行为治疗的基本理论

从理论基础来看，行为治疗的基本理论源于行为主义的学习原理，主要以经典条件作用原理、操作条件作用原理和模仿学习原理为基点。

1. 经典条件作用原理。经典条件作用原理即经典条件反射（又称巴甫洛夫条件反射），是指一个刺激和另一个带有奖赏或惩罚的无条件刺激多次联结，可使个体学会在单独呈现该刺激时，也能引发类似无条件反应的条件反应。经典条件反射最著名的例子是巴甫洛夫的"狗的唾液条件反射"。经典条件反射具有获得、消退、恢复、泛化四个特征，它与操作性条件反射既有区别，又有相似之处。以经典条件反射理论为基础的行为治疗方法主要包括厌恶疗法和系统脱敏疗法。

狗的唾液分泌实验

巴甫洛夫（I. P. Pavlov）在实验室中研究狗的消化过程时，无意中发现狗不仅仅是在食物出现时才分泌唾液，当与食物出现相关的其他刺激物单独出现时狗也会有相同的反应。巴甫洛夫对此进行了进一步的实验研究：他在给狗喂食的同时，对狗进行一个节拍器的声音刺激（中性刺激，也称无关刺激）。这样结合多次以后，狗只要听到节拍器的声音（但没有食物），就会有唾液流出（反射行为）。巴甫洛夫将这种后天习得的对一个中性刺激的反射行为就称为条件反射，这个中性刺激就是条件刺激。巴甫洛夫进一步发现，几乎任何先天性反应（如眨眼等）都可以与任何刺激（如颜色、声音等）建立起一种条件反射（conditioning reflex，简称 CR）；反过来讲，条件反射的建立必须依赖于一种无条件反射（unconditioning reflex，简称 UR），否则无法形成。如没有食物结合的单纯的节拍器声音是绝对不会使狗产生唾液分泌反应的。若条件刺激多次出现，但没有无条件刺激的强化，这个条件反射就会削弱或消退。

行为主义心理学的创始人——华生（J. B. Watson），则明确地将条件反射的研究纳入了心理学范畴。华生行为主义又称为"刺激—反应心理学"，即 S—R 心理学。华生认为，行为是有机体应付环境的全部活动，刺激是指引起有机体行为的外部和内部的变化，而反应则是指构成行为最基本成分的肌肉收缩和腺体分泌。华生从严格的决定论出发，认为一定的刺激必然引起一定的反应，而一定的反应也必然来自一定的刺激。如完全知道刺激，就可推知会有什么反应；如完全知道反应，也可推知曾有什么刺激。因此，心理学研究的任务就是确定刺激与反应之间联系的规律，以便预测行为和控制行为。华生还用条件反射来研究情绪的发展变化，并得出了一些有价值的理论。如他遵循条件反射的程序，使一个叫阿尔伯特的 11 个月大的男孩产生了恐惧反应。

经典条件反射学说已成为行为治疗最基本的理论之一。该学说中有关条件反射的形成、泛化和消退等原理，可以解释人的某些行为是通过学习得来的，一种刺激物或情境亦可以泛化到另一种刺激物或情境中去。条件反射建立或消退的规律已成为消除不良行为、塑造健康行为的重要方法。

2. 操作条件作用原理。操作条件作用（operant conditioning）是由美国新行为主义的主要代表斯金纳（B. F. Skinner）提出的，但有关这一原理的最早论证则是由桑代克在 1911 年作出的。

猫的迷笼实验

桑代克将一只饥饿的猫关在木箱中，在箱外猫的可见范围内摆上食物，箱上有一机关，只要猫用爪子击打一根杠杆，箱门就会打开。关在木箱里的猫一开始做出很多行为，如挤栅门、把爪子从缝隙中伸出等。最后，它偶然碰到了杠杆，笼门打开了，猫于是走出木箱吃到了食物。以后每次桑代克将猫放进木箱，猫都能用更短的时间击打杠杆打开笼门，错误行为渐渐减少，只有成功的反应保存了下来。就这样通过"尝试错误以及偶然的成功"，猫学会了如何逃出木箱。桑代克将这种现象称为效果律，即一种行为过程的发生次数受该行为的后果的影响而改变：一种行为之后出现了好的效果，这种行为就趋向于被保持下来；如效果不好，则该行为趋向于被消除，也就是一种"强化"。

斯金纳则坚持华生的 S—R 公式，但他更着重于研究反应，而不是刺激与反应之间的联结。他把行为分为两种：①应答性行为，即巴甫洛夫的经典条件反射，指某种特定刺激诱发的行为，如食物引起唾液分泌；②操作性行为（operant behavior），即个体操作其环境的行为，如人走路、老鼠压杠杆等。其特征是，构成行为的反应是自发的，无法确定反应的出现是由何种刺激引起的。斯金纳把几乎所有人类的条件作用都看作一种操作，认为这是心理学的主要研究对象。

斯金纳箱

斯金纳设计了著名的"斯金纳箱"（Skinner Box）作为研究动物操作行为的实验仪器。饥饿的老鼠被关在箱子里，可以自由探索。它在探索中或迟或早地偶然压到箱内的一根杠杆，从而牵动了食物库，一颗食物小丸落入箱壁下的小盘里，老鼠就得到了食物。由于这个压杠杆的行为每次发生时，都立即伴随着一块食物的出现，因此，这一行为就得到了加强。这样，每次老鼠被放在箱子里时，就更可能去压下杠杆，相对于老鼠在箱中所展示出的其他行为，这个行为的可能性增加了。这就是操作条件反射。

"斯金纳箱"非常清楚地说明了行为强化的原理：当一个行为造成了有利的结果（如对生存或安宁有好处）时，这个行为更有可能在将来的相似环境中被重复。因此，塑造行为的过程就是学习的过程。斯金纳把学习的公式概括为"如果一个操作发生后，接着给予一个强化刺激，那么其强度就增加"。这里所谓的"强度增加"，是指使这些反应发生的一般倾向；这个增强了操作行为的结果就被称作强化刺激。强化刺激物可以是作为奖赏的任何东西，如食物、金钱、赞扬，甚至只是避免某种惩罚。斯金纳认为心理治疗和咨询就是要以改变对来访者起作用的强化物的方式来改变其行为，有目的地奖赏那些需要保留、巩固的有益行为，忽视或惩罚那些需要弃除的不良行为，从而创造出一种新的行为模式。

3. 模仿学习原理。行为治疗中的许多学习理论认为，个体在习得行为的过程中并未直接得到过强化，学习行为的产生是通过模仿过程而获得的。心理学的研究亦已证明，人类的大多数行为都是通过观察模仿学会的。在有关模仿学习的理论中，班杜拉（A. Bandura）的工作最为突出。他认为，人的社会行为是通过观察学习获得的，模仿学习可以在既没有模型也没有奖励的情况下发生，个体仅仅通过观察他人的行为反应就可以达到模仿学习的目的，但要使个体运用这些行为，就必须运用强化手段。也就是说，班杜拉仍坚持S—R的接近性原理和强化原理，认为在社会学习的过程中，有决定性影响的仍是环境，如社会关系和榜样等客观条件。只要能够控制这种条件，就可促使人们的社会行为向着预期的方向发展。在提倡模仿学习观点的社会学习论者看来，人们的大量行为都是通过模仿而习得的。人的一些不良行为就常常是通过这一渠道而形成的，如疑病症的儿童多来自对疾病过于关注的家庭等。模仿也有助于人们学会许多重要的技能，并能有效地对一些不良行为加以矫正，建立新的行为模式。

（二）行为治疗的基本假设

行为治疗的基本假设是：①人的行为，不管是适应性或非适应性的，都是通过学习而获得的，并由于强化而得以巩固。一般说来，当某一行为的结果不再具有社会适应性时，该行为就会减弱、消退，而某些行为则不同，它们在丧失了适应性后仍不消退，这就需要借助治疗者的帮助来加以改变。②通过奖赏或惩罚的强化方式，可以控制行为增减或改变的方向。也就是说，个体可以通过学习消除那些习得的非适应性行为，也可通过学习获得所缺少的适应性行为。概括地说，行为治疗就是以行为学习理论为指导，按照一定的治疗程序，来消除人们的非适应性行为的一种心理治疗方法。

（三）行为治疗的基本特点

1. 行为治疗的对象是个体的非适应性行为。行为治疗旨在对个体的非适应性行为进行矫正，通常把要被矫正的行为称作问题行为或靶行为。

2. 行为治疗强调环境事件的重要性。行为治疗理论认为，人类行为是由其所处环境中的各种事件所控制的，行为治疗的目的就是识别这些事件，对与非适应性行为有关联的环境事件进行评估，改变非适应性行为和环境中的控制变量之间的相互关系，从而对非适应性行为加以矫正。行为治疗在重视当前环境事件影响作用的同时，还认为过去的经验也可能提供一些和非适应性行为有关联的环境事件的有用信息，这可能有助于分析当前的某些行为以及选择合适的技术与方法。

3. 行为治疗不对行为的潜在动因进行假设。有些心理治疗方法，如精神分析疗法，着眼于假设行为的潜在动因（如俄狄浦斯情结），但行为治疗拒绝这种假设，认为这种解释及其与之试图解释的行为之间的相互关系缺乏科学性、可操作性，其真伪永远也无法证实。

4. 行为治疗是一种系统的、可操作性很强的方法。行为治疗强调对治疗的程序和方法进行精确的描述，这样便于治疗者正确实施这些程序和方法。除此之外，行为治疗还重视在进行治疗干预的前后对目标行为（靶行为）进行评价，从而可以及时把握治疗干预的效果。

（四）行为治疗的基本过程

行为治疗的具体方法虽然有很多，但其治疗过程却有许多共同之处，大都包括以下方面：

1. 了解来访者非适应性行为或疾病产生的原因。来访者的非适应性行为往往不是由单一因素引起的，而是多种因素（生物、心理、社会因素）综合作用的结果。只有比较准确地把握了这些影响因素，才能奠定有效咨询的基础。

2. 确定需要矫治的目标行为（或称靶行为）。来访者的非适应性行为往往十分复杂，其中有主要的，也有次要的；有"原发性的"，也有"继发性"的。因此，需要把来访者非适应性行为的主要表现确定下来，即把需要矫治的靶行为确定下来，作为治疗的目标。然后通过观察、检查，记录来访者非适应性行为的严重程度与出现的频度，并列出治疗前症状表现的基线，作为治疗时的对照指标。例如对焦虑，就可按照所规定的轻、中、重的等级标准，确定其表现的严重程度与出现的频度。这项工作的完成为下一步制定恰当的治疗方案打下了基础。

3. 向来访者说明行为治疗的目的、意义和方法。行为治疗的实施方案和程序虽然是由治疗者制定的，但实施过程必须取得来访者的主动配合才能成功。行为治疗从表面上看，治疗者是主动的，来访者是被动的，但实际上，必须要求双方密切配合，特别是来访者的主动配合是行为治疗能否取得理想疗效的关键。因此，在治疗开始之前要向来访者说明行为治疗的目的、意义和方法，使其消除由于无知而产生的不必要的疑虑和心理阻抗，从而主动配合治疗。

4. 采用专门的行为治疗技术或配合必要的药物或治疗器具进行治疗。行为治疗技术种类繁多，但每种方法都有其一定的适应症范围。在开始进行行为治疗时必须根据靶行为的临床特点、治疗的目的，选取一种或两种最为恰当、最可能取得可靠疗效的行为治疗技术。有时，为了提高疗效，还需配合一定的药物或治疗器械，作为综合性的治疗措施。

5. 根据行为治疗技术的性质及来访者行为的改变情况给予正负强化。治疗过程中，治疗者根据选用的治疗技术本身特点和靶行为的性质、特点、形成原因以及治疗目的（例如，是对靶行为进行消退、改造，还是进行重塑，或是形成新的行为以取代旧有的行为），给予相应的正强化（如表扬、鼓励或物质奖励等）或负强化（如批评、疼痛刺激或撤消奖励等），并且在整个治疗的过程中针对行为改变的具体情况而变换方式，以达到最佳疗效。

6. 根据治疗的转变情况，调整治疗方法。由于来访者的非适应性行为大多数是经过相当长的时间逐渐形成的，而且形成的原因也很复杂，所以不经过一定的疗程难以治愈。因此，在治疗开始以后就需要根据治疗情况的变化，对治疗方法与措施作适当的调整。

7. 将治疗效果迁移到非治疗情境中。行为治疗一般都是在专门的治疗情境中（如治疗室）进行的，来访者有可能在特殊的治疗情境中是有效的，能否将疗效迁移到日常生活情景中，这是行为治疗经常碰到的一个难题。可能的解决方法之一，是根据归因理论，特别是"归因—维持模型"，通过改变归因，强化来访者的行为自由感和"自我引导感"（sense of self initiation），训练他们的抗干扰的能力。

二、行为矫正疗法操作程序

（一）放松训练

放松训练（relaxation response），又称松弛疗法，是通过一定的程式训练学会精神上及躯体上（骨骼肌）放松的一种行为治疗方法。其核心理论认为放松所导致的生理改变对应激所引起的生理改变是一种对抗力量。放松可阻断焦虑，副交感支配可以阻断交感支配。因此，各种放松技术的共同目标都是降低交感神经系统的活动水平、减低骨骼肌的紧张及减轻焦虑与紧张的主观状态。

1. 放松训练的主要类型：①渐进性肌肉放松；②自生训练；③自我催眠；④静默；⑤生物反馈辅助下的放松。

2. 实施放松训练的基本条件 ①精神专一：要求自己集中注意于身体感觉、思想或想象。默默地或出声地重复一个音、词、句子或想象，以促进逻辑的继发性过程性思维转变为现实依据较少的原发性过程性思维；②被动态度：当思维或想象发生分心时，教导自己不理睬无关刺激而重新集中注意力于精神专一；③降低肌肉能力：处于一种舒适的姿势，降低肌肉紧张程度；④安静的环境：闭目以减少外来的分心，宁静的环境可以减少外来刺激的传入；⑤有规律地进行训练。

3. 渐进性肌肉放松的技术：①环境要求：治疗室要求安静整洁，陈设简单，光线柔和，周围没有噪音和干扰。②声音要求 治疗者在训练时，说话声音要低沉、轻柔、安详、愉快、坚定，吐字要清楚，发音要准确。可以低声播放轻松、缓慢、柔和的音乐，音乐节拍以每分钟约 60 拍为宜。③准备工作：患者在治疗前可少量进食，排空大、小便，宽松衣袋、鞋带和颈部衣扣，坐在舒适的沙发或椅子上，头向后靠，双手自然下垂置于腿上，整个身体保持舒适、自然的姿势。④具体实施的步骤：第一步：握紧拳头（停 5 秒左右）——放松；伸展五指（停 5 秒左右）——放松。第二步：收紧二头肌（停 5 秒左右）——放松；收紧三头肌（停 5 秒左右）——放松。第三步：耸肩向后（停 5 秒左右）——放松；提肩向前（停 5 秒左右）——放松。第四步：保持肩部平直转头向右（停 5 秒左右）——放松；保持肩部平直转头向左（停 5 秒左右）——放松。第五步：屈颈使下颌触到胸部（停 5 秒左右）——放松。第六步：尽力张大嘴巴（停 5 秒左右）——放松；闭口咬紧牙关（停 5 秒左右）——放松。第七步：尽可能地伸长舌头（停 5 秒左右）——放松；尽可能地卷起舌头（停 5 秒左右）——放松。第八步：舌头用力抵住上颚（停 5 秒左右）——放松；舌头用力抵住下腭（停 5 秒左右）——放松。第九步：尽力张大眼睛（停 5 秒左右）——放松；紧闭双眼（停 5 秒左右）——放松。第十步：尽可能地深吸一口气（停 5 秒左右）——放松。第十一步：肩胛抵住椅子，拱背（停 5 秒左右）——放松。第十二步：收紧臀部肌肉（停 5 秒左右）——放松；臀部肌肉用力抵住椅垫（停 5 秒左右）——放松。第十三步：伸腿并抬高 15 ~ 20 厘米（停 5 秒左右）——放松。第十四步：尽可能地收紧腹部（停 5 秒左右）——放松；绷紧并挺腹（停 5 秒左右）——放松。第十五步：伸直双腿，足趾上翘背屈（停 5 秒左右）——放松；足趾伸直趾屈（停 5 秒左右）——放松。第十六步：屈趾（停 5 秒左右）——放松；翘趾（停 5 秒左右）——放松。⑤注意事项：一是第一次进行放松训练时，治疗者与患者同时做，这样可减轻患者的焦虑程度，并能提供模仿的信息。二是放松的引导语，有录音和口头两种。在训练开始时使用口头语，更便于患者接受和掌握。三是在放松过程中，要帮助患者体验身体放松后的感受。四是患者除了在治疗师的指导下进行放松训练之外，还可以听录音自己在家练习，每天 1 ~ 2 次。待掌握要领后可逐渐脱离录音带，独立练习，每次 10 ~ 15 分钟。

（二）系统脱敏疗法

系统脱敏疗法（systematic desensitization），也称交互抑制法或缓慢暴露法，是行为治疗中的第一个规范化的，且至今仍然盛行的一项基本技术，由南非的精神病学家沃尔普（J. Wolpe）于 1958 年创立。这一疗法主要运用交互抑制（reciprocal inhibition）原理或"对抗条件作用"（counter conditioning）原理，在系统的程序下，从轻而重地，逐渐消除在某一特定的情景下产生的超出一般紧张的焦虑或恐怖状态。该法主要用于治疗恐怖症，除此之外，也适用于其他以焦虑为主导症状的行为障碍，如口吃、性功能障碍、强迫症等。

1. 系统脱敏法的治疗原理。系统脱敏法的问世源于对动物的实验性神经症的治疗。沃尔普认为，这是交互抑制的作用。"交互抑制"的原理认为，个体不可能有相对不同的情绪同时发生，譬如高兴和不快；如有相反性质的情绪反应，这两种情绪就会交互作用而产生抵制和抵消。也就是说，要消除不安或恐惧的负性情绪反应，就要有相反的正性情绪反应来进行抑制，从而抵消负性情绪。饥饿的猫进食后，得到一种满足和快感，就可以抑制焦虑紧张反应。不过，沃尔普又指出，这种抑制力量是很有限的，通常只能对付比较轻微的焦虑。所以对恐惧刺激情景的暴露要由远及近、由轻到重、循序渐进，焦虑程度每次只增加一点，逐步达到最严重的程度。这种通过渐进性暴露于日益恐惧的刺激情景以逐步消除恐惧反应的治疗方法，就是系统脱敏疗法。对于人类，沃尔普采用了全身肌肉放松来代替食物作为抑制焦虑或恐惧的反应，即让一个原可引起微弱焦虑或恐惧的刺激在来访者面前重复暴露，同时来访者以全身肌肉放松来进行对抗，从而使该刺激逐渐失去引起焦虑或恐惧的作用。

2. 系统脱敏法的治疗程序。系统脱敏法包括三个程序：放松训练、建立焦虑（或恐怖）等级表、系统脱敏。

（1）放松训练。让来访者坐在舒适的椅子上，深呼吸后闭眼，并想象可令人轻松的情境，如躺在海边听轻松的音乐等，而后让来访者依次练习放松前臂、头面部、颈、肩、背、胸、腹及下肢，亦可借助肌电反馈仪来增强训练效果。反复这样的训练，直至来访者达到能在实际生活中运用自如、随意放松的娴熟程度。

（2）建立焦虑（或恐怖）等级表。这一步十分关键。首先要根据来访者的病史及会谈资料找出所有使来访者感到焦虑（或恐怖）的事件。将这些事件进行相互比较，根据致病作用的大小分成若干等级。通常可将刺激因素按其可引发来访者的主观焦虑程度，分为五等或采用百分制（0～100），如引起 1 分主观焦虑或恐怖的刺激为一等，引起 2 分的为二等，以此类推，而后将这些不同的刺激因素按其等级依次排列成表，即为"焦虑（恐怖）等级表"。需要注意的是，被视为一等刺激因素所引起的焦虑或恐怖（即主观的焦虑或恐怖评定为 1 分者）应小到足以被全身松弛所抵消的程度。这是治疗成败的一个关键。此外，理想的等级设计应是各等级之间的级差均匀，是一个循序渐进的系列层次。这一点需要启发来访者共同完成。

（3）系统脱敏。首先让来访者在放松的情况下进行脱敏学习，而后按照设计的焦虑（或恐怖）等级表由小到大依次逐级脱敏。先让来访者想象最低等级的刺激物或事件。当他能清楚地想象并确实感到有些紧张时，就让其停止想象，并全身放松，而后反复重复上述过程，直至来访者对这样的想象不再感到焦虑（或恐怖）为止，从而完成第一等级脱敏。接着再对下一个等级的刺激物或事件（焦虑或恐怖等级表中列为 2 分的刺激）进行同样的脱敏训练。最后迁移到现实生活中，不断练习，巩固疗效。在咨询过程中，一般在一次会谈时间内以完成 1～2 个事件的脱敏训练为宜。需要指出的是，除了想象脱敏以外，系统脱敏法还有四个变式：①自动化脱敏（automated desensitization）：采用事先准备好的焦虑层次的录音录像进行脱敏。此法的优点是来访者可自由地决定脱敏的速度，亦可在家里独自进行。②接触脱敏法（contact desensitization）：在渐进性焦虑层次的基础上，添加示范和接触，让来访者观看治疗者处理其所害怕的刺激物，而后照着做，一直到用手握或触摸不感紧张为止，如让怕猫的孩子去摸猫的照片。③实际场所脱敏（invivo desensization）：采用实际的刺激物代替视觉性想象，来访者在他人陪伴下到实际生活中去逐级面对实际的刺激物来进行脱敏操作。这种方法较不易操作，但效果比较实在。④情绪性表象法（emotive imagery）：通过形象化的描述，诱发来访者的兴奋、骄傲和欢乐等积极情绪情感活动。这些积极的情绪情感活动与由恐惧所引起的焦虑反应互不相容，从而就可以逐渐抑制和消除恐惧心理。该法最适合儿童来访者。在实际脱敏过程中，可根据实际情况及需要，灵活运用这些脱敏方式。

（三）冲击疗法

冲击疗法（flooding）又称情绪冲击疗法（emotional flooding）或满灌疗法。其治疗的基本原则与系统脱敏法相反，不是让来访者按轻重程度逐渐面对所惧怕的情况，而是一下子就将来访者置于能引起其极大恐惧的刺激情境中，意图物极必反，从而达到消除恐怖情绪的目的。

1. 治疗原理、类型和使用原则。

（1）治疗原理。患者的害怕恐怖反应是过去习得的，现在将患者置于感到害怕恐怖的事物面前。这时如果没有真正的危害发生，那么最终患者的恐怖情绪会消退。

（2）主要类型。冲击疗法又可分为现实冲击疗法和想象冲击疗法。前者是让患者到现实的情境中体验强烈的恐惧情绪，后者是治疗者口头指示，让患者想象可怕的情境，体验其恐惧情绪。

（3）使用原则。虽然冲击疗法具有方法简单、疗程短、收效快的优点，但它会使来访者承担巨大的痛苦，甚至引起超过来访者心理承受能力的焦虑而导致恐惧反应加剧，从而欲速而不达。对此，沃尔普（Wolpe）建议说，冲击疗法应该是在任何一种其他的办法都失败之后再行使用。因此，冲击疗法不宜滥用，而且应该对使用该疗法时的各种影响因素进行周全的考虑和有效控制，以尽量减少风险性和伤害性。

2. 治疗程序。

（1）向患者详细介绍有关情况、签署治疗协议。在实施冲击疗法之前，治疗者要向患者仔细介绍该疗法的原理、过程、疗效和可能出现的各种情况，尤其要让来访者了解在治疗中可能会承受的痛苦，从而使来访者可以慎重考虑是否选择该疗法。当患者及家属经慎重考虑、下定决心接受治疗之后，可拟定治疗协议。

（2）进行身体及精神科检查。患者同意使用该疗法后，必须对患者进行严格、详细的体检和精神科检查，确保来访者没有严重的心血管疾病、中枢神经系统疾病、严重的呼吸系统疾病、内分泌疾病（如甲状腺功能亢进）、各种精神病性障碍，此外老人、儿童、孕妇及各种原因所致的身体虚弱者不适宜采用此疗法。

（3）治疗场地及其他条件的准备。首先要确定刺激物和治疗场地。刺激物应是来访者最害怕和忌讳的事物，也就是引发来访者恐惧反应的根源。如果刺激物不止一种，则选择引起焦虑或恐惧反应程度最高的事物。治疗场地由刺激物的性质决定。在可能的情况下，尽量在治疗室内进行，以便对治疗过程有较多的控制。如对利器恐怖症患者进行治疗时，可将尖锐的刀剪布置若干件在室内。治疗室不宜太大，布置应简单，除了刺激物外别无其他。刺激物的摆放应使来访者无论在哪一方位都能感觉到刺激物的存在而无法回避。房门原则上要由治疗者把持，控制来访者使其不能随意夺门而出。要注意的是，治疗时要准备好安定、心得安、肾上腺素等应急药品以备不测。

（4）实施冲击。实施治疗前，患者应正常进食、饮水，最好排空大小便。如可能最好在治疗中同步监测血压和心电。治疗者将患者带入治疗室在指定位置坐下，就迅猛地向来访者呈现刺激物进行冲击。患者受惊后可能会惊叫、失态，治疗者应不予理睬，仍持续呈现刺激物，并对患者闭眼、塞耳等回避行为进行制止、劝说、鼓励，除非患者出现严重的生理反应（如晕厥、休克、呼吸异常或心电、脑电指标异常等），治疗者应马上终止治疗，否则治疗者应尽量鼓励、劝说来访者坚持下去，特别是在患者的应激反应高峰期之后（即达到焦虑紧张的极限，其标志是情绪由强到弱的逆转），一定要说服甚至使用适当的强制手段让患者完成治疗，以免前功尽弃。如患者的情绪反应和生理反应均已经过高潮，开始逐渐减轻，直至精疲力竭，对刺激物听而不闻、视而不见，本次治疗就可结束了。通常一次治疗要持续30～60分钟。冲击治疗一般需实施2～4次，1日1次或隔日1次，视效果而定。如治疗过程中来访者未出现应激反应的逆转趋势，一方面可能是由于刺激物的刺激强度不够，应设法增强刺激物效果；也可能是该来访者不适应冲击疗法，应停止冲击治疗而改用其他方法。

（四）操作条件治疗法

操作条件治疗法（operant conditioning therapy）也称强化的方法（reinforcement methods），这一疗法是以"操作条件作用"原理为依据的。一个行为发生后，由紧随其出现的直接结果来决定加强或减弱该行为再发生的可能性。如果结果得到的是奖励等正性强化，该行为就可能在将来再次出现；若结果得到的是惩罚等负性强化，则会减弱该行为再次出现的可能。大量研究表明，操作条件治疗法对于建立良性行为或消除不适应行为有着很好的效果。目前，由这一方法派生的许多子方法已被广泛使用，如下面所要介绍的塑造法、代币法、差别强化法、厌恶疗法等。这些方法不仅被用来矫正那些明显的适应不良行为，也普遍适用于儿童的行为塑造和人类行为规范的建设。

1. 强化和惩罚的类型。

（1）正强化：给予一个好刺激。为了能建立一个适应性的行为模式，运用奖励的方式，使这种行为模式重复出现，保持下来。奖励的方式可以是给予对方喜爱的实物、代币和金钱，也可以是微笑、点头、称赞和表扬。

（2）负强化：去掉一个坏刺激。为引发所希望的行为模式，运用减少或停止惩罚的方式，使这种行为模式重复出现，保持下来。例如较大点的小孩仍有吸吮手指的习惯，这种行为一出现就受到指责，一旦他不再吸吮手指了，立即停止对他的批评。

（3）正惩罚：施加一个坏刺激。当一个不适应的行为发生后，给予惩罚，从而导致这个行为不太可能再次发生。如学生发生侵犯行为时，受到了老师批评这一惩罚，结果这个学生在将来就可能会减少侵犯行为的发生。

（4）负惩罚：去掉一个好刺激。这种惩罚比之正惩罚更为常用。当不适当的行为出现时，不再给予原有的奖励，从而导致该行为在将来不太可能再次发生。如小孩完成作业之后可以让他看电视剧"西游记"，没有完成则不让他看了。

2. 具体方法。

（1）差别强化法（distinctive reinforcement）。差别强化法亦可称为阳性强化法。作为一种行为矫正手段，差别强化用以提高正性行为的出现频率，降低负性行为的出现频率。一俟正性行为出现，便对之进行强化，这样就可以提高未来正性行为的发生频率；同时，任何妨碍这种正性行为的负性行为都不会得到强化，因而在未来其发生频率就会降低。整个差别强化的过程涉及两方面问题，即正性行为的强化和负性行为的终止。

例如，一个孩子总是表现出对别的孩子的攻击行为，这时老师就会过来把他带离并对他进行批评、教育。可是，这个孩子只会乖上一会儿就又去打人。行为学家认为，实际上老师的关注可能是对这个孩子攻击行为的强化。咨询师建议老师运用差别强化手段来提高这个孩子友好行为的发生率：当这个孩子和别的同学正常交往时，老师应马上向他走去表示自己的关注；对于孩子的攻击行为，老师则在保护其他孩子不受伤害的前提下，将对他的注意程度降到最低点，不要有多的干涉。这样，这个孩子的好斗行为受到的关注就远少于其正常行为。这样施行后，由于对这个孩子友好行为的强化作用比对他的好斗行为的强化作用程度更深，相对于攻击行为来说，他的友好行为开始有所增加。有一点需要指出的是，在使用差别强化时，一定要坚持对治疗对象的消极行为不予强化。在治疗初期，治疗对象的消极行为往往会表现得更为激烈。如上例中的孩子，在老师对之不予关注时，可能会以更激烈的行为吸引老师的注意，此时，老师一定要坚持对其不加强化，若稍有动摇，这种关注就会变成一种对孩子攻击行为的正性强化而使其不良行为更加不宜消除。

有效实施差别强化需要几个步骤：①明确治疗目标。要对积极行为和消极行为进行明确的行为学定义，定义必须是客观而明确的具体描述。如"发脾气"这样的定义可能就不是很清楚，行为学定义应为"大哭并躺在地板上踢地板，或者使劲把物品摔向地板"等对具体行为的描述。这样便于不同的人在记录行为的频率和程度时，有统一的依据。②确定强化刺激。对于不同的人，强化刺激亦会有所不同，因此必须确定一个适合患者的强化刺激。一种办法就是采用目前维持其消极行为的强化刺激，因为我们已经知道这种刺激是有效的，如前面所举例子中老师的关注，只不过使用老师的关注来强化那个孩子的正常交往活动。此外，还可以去观察、测试患者或向了解患者的其他人询问，来确定治疗中所采用的强化刺激。③实施强化。一方面要对积极行为进行即时、不断的强化，同时要力图消除对消极行为的强化作用。要注意对积极行为的强化——如奖励、关注等，必须是即时、不拖延的，否则会削弱差别强化的效果。同时，积极行为每一次出现时，都必须加以强化，尤其是在治疗初期，这种连续的强化可以大大提高对积极行为的强化效果。而当积极行为持续出现，消极行为大大减少时，就要改为间歇强化，以维持积极行为，使之难以消退。④泛化计划。泛化是指目标行为应该也出现在实验环境之外的所有相关刺激情境中，否则，治疗就不算是完全有效的。这一点十分重要。如前面例子中的孩子经差别强化后，若老师不在现场时，仍会出现攻击行为，就说明治疗是不彻底的。因此，要将泛化纳入差别强化的计划中，要由尽可能多的个体和在尽可能多的相关环境中，对目标行为加以差别强化。

（2）塑造法（shaping）。如前所述，差别强化是提高积极行为出现频率的一种手段，要运用它来进行行为矫正，积极行为至少要出现过。如前例中那个常对别的孩子实施攻击行为的小孩，当偶尔出现与别的同学正常交往时，老师便可马上向他走去表示自己的关注，亦即给予正强化。如果那个男孩根本不曾有过这种行为，就需用别的方法来使该行为发生。塑造法就是这样一种行为矫正方法。塑造是用来培养一个人目前尚未做出的适应性行为的手段。它可以被定义为：使个体行为不断接近目标行为（适应性行为）而最终做出这种目标行为的差别强化过程。在确定实施塑造法之前，首先要判断塑造法对于治疗对象是否最合适。如果治疗对象曾或多或少有过目标行为，就不需用此法，而只要用差别强化来提高目标行为的发生频率即可。此外，如果只需简单告诉治疗对象怎样做到目标行为或可以直接给他示范要做的正确行为，也不需用塑造法。塑造法的实施一般包括如下过程：①定义目标行为。②确认初始行为。即个体已有的、与目标行为有关联的行为，可以其为基础向目标行为推进。③选择塑造步骤。塑造过程中的各个步骤之间所体现出的改变应适宜，太小可能过于费事，太大则可能导致个体停滞不前。④选定强化刺激物。治疗对象每一次达到预期目的，都要马上对之加以强化。强化刺激的量要适度，以免治疗对象很容易得到满足而不思进步。⑤实施塑造。从初始行为开始，要对行为的每一过程都加以强化，直到确保该行为已经习得，然后对这一行为停止强化，转而强化下一个步骤的行为，依此类推。按照这样的程序进行，直到目标行为出现并得到强化习得为止。

（3）代币法（token economics）。代币法，也称代币管制法或代币治疗法，它是一种运用强化原理，来增加参加治疗或教育的个体的期望行为（适应性行为）的行为治疗技术。其中的条件强化物所起的作用类似于货币，因此称为"代币"（token）。大量的研究表明，代币法可以成功地用于各种治疗环境中的儿童和成人，不同的代币法已被广泛应用于住院的精神病人、学校中的多动儿童、中小学生、监狱中的被管制者、犯罪少年和工厂工人等。

运用代币法，首先要确定治疗中将要强化的期望行为（适应性行为），对之加以清楚、明确的界定，如早上七点钟起床，按时完成课外作业等。而后规定、说明如何表现这些期待行为，就可以得到怎样的奖赏，即可获得多少代币。代币必须是可以积累、计算，且只能从治疗人员那里获取的一种证券，其形式有纸牌、硬币、小红旗、小铁牌等。经过训练的治疗人员要每天审核被治疗者的行为，并依其表现情况即时发给代币。当被治疗者所获代币积累到一定数量之后，就可像用真的钱一样来购买或兑换想要的东西或优待，如买日常零用品、做某种游戏、外出许可等，代币法的主要目标在于培养动机，并鼓励被治疗者产生期待行为。这样具体而又实用的正性强化，对于被治疗者有直接鼓励、改善行为的疗效，特别对于行为颓丧的慢性精神病患者和长期住院而与实际社会环境长期脱节的患者，有直接的效果。

（4）厌恶疗法（aversion therapy）。厌恶疗法是在想要消除的不适应性行为发生时，提供令人不愉快的或惩罚性的刺激，使被治疗者产生厌恶的心理或生理反应，以此作为对不适应行为的"正性惩罚"，使不适行为与厌恶反应建立起条件联系，从而达到戒除不适应行为的一种行为治疗技术。但是，正如一些专家和组织所认为的那样，厌恶疗法作为一种惩罚程序，也可能会带来一些消极的后果：①可能产生侵犯行为或其他情绪上的副作用。有的被治疗者可能会因为附加刺激的作用，增加了焦虑紧张的情绪（对窥阴癖患者进行电击厌恶治疗后患了阳痿），甚至使不良行为更加牢固（如对尿床儿童的惩罚可能会导致儿童因紧张而尿床更频）。还有的被治疗者可能会模仿惩罚的方法，从而更有可能在将来使用这些惩罚方法。②疗效可预测性差。厌恶疗法往往只能暂时压抑而不是消除不良行为，其远期疗效不像奖励法那样可预测。③厌恶的泛化。厌恶与惩罚治疗也会造成被治疗者对治疗者和治疗场所的厌恶。④厌恶疗法的伦理问题。有的专业人员认为出于任何原因施加的厌恶刺激都是不人道和不公正的，以惩罚作为一种治疗方法，可能有悖于医疗、心理治疗的宗旨。当然也有不少学者则认为，如果行为相当有害或者非常严重，而使用惩罚来矫正目标行为对个体的潜在好处非常大，那么惩罚就可以被证明是正当的。但不管怎么说，在使用厌恶疗法之前，必须对道德问题加以考虑。对于大多数案例，不能把厌恶疗法作为首选，应先考虑使用那些限制较少且不产生厌恶的治疗方案。厌恶疗法的实施，还必须预先使被治疗者及其家属对该疗法有全面的了解并自愿接受治疗。此外，惩罚程序不能对被治疗者造成任何伤害，否则不能使用。

厌恶疗法的操作程序：①确认靶症状。厌恶疗法具有极强的针对性，因此，必须先确定打算弃除的是什么行为，有清楚、具体的行为学定义，尽量不要夹杂其他行为，如具有不止一个不适应行为，则择其最主要、最迫切需要弃除的行为。②选用厌恶刺激。厌恶刺激必须是强烈的，能使被治疗者产生的不快远远压倒原有的种种快感，才可能取而代之。但同时，作为一种医疗措施，厌恶刺激又必须是无害、安全的。一般说来，常用的刺激物包括适当电压的电刺激、可引起恶心和呕吐的药物及想象刺激（内在敏感训练）等。此外，还要注意的是，对不同的人，在不同的情况下，同一刺激所起的功能可能是惩罚亦可能是奖励。例如，对某个学生来说，斥责的功能是厌恶刺激；但对另一个学生，斥责却是作为一种关注形式的正强化刺激。概括说来，厌恶刺激是根据它对跟随其后的行为所起的作用而界定的。③把握施加厌恶刺激的时机。要尽快地形成条件反射，必须将厌恶体验与不适应行为紧密联系起来。厌恶体验与不适应行为应该是同步的，这样才能很快建立起新的条件反射，从而达到消除不良行为的目的。

（五）自我控制疗法（self control therapy）

自我控制疗法也称自我管理疗法（self management therapy）。在多数情况下，行为矫正都是由矫正监理人负责实施的，如心理治疗师的帮助等。当行为者本人用行为矫正法矫正自己的行为时，这个过程就称为自我控制或自我管理。作为一种行为疗法，自我控制表现为行为者要以一种行为（期望行为）控制另一种行为（靶行为）的出现。

1. 自我控制疗法的临床意义。

（1）非期望性行为过剩的原因。非期望行为，是指该行为对行为者将来的生活会有负面的影响，如吸烟、酗酒、赌博等。虽然行为者了解这些行为的负面影响，但仍会持续这种非期望行为，原因在于：当它出现时总是得到即时的强化；没有对抗它出现的替代行为。人人都知道吸烟有害健康，它的后果是惩罚性的，但吸烟时的短暂愉快强化了这一行为；吸烟的负面结果出现在将来，对现在吸烟这一非期望行为的出现就没有影响，因而行为者对替代行为（戒烟）的反应性努力就大大减少了。

（2）期望性行为缺乏的原因。期望行为，是指该行为对行为者将来的生活产生积极影响的行为，如早锻炼、清洁、努力学习和工作等。然而即便某种行为将来的结果是正向的，行为却并不一定出现，原因在于：当该行为出现时，没有得到即时强化；与它出现有关的对抗性行为立即被强化。由于期望行为的积极结果产生在将来，所以对于现在的该行为的出现并没有产生影响，没有强化作用。如不愿早起的人也清楚早锻炼的好处，但在床上舒服地多睡一会儿的对抗性行为很快被强化了。显然，行为者在从事某种不良行为时，似乎是不由自主的，因为行为的自我控制不仅是认识和意志的问题，还有赖于一系列行为技术的干预。自我控制疗法就是一个非常重要的手段。自我控制疗法的目标就是减少或消除非期望性行为过剩与期望性行为缺乏。

2. 自我控制疗法的操作程序。

（1）治疗对象要适宜。治疗对象必须具有强烈的去除不良行为和学习适应性行为的动机。

（2）确定适宜的治疗目标。治疗目标就是要达到期望程度的适应性行为。具体做法上，类似于塑造法的基本原理：先确定一个适宜程度的目标行为，而后以渐进的方式完成最终目标。

（3）自我监督。每一次靶行为出现后患者都要立即记录下来，并与所建治疗目标相对照，以决定是否实施下一步骤的程序。自我监督要连续不断地贯穿于整个自我管理程序的始终，以判断该程序的有效性。

（4）自我强化。患者在自我控制取得进步时要奖励自己。奖励的分量要与进步的大小成正比。

3. 自我控制疗法的具体技术。

（1）前提控制法。该技术是指通过对某些物理或社会环境等前提刺激的调节、控制，以促使期望行为的发生，并使对抗行为不易出现。它包括促使期望行为发生的前提调节和减少竞争（对抗）行为发生的前提调节两大类：①促使期望行为发生的前提调节，包括呈现对期望行为发生有刺激作用的线索，减少期望行为的发生难度，增加期望行为的强化效果。②减少竞争行为发生的前提调节，包括去除对竞争行为发生有刺激作用的线索，增加竞争行为的发生难度，去除竞争行为的强化效果。举例说来，一个不清洁、不整齐的人，可用在厨房及卫生间等张贴提示物的办法进行自我暗示（呈现对期望行为发生有刺激作用的线索）；买来盛放洗漱用具的篮子，可便于将这些东西收拾起来（减少期望行为的发生难度）。值得注意的是，所有的自我控制疗法都包括前提操纵法，因为来访者所采用的控制行为是先于被控制的靶行为的。自我控制方法的设计都是出现在靶行为发生之前的。

（2）行为契约。行为契约是一份写好的文件，其中包括所确定的靶行为、行为改变进度的安排及奖惩办法等。一般最好由另一个人来负责实施契约的后果，以确保契约的施行。具体说来，在一份行为契约中，主要包括确定靶行为、确定收集资料的方法、确定在契约规定的时间范围内所要达到的靶行为的程度标准、安排奖惩和负责实施奖惩的人等步骤。

（3）社会支持。社会支持也是一种自我控制方法。它可以预防或阻止行为者的不自觉行为，也就增加了成功的可能性。有这样一个例子：某个喜欢喝酒的人想减少喝酒的行为，便设计了一些社会支持，如与不喝酒的朋友在一起，不参与喝酒朋友的任何活动等。当他与不喝酒的朋友在一起时，就会喝一些非酒精饮料，在这种氛围中他就减少了饮酒的可能性。一般说来，自我控制程序中都应有社会支持这个成分。

（4）自我指令及自我鼓励。这种特殊的自我对话方式可直接影响个体的行为。行为者在寻找特定的靶行为时，可运用自我指令来告诉自己要做什么，或如何做，以暗示适宜的行为；当适宜行为出现后，行为者可立即复诵自我鼓励语，从而为自己的行为提供了正性评价。这种做法在日常生活中亦颇为常见。例如，职员在去老板办公室之前，对自己说："记住，要看着他的眼睛，用一种坚定的语调，直接提问题。"一旦他采取了这种自信的行为，就要对自己说："很好，我是自信的，说了自己想说的话。"他的这种自我指令和自我鼓励就使他在老板面前举止更为自信。为了能自如做到自我指令及自我鼓励，行为者往往需要先进行学习，即进行预演，再安排使用。

（六）模仿法

模仿法（modelling），又称示范法，亦是行为治疗常用的方法之一。其原理主要来自社会学习理论：利用人类通过模仿学习获得新的行为反应的倾向，向具有不良行为的人呈现某种行为榜样，以使其从事相符行为，从而消除不良行为，建立适应性行为的治疗方法。目前，模仿法主要被大量应用于儿童行为的训练（包括正常儿童和弱智儿童），有时也用于临床治疗。模仿法的操作程序如下：

1. 选择合适的治疗对象。在模仿法实施之前，首先要评估来访者的模仿能力，以决定是否为合适的治疗对象。每个人的模仿能力是不一样的，而且模仿能力还有总的模仿能力和特殊的模仿能力的区别，如有的人对肢体动作的模仿较快，而有的人则对声音模仿力较强。模仿能力可以根据来访者的经历和心理测量结果做出判断。

2. 设计示范行为。完成评估后，就可以根据来访者的具体情况，有针对性地设计示范行为。与塑造法相似，示范行为的顺序应是从易到难，由简到繁；示范的情景要尽量真实，示范者亦应与模仿者有较多的共同之处，以易于得到模仿者的认同，这样的模仿会收到较好的成效。

3. 对正确模仿行为予以强化。在整个模仿学习过程中，要对模仿者的每一次进步与成功都给予及时的强化，如赞许、微笑、物质奖励等，从而加强、巩固模仿者已习得的模仿行为。

三、能力拓展

关于一起"其他习惯与冲动障碍"的心理咨询矫正案例

基本情况：

社区矫正人员游某，男，24岁，已婚，育有一子。在2013年底多次抢夺陌生女性的高跟鞋，导致犯罪，以"寻衅滋事罪"被判缓刑1年。该矫正人员在家排行老幺，上有一哥、一姐，现与父母、妻、儿住在一起，儿子今年1岁。该社区矫正人员在案发后去医院就诊，被确诊为"其他习惯与冲动障碍"，并开始接受药物治疗有1年多，目前症状控制稳定。家人因害怕其会再次发作，不让其参加工作，目前仍待业在家，其对现在生活状态的满意度很低。

心理疾病诊断结果：

经厦门市仙岳医院司法鉴定所鉴定，并经上海市精神卫生中心司法鉴定所重新鉴定，游某患有"其他习惯与冲动障碍"。"其他习惯与冲动障碍"又称意向控制障碍，指在过分强烈的欲望驱使下，采取某些不当行为，这些行为系社会规范所不容或给自己造成危害，其行为目的仅仅在于获得自我心理的满足或解除精神上的紧张感，而没有任何明显的外目的。

心理咨询矫正过程：

该社区矫正人员患有较严重的心理障碍，目前通过药物治疗，冲动情况已较为稳定，来访者自述现在能够较好地控制自己的情绪，未再有类似冲动行为。然而，反复发作是"其他习惯与冲动障碍"的重要特征之一，且在发作的间歇期病人的表现一如常人，没有任何明显的精神障碍症状。所以对其进行心理干预，及时了解其近期的思想动态，是目前咨询师的主要任务，也是对临床药物治疗的重要补充和辅助手段。

鉴于以上所述，针对该社区矫正人员心理矫正过程如下：

矫正时间：每周1次，1~2小时/次，共计12次。

第1~3次心理矫正：通过积极关注、同理共情，建立良好的咨询关系，尽量详实地收集其生活资料，包括成长经历中的重大事件，对来访者的情绪进行适当的探索。观察其病情稳定性。

第4~8次心理矫正：洞察来访者的心理动力行为模式，并运用精神分析、认知行为疗法等咨询技术让来访者对自己的核心矛盾有所领悟。在进行自由联想时，其回忆到幼年母亲高跟鞋对其的深刻印象，对母亲的情感渴望让其固化在高跟鞋上，造成了心理行为偏差。同时青春期的到来，性意识的压抑，对高跟鞋的意义又加进了性的色彩，故当自己压力大，情绪不稳极需释放时，即让其采取了这样的冲动行为，用退行的行为方式去满足本我的需求。

第9~12次心理矫正：在该社区矫正人员开始明白自己行为背后的心理动因后，其表现有了很大转变，自述内心平静了非常多，与咨询师的沟通更通畅更深入，对于目前自己生活，其表示满意度不高（满分10分，只给自己打5分），因家人害怕其会再次发作，不让其去工作，目前每天主要在家看孩子（一岁半），心情较郁闷。咨询师用焦点解决的方式与其探讨了能让自己生活更好一点的方法，帮助来访者寻找自身的资源，推动来访者把改变带到生活中，用行动来巩固咨询效果，让家人更放心。同时，咨询师也邀请家人，尤其是来访者的妻子，来到咨询室与其共同做家庭治疗，让信任与爱重新在家人间流动起来。

心理咨询效果：

一方面通过督促其按时吃药，一方面用心理咨询方式调节其心理状态，该矫正人员的变化还是相当明显的，对未来也有了很大的信心，也重拾了家人的信任。关于出去工作，家人与其达成了一致协议：等缓刑期过后就可以试着去工作。该矫正人员最后表达了对司法工作人员和心理咨询师的感谢。

关于一起"社区矫正人员人际关系障碍"的心理咨询矫正案例

基本情况：

洪某，男，36岁，已婚，因盗窃罪被判缓刑1年，育有2个男孩，夫妻关系一般，其对母亲有不满，在单位上和同事及领导的关系不融洽，此次盗窃罪是为了报复领导而任性所为，自己也没想到有这么严重的后果，很后悔。

心理评估情况：

初次心理评估测试显示，该社区矫正人员心理健康程度较差，情绪稳定性差，伴有焦虑、抑郁、易怒和睡眠不好，自控力一般，对各种刺激反应强烈，平复困难，在认知方面存在偏差大，法律意识淡薄。在家庭支持系统方面有待提升，与父母存在心结。

根据初次评估结果，与该社区矫正人员进行初次会谈排查。通过面询了解到该社区矫正人员不爱交际，与同事关系不太好，觉得领导比较势利，自觉有时候情绪差。有洁癖，在家会与妻子争吵、打儿子。认为母亲不愿帮助自己带两个小孩，一直有怨恨，在母亲来厦门期间，与母亲几乎没有交流。对自己所犯罪行，能够正视，也没想到公司同事领导能够写信为他减刑，很感激。

心理情况分析：

该社区矫正人员总体心理健康水平差，有明显的自我接纳不足和情绪压抑需要调整，人际关系需要调整，核心为与父亲、母亲的关系。从再犯风险方面考量，需从提高情绪控制方面介入，避免因冲动造成的再犯风险。

咨询矫正过程：

咨询次数共计5次，历时2个月。

首次咨询从家庭关系入手，了解该社区矫正人员对父亲认同感比较强，注重细节，做事认真，喜欢打扫和清洁是受父亲的影响，与咨询师第一次见面后，开始思考和母亲的关系。经过咨询师引导，开始认识到自己和母亲的性格很相似，开始尝试关心和照顾母亲，多与母亲沟通，了解她当时拒绝给自己带孩子的想法，打开了心结。同时认识了孩子自己带的好处，以及他在教养方式中存在的问题。之后反馈与妻子和孩子的关系明显有变化。在工作中也不再感觉到那么多的冲突和敌意，平和很多。

在情绪控制方面，教给该社区矫正人员调整的方法并帮助寻找适合自己的释放压力的方式。同时引导正确地认识和评估自己面临的压力，让健康的压力变为动力，以积极乐观的态度面对生活。

在自我认知方面，引导给予自己正向的积极的评价，不对自己有过多的怀疑和不认可，保持自己觉得舒服的生活方式即可。

咨询矫正效果：

在最后一次咨询时，该社区矫正人员反馈人际关系、家庭关系和情绪控制方面均得到了明显的改善，能够很好地适应工作和生活，即使面对较为难缠和无礼的客户，也能做到控制住自己的情绪。同时表达了对司法工作及心理咨询工作的感谢。

关于一起"对妻子使用家庭暴力"社区矫正人员心理咨询矫正案例

基本情况：

社区矫正人员邵某某，男，35岁，因故意伤害罪判缓刑3年，心理健康程度较低，自述难以控制自己的情绪，容易生气，在自己情绪难以自控时会对妻子使用暴力，为此感到十分痛苦。

心理分析：

根据初步评估，该社区矫正人员为典型的胆汁质类型，情绪极不稳定、反应容易过激，同时存在较大的认知偏差，自身的性格特点、处事风格、气质类型与其父亲极其相似，其从小也经常目睹母亲被父亲责骂殴打。所以为使该社区矫正人员达到缓和家庭关系、掌握沟通技巧与调节不良情绪的目的，重建其家庭关系在咨询中有至关重要的作用。

咨询矫正过程：

1. 建立咨询关系、初步探索该社区矫正人员内心：由于该社区矫正人员对心理咨询的态度较为认可，同时对咨询有较大的需要，所以与其交流没有障碍，咨询师采取人本主义的态度，采取尊重、倾听、积极关注的技术不断地收集来访者的信息，能够对来访者的情绪状态、对犯罪事件的看法和感受、对司法工作的看法与感受、家庭情况、成长经历，以及世界观等有一定的了解，为接下来的咨询打好基础。

2. 使社区矫正人员洞察自身的内心：来访者开始思考自身与父母的关系和家庭教育的影响，来访者感觉自己的性格很多时候跟父亲很像，自述其性格暴躁，小时候会打母亲和自己，自己现在对妻子和孩子的方式和父亲如出一辙，同时还发现自己的孩子也开始学习自己的模式，大儿子打小儿子，小儿子在幼儿园里打更小的孩子。通过这种洞察，该社区矫正人员领悟到一定要在自己这里停止这种模式，要尝试多与妻子沟通，要尝试着去关心父母，试图和父亲和解，为了孩子做个好父亲的榜样。

3. 引导其通过具体的行动发生现实的改变：使用一些经典的行为主义干预方式，具体做法包括通过布置家庭作业，使该社区矫正人员练习在咨询中学到的沟通技巧、练习控制自己的情绪的方法、鼓励其直面自己的情绪，向妻子真诚表达歉意并对妻子最终愿意留在自己身边表达感激之情等。

心理矫正效果：

该社区矫正人员表示自己近来的为人处世、待人接物上都比较平和，能够协调一些在生活中遇到的冲突，在家庭中虽然有时还是会产生冲动情绪，但已经能做到不再用武力表达，与自己的爱人和儿子们的关系也融洽了很多，看到了自己一点点的进步，感到非常欣慰，并承诺以后会更加努力对妻子儿子好，不想再让下一代有这样的重复模式。

系统脱敏法治疗案例——社交恐怖症

洪某，男，36岁，因盗窃罪被判缓刑1年，该社区矫正人员已婚，育有两个男孩，夫妻关系一般，其对母亲有不满，在单位上和同事及领导的关系不融洽，此次盗窃罪是为了报复领导而任性所为，自己也没想到有这么严重的后果，很后悔。不敢见领导，甚至羞见一切人，有时连与自己家人同桌共餐也感到不自然。这位患者患的是社交恐怖症，进行一些必要的检查之后，决定使用系统脱敏疗法。

首先告诉他社交恐怖症是一种神经症，在行为治疗家看来这是一种社会适应不良行为。这种适应不良行为不是脑内损伤或体内的病理变化引起的，而是习得的结果。最后他终于明白了，他这种适应不良行为和正常行为一样，都是后天习得的，因此也都是能够弃掉的。但是他还是有些疑虑："我也想了很多法子弃掉它，为什么老弃不掉呢？"治疗者告诉他："行为的习得和弃除都有它的规律性，了解了这种规律，并照这个规律去办自然就容易多了。系统脱敏就是弃除社交恐怖症的规律性的方法。"治疗者发现来访者已经理解了他患的疾病和系统脱敏治疗的道理，并乐于参与治疗。此时，治疗才算正式开始。患者是很聪明的，很快就能比较准确地衡量自己在不同情况下的焦虑程度。接着就进入松弛训练阶段。

首先，治疗者用肌电仪测查他额、臂、颈、胸、背等部位的肌电位，电视荧光屏上显示的肌电约在 10 微伏到 18 微伏之间。治疗者告诉他，这是比较高的肌电位，反映了他此时的情绪状态是比较紧张和焦虑的。然后让他深吸气，再缓缓呼出，逐步放松全身肌肉。第一次训练花了半个小时，患者掌握了放松的程序，最好的成绩是将肌电下降到 8 微伏。在 10 微伏的水平，他可持续 3～5 分钟的时间。首次训练十分顺利，治疗者对他进行了鼓励，并要求他回去继续练习。第二次训练是在次日进行的，这次训练成绩平平，最好的成绩是肌电下降到 9.5 微伏，而且持续不到 1 分钟便有波动。第三次的情况更糟，肌电竟居高不下，一直徘徊在 12 微伏左右。来访者十分着急。治疗者发现，他有些急于求成，在练习时"使劲"放松，结果适得其反。针对这种情况，治疗者停止荧光屏上的肌电位数字显示，让他不要给自己定指标，更不要刻意追求达到指标，要心平气和，顺其自然。结果，经过一段时间的摇摆不定后，反馈仪表上的指示表明，肌电已逐渐下降到 6.5 微伏左右。后来的几次训练，肌电在稳步地下降。最后，他能在听到放松指令后 2～3 分钟内全身放松，并使肌电长时间地维持在 3 微伏左右的水平。完成第八次放松训练后，着手设计焦虑等级。起初，患者说除了医生（指治疗者）以外，见到什么人都紧张。让他仔细回忆比较之后，他便能区别出见到哪些人不太紧张，而见到哪些人又会更紧张些。例如在街上见到毫不相干的行人时并不十分紧张，而碰见熟人时则会紧张一些。治疗者要求他根据紧张或恐怖的程度试着给自己恐惧的对象记分。记分标准是相处自然、毫不紧张的为 0 分，极度恐惧以致回避的记 5 分（最高分）。其他不同程度的紧张对象从轻到重依次可记 1、2、3、4 分。来访者逐个比较考虑之后，对他所接触的人一一予以评分。每一个记分等级上都罗列有若干对象。治疗者让他从每一个等级中挑选出 1～2 个最典型、最常见的对象作代表。

系统脱敏的实施过程如下：

治疗者：你在家里还在做全身放松的练习吗？

患　者：每天按要求做 3 次，每次 20 分钟。

治疗者：放松效果如何？

患　者：还可以，不过没有肌电反馈仪，效果还是差一点。

治疗者：好，请你现在逐步全身放松，并且闭上眼睛想象一个场面，可以是你经历过的，也可以是你任意想象出的。要想得清晰一些、生动一些。

患　者：想好了。

治疗者：能把你想象的场面描述给我听吗？

患　者：（继续闭上眼睛慢慢地描述）我在一个幽静的地方漫步，脚下是弯弯曲曲的石板小道，道旁是参差不齐的灌木丛。远处，远处有一口池塘，塘中有几只鸭子在嬉戏……

治疗者：能看清楚是几只吗？

患　者：能，3只。

治疗者：请你告诉我，此情此景，此时此刻，你紧张吗？

患　者：不。

治疗者：如果按焦虑等级评分，该评多少？还记得焦虑等级吗？

患　者：记得，应评0分。

治疗者：好。以下的问题，你不要再口头回答，以手示意就行。比如紧张焦虑评0分，你就用拇指和食指构成一个环状；评1分你就伸出一个指头；评2分就伸出两个指头，依此类推。如果想象的图像清晰就点点头；不清晰则摇摇头。记住了吗？

患　者：记住了。

治疗者：现在请你闭上眼，想象你正在同领导对话。

（15秒钟之后）

患　者：（点头示意）

治疗者：焦虑程度是多少？

患　者：（伸一个指头）

治疗者：抹掉脑中的想象，全身放松。

（1分钟之后）

治疗者：现在焦虑程度是多少？

患　者：（示意为0）

治疗者：请继续想象你同领导对话的场景。

（10秒钟之后）

患　者：（点头示意）

治疗者：焦虑程度是多少？

患　者：（仍伸一个指头）

治疗者：抹掉脑中的想象，全身放松……

经过十几次想象—放松的反复交替之后，患者示意，想象在与领导对话的情景中不再紧张，第一次脱敏治疗成功结束。告诉患者，现在见到领导时，就不会像以前那样紧张了，万一还有点不自然，就运用这种接触—放松反复交替的办法。并嘱其一定要寻找机会与领导接触，反复实践，巩固成果。

经过8次放松训练，12次系统脱敏，总共为期2个多月的治疗，患者已不再回避任何人。治疗结束时，患者已能正常上班与交友。他说："还是有些提心吊胆，不过就只那么大回事，该去还是要去的。"1年后践约复查，患者说他与人交往基本上还算自然，对某个人特别恐惧以致不敢见面的情况很少了。

代币法治疗案例——对一大型收容所的33名被收容者的代币管制

国外某一大型收容所的33名被收容者每天要完成日常的生活起居、教育活动及指定的工作后，才能得到代币。其代币是记录在银行支票系统上的分值。然后他们可以把这些分值（以签写支票的方式）兑换成各种物品及活动项目等强化物。其靶行为及强化物分别列于表5-1和表5-2中。结果证明对这些被收容者使用代币管制促进了靶行为（期望行为）的出现。

表5-1　靶行为（期望行为）及授予分值

靶行为	授予分值
早晨的活动：按时起床	60
整理床铺	60
打扫清洁生活区	60
个人仪表	60
教育活动：学生表现	2/分钟（估计）
指导教师表现	2/分钟（估计）
指定的工作：打扫主要的走廊（后半部）	60
将娱乐室的垃圾罐倒空	60
拖地及前台阶	120
打扫并摆放好电视间的家具	120

表5-2 强化物及授予分值

强化物	收取分值
代币管制所提供的活动	
进入电视间	60/小时
进入游泳间	60/小时
进入休闲室	60/小时
小卖部提供的项目	
热咖啡	50
罐装软饮料	150
火腿及三明治	300
香烟	450
离开代币管制环境的自由时间	1/分钟

治疗案例——用橡圈厌恶疗法治疗强迫症

　　某女，23岁，未婚，因"故意伤害罪"被判缓刑1年。近两年来一见男性（不论年龄）即产生可能要与他谈恋爱、结婚的想法，虽明知不可能，但脑内反复思考不已，无法控制，以致影响生活与学习。另外到商店去或在门口经过，便产生害怕被售货员说少付了钱的想法，明知不会，但亦不可控制，以致怕去商店。病前个性好静，喜欢看书。体格检查除长得较高大外，无异常。诊断为强迫症（强迫性思虑）。应用橡圈厌恶疗法。在左手腕上套一橡圈，要求当见到男性或经过商店出现上述强迫观念时，即拉弹橡圈至有痛觉，并计算拉弹次数，直到强迫观念消失为止。每日需作记录，结果第1周每天出现上述强迫观念3~6次，前3天拉弹橡圈30~50次强迫观念才消失，后3天拉弹3~5次即可消失。第2周每天出现强迫观念平均2次，拉弹橡圈2~5次即消失；第3~6周，平均每天约有1次强迫观念出现，拉弹橡圈5~10次即消失。从第9周起强迫观念不再出现，橡圈亦脱掉（病人称橡圈是"救命圈"），偶有轻微的关于性的想法，能很快自己控制而消失。以后追踪观察3个月，强迫现象没有复发。

第二节 合理情绪疗法

一、合理情绪疗法概述

合理情绪治疗（Rational – Emotive Therapy，简称 RET）是 20 世纪 50 年代由埃利斯（A. Ellis）在美国创立的。合理情绪治疗是认知心理治疗中的一种疗法，因它也采用行为治疗的一些方法，故被称之为一种认知行为治疗的方法。

合理情绪治疗的基本理论主要为 ABC 理论，但要了解这一理论，首先要了解埃利斯及合理情绪治疗对人的基本看法。

（一）对人本性的看法

埃利斯的 ABC 理论是建立在他对人的本性的看法之上的，他的这种看法可归结如下：

1. 人既可以是有理性的、合理的，也可以是无理性的、不合理的，当人们按照理性去思维，去行动时，他们就会是愉快的以及行有成效的人。

2. 情绪是伴随着人们的思维而产生的，情绪上或心理上的困扰是由不合理的、不合逻辑的思维造成的。

3. 任何人都不可避免地具有或多或少的不合理的思维与信念。

4. 人是有语言的动物，思维借助于语言而进行。不断地用内化语言重复某种不合理的信念就会导致无法排解的情绪困扰。

5. 情绪困扰的持续是由于那些内化语言持续的结果。埃利斯曾指出"那些我们持续不断地对自己所说的话经常就是，或者就会变成我们的思想和情绪"。

（二）ABC 理论

RET 的理论要点是：情绪不是由某一诱发性事件本身所引起的，而是由经历了这一事件的个体对这一事件的解释和评价所引起的。这一理论又被称作 ABC 理论。

ABC 来自 3 个英文字的字首。在 ABC 理论的模型中，A 是指诱发性事件（activating events）；B 是指个体在遇到诱发事件之后相应而生的信念（beliefs），即他对这一事件的看法、解释和评价；C 是指在特定情景下，个体的情绪及行为的结果（consequences）。

通常，人们会认为人的情绪及行为反应是直接由诱发性事件 A 引起的，但 RET 的 ABC 理论指出，诱发性事件 A 只是引起情绪及行为反应的间接原因；而 B——人们对诱发性事件所持的信念、看法、解释才是引起人的情绪及行为反应的更直接的起因。

人们的情绪及行为反应与人们对事物的想法、看法有关。在这些想法和看法背后，有着人们对一类事物的共同看法，这就是信念。合理的信念会引起人们对事物的适当的、适度的情绪反应；而不合理的信念则相反，会导致不适当的情绪和行为反应。当人们坚持某些不合理的信念，长期处于不良的情绪状态之中时，最终将会导致情绪障碍的产生。因为情绪是由人的思维、人的信念所引起的，所以埃利斯认为每个人都要对自己的情绪负责。他认为当人们陷入情绪障碍之中时，是他们自己使自己感到不快的，是他们自己选择了这样的情绪取向。不过有一点要强调的是，合理情绪治疗并非一般性地反对人们具有负性的情绪。例如，一件事失败了，感到懊恼、有受挫感是适当的情绪反应，而抑郁不堪、一蹶不振则是所谓不适当的情绪反应。

（三）不合理信念的特征

对于人们所持有的不合理的信念，韦斯勒（Wessler）等曾总结出下列三个特征，这就是：绝对化的要求（demandingness），过分概括化（over generalization）和糟糕至极（awflizing）。

绝对化的要求这一特征在各种不合理的信念中是最常见到的。对事物的绝对化的要求是指人们以自己的意愿为出发点对某一事物怀有认为其必定会发生或不会发生这样的信念。这种信念通常是与"必须"（must）和"应该"（should）这类字眼联系在一起的。如"我必须获得成功"、"别人必须很好地对待我"、"生活应该是很容易的"等。怀有这样的信念的人极易陷入情绪困扰。因为客观事物的发生、发展都是有一定规律的，不可能按某一个人的意志去运转。对于某个具体的人来说，他不可能在每一件事情上都获得成功；而对于某个个体来说，他周围的人和事物的表现和发展也不会以他的意志为转移。因此当某些事物的发生与其对事物的绝对化要求相悖时，他们就会感到受不了，感到难以接受、难以适应并陷入情绪困扰。合理情绪治疗就是要帮助他们改变这种极端的思维方式，而代之以合理的思维方式，以减少他们陷入情绪障碍的可能性。这种治疗要帮助他们认识这些绝对化要求的不合理之处、不现实之处，并帮助他们学会以合理的方式去看待自己和周围的人与事物。

过分概括化是一种以偏概全、以一概十的不合理思维方式的表现。埃利斯曾说过，过分概括化是不合逻辑的，就好像以一本书的封面来判定一本书的好坏一样。过分概括化的一个方面是人们对其自身的不合理的评价。一些人当面对失败或是极坏的结果时，往往会认为自己"一无是处"、"一钱不值"、"是废物"等。以自己做的某一件事或某几件事的结果来评价自己整个人，评价自己作为人的价值，其结果常常会导致自责自罪、自卑自弃的心理的产生，以及焦虑和抑郁的情绪。过分概括化的另一个方面是对他人的不合理评价，即别人稍有差错就认为他很坏、一无可取等，这会导致一味地责备他人，以及产生敌意和愤怒等情绪。按照埃利斯的观点来看，以一件事的成败来评价整个人是一种理智上的法西斯主义。他认为一个人的价值是不能以他是否聪明、是否取得了成就等来评价的，他指出人的价值就在于他具有人性。他因此主张不要去评价整体的人，而应代之以评价人的行为、行动和表现。这也正是合理情绪治疗所强调的要点之一。这一治疗的一句名言就是"评价一个人的行为而不是去评价一个人。因为在这个世界上，没有一个人可以达到完美无缺的境地"，所以埃利斯指出，每一个人都应接受自己和他人是有可能犯错的人类一员。

糟糕至极是一种认为如果一件不好的事发生将是非常可怕、非常糟糕、是一场灾难的想法。这种想法会导致个体陷入极端不良的情绪体验，如耻辱、自责自罪、焦虑、悲观、抑郁的恶性循环之中而难以自拔。糟糕的本意就是不好、坏事了的意思。但当一个人讲什么事情糟透了、坏极了的时候，这往往意味着对他来说这是最最坏的事情，是100%的坏，或是120%的糟透了，是一种灭顶之灾。埃利斯指出这是一种不合理的信念，因为对任何一件事情来说，都可能有比之更坏的情形发生，没有任何一件事情可以被定义为是100%的糟透了的。当一个人沿着这种思路想下去时，当他认为遇到了100%的糟糕的事情或比100%还坏的事情时，他就是在自己把自己引向了极端的负的不良情绪状态。糟糕至极常常是与人们对自己、对他人及对自己周围环境的绝对化要求相联系而出现的，即在人们的绝对化要求中认为的"必须"和"应该"的事物并未像他们所想的那样发生时，他们就会感到无法接受这种现实，无法忍受这样的情景，他们的想法就会走向极端，认为事情已经糟到了极点。RET认为非常不好的事情确实有可能发生，尽管有很多原因使我们希望不要发生这种事情，但没有任何理由说这些事情绝对不该发生。我们将努力去接受现实，在可能的情况下去改变这种状况，在不可能时学会在这种状况下生活下去。

在人们不合理的信念中，往往都可以找到上述三种特征。每一个人都或多或少地会具有不合理的思维与信念，而那些具有严重情绪障碍的人，具有这种不合理思维的倾向更为明显。情绪障碍一旦形成，他们自己是难以自拔的，对此就需进行治疗。

二、合理情绪疗法操作程序

（一）基本步骤

合理情绪治疗认为人们的情绪障碍是人们的不合理信念造成的，因此，帮助来访者以合理的思维方式代替不合理的思维方式，以合理的信念代替不合理的信念，最大限度地减少不合理的信念给他们的情绪带来的不良影响，以改变认知为主的治疗方式来帮助来访者减少或消除他们已有的情绪障碍。

治疗的第一步，要向来访者指出其思维方式、信念是不合理的，帮他们搞清楚他们为什么会这样，是如何变成目前这样的，讲清楚不合理的信念与他们的情绪困扰之间的关系。可以直接或间接地向来访者介绍 ABC 理论的基本原理。

治疗的第二步，要向来访者指出，他们的情绪困扰所以延续至今，不是由于早年生活的影响，而是由于现在他们所存在的不合理信念所导致的。对于这一点，他们自己应当负责任。

治疗的第三步，是通过以与不合理信念辩论（disputing irrational beliefs）的方法为主的治疗技术，帮助来访者认清其信念之不合理，进而放弃这些不合理的信念，帮助来访者产生某种认知层次的改变。这是治疗中最重要的一环。

治疗的第四步，不仅要帮助来访者认清并放弃某些特定的不合理信念，而且要从改变他们常见的不合理信念入手，帮助他们学会以合理的思维方式代替不合理的思维方式，以避免再次成为不合理信念的牺牲品。

这四个步骤一旦完成，不合理信念及由此而引起的情绪困扰乃至障碍即将消除，来访者将会以较为合理的思维方式代替不合理的思维方式，从而较少受到不合理的信念的困扰。

在合理情绪治疗的整个治疗过程中，与不合理的信念辩论的方法一直是治疗者帮助来访者的主要方法。这一方法几乎不变地应用于每一个来访者，而其他方法则是视来访者情况而选用。因为辩论一词的英文字头是 D（Disputing），治疗效果的效果一词的英文字头是 E（Effects），加入这两个字母，RET 的整体模型就成为 ABCDE 了，即：

A（Activating events）——诱发性事件。

B（Beliefs）——由 A 引起的信念（对 A 的评价、解释等）。

C（emotional and behavioral Consequences）——情绪的和行为的后果。

D（Disputing irrational beliefs）——与不合理的信念辩论。

E（new emotive and behavioral Effects）——通过治疗达到的新的情绪及行为的治疗效果。

（二）治疗的技术

1. 与不合理信念辩论的方法。

（1）辩论的具体方法。采用辩论方法的治疗者要积极主动地、不断地向来访者发问，质疑其不合理的信念。从提问的形式上看，可以分为质疑式和夸张式两种：

第一，质疑式：治疗者直截了当地向来访者的不合理信念发问，例如，"你有什么证据能证明你自己的这一观点？""是否别人都可以有失败的时候，而你不能有？""是否别人都应该照你想的那么去做？""你有什么理由要求事物按你所设想的那样发生？""请证实你自己的观点！"等等。

一般说来，来访者不会简单地放弃自己的信念，虽然他们往往不加批判地接受了许多现成的看法，但面对来自治疗者的质疑，他们也会想方设法地为自己的信念辩解。因此，治疗者需不断努力，借助于这种辩论过程的不断重复，使对方感到为自己的不合理信念辩护变得理屈词穷，使他们真正认识到：①他们的那些不合理的信念是不现实的、不合逻辑的东西；②他们的那些信念是站不住脚的；③分清什么是合理的信念、什么是不合理的信念；④以合理的信念取代那些不合理的信念。

第二，夸张式：这是治疗者针对来访者信念的不合理之处故意提一些夸张的问题，其落脚点与质疑式提问是一样的，仅仅是方式上略有区别。这种提问方式犹如漫画手法，是把对方信念的不合理、不合逻辑、不现实之处以夸张的方式放大给他们自己看。

治疗者抓住对方的不合理之处发问，这种提问方式往往优于前一种方式，因为对方在这一过程中自己也会感到自己的想法的无道理、可笑和不可取，因此比较容易心服口服。

（2）对辩论方法实施的探讨。

第一，找到不合理的信念，才可有效地进行辩论，寻找来访者的不合理信念，可先从 ABC 模型入手：以一典型事件入手，先找出诱发性事件 A；询问对方对这一事件的感觉和是怎样对 A 进行反应的，即找出 C；询问对方为什么会体验恐惧、愤怒等情绪（即由不适当的情绪及行为的反应着手，找出其背后的看法、信念等）；分清对方对事件 A 持有的信念哪些是合理的，哪些是不合理的（对同一事件，人们往往是合理的与不合理的两种信念交替出现，而不适当情绪反应的起因是不合理的信念），将不合理的信念作为 B 列出来。

找 B 时要特别注意，要找的是对方对某类事物所持的信念而不是表面的想法。但这不同于心理分析的无意识动机。埃利斯本人曾指出，如果一定要以心理分析的模式去套用的话，这至多只能说是前意识领域中的东西。

在进行合理情绪治疗的过程中，只有真正找到了对方不合理的信念，辩论时治疗者才可做到有的放矢，否则易出现在外层转圈子而辩论难以深入的现象。而 B 要一个个地去找，并采用各个击破的原则，不能指望一锤定音，一了百了。当然有些来访者真正领会了 ABC 理论的精神，自己能够触类旁通，是最好不过的。

第二，辩论中的积极提问能促进对方的主动思维：与不合理的信念辩论，类似于苏格拉底以来许多哲学家所用的辩论方法。戴尔 – 卡耐基曾这样谈论苏格拉底式辩论方法："雅典哲学家苏格拉底对人类思想的变动，有透彻的了解。他是迄今能使对方心服口服的第一个人。苏格拉底绝不指责对方的错误。所谓苏式回答法，就是使对方说出肯定的回答。以简洁的问题询问对方，使他不得不回答'是'。第二句也使他不得不说'是'。接下去每个问题都使他的回答不脱离肯定的范围。等到他有所觉察时，他原先否定的问题，已在不知不觉中回答'是'了。"

2. 合理的情绪想象技术（Rational – Emotive Imagery）。这一技术简称为 REI，是合理情绪治疗中最常用的方法之一。它与心理治疗中通常所用的想象技术既有联系又有区别。它也是需要由治疗者进行指导，帮助来访者进行想象的技术。其步骤如下。

（1）使来访者在想象中进入他产生过不适当的情绪反应或自感最受不了的情境之中，体验在这种情境下的强烈的情绪反应。

（2）帮助来访者改变这种不适当的情绪反应并体会适度的情绪。

（3）停止想象，让对方讲述他是怎么想的，是如何使自己的情绪发生变化的。此时治疗者要强化来访者的新的合理的信念，纠正某些不合理的信念，补充其他有关的合理信念。

合理的情绪想象技术除像上例那样帮助来访者改变情绪体验，认清信念 B 与情绪反应 C 的关系之外，还可帮助来访者找出他对某事所持有的不合理的信念。有时来访者谈到某一事件时，往往只记得自己当时多么气恼，却说不出自己当时的想法，想不起来为何如此气恼。治疗者可帮助来访者想象当时的情景，重新进入那种最坏的情绪体验之中，此时再进一步探查其当时的想法，从而找到其所持有的不合理信念。

3. 认知的家庭作业。合理情绪治疗是在改变人的认知上下功夫，但要改变人的信念与思维方式是一件非常困难的事。因此，治疗不但需要治疗者的努力，也需要来访者本人的努力，这种努力不仅在会谈时间中进行，也应持续到会谈以外的时间中。认知的家庭作业正是为此而设立的。在完成作业的过程中，来访者可以更好地掌握会谈之中的内容，并且学会自己与自己不合理的信念进行辩论。

认知的作业主要有：合理情绪治疗自助量表（RET self – help form），与不合理的信念辩论（disputing irrational beliefs）和合理的自我分析（rational self – analysis，简称 RSA）。

（1）合理情绪治疗的自助量表。这是由埃利斯在美国纽约创立的合理情绪治疗研究所特制的一种自助表格。其内容为，先让填表者找出 A 和 C，然后再找 B。表中列有十几种常见的不合理信念，填表者可从中找出符合自己情况的 B，若还有其他不在此列中的不合理信念可单独列出。接下来是请填表者自己做 D，对自己所有的不合理信念，一一进行质疑式辩论。最后是填写 E，即通过自己与自己的不合理信念辩论而达到了何种情绪的和行为的效果。

（2）与不合理的信念辩论。这也是一种规范化的作业形式，内容很简单，只需来访者回答一些具体的问题："我打算与哪一个不合理的信念辩论并放弃这一信念？""这个信念是否正确？""有什么证据能使我得出这个信念是错误的（正确的）这样的结论呢？""假如我没能做到自己认为必须要做到的事情，可能产生的最坏的结果是什么？""假如我没能做到自己认为必须要做到的事情，可能产生的最好的结果是什么？"

（3）合理的自我分析（RSA）。合理的自我分析目的与上述作业相同，但这是一种完全由来访者自己完成的报告。其内容即为 ABCDE 五项。没有什么特殊的要求与规定，但报告的重点在 D 上。

事实上，这种自我分析人人都可以做。按合理情绪治疗的观点来看，人人都可能存在不同程度的不合理的信念。

三、能力拓展

一例由人际关系引发的心理问题矫正案例

基本情况：

苏某，女，18 岁，高职院校大一学生，主动前来心理咨询室就诊。她低着头坐了好久，才慢慢地叙说了最近在宿舍里发生的一件不愉快的事。

上周六的晚上，外面下着毛毛雨，同学们都没去教室看书。有的织毛衣，有的聊天，苏某躺在床上看小说。寝室内不停地回荡着收音机里传出的《涛声依旧》的歌声……大家都沉浸在紧张学习之余的轻松气氛中。

忽然，苏某猛地从床上爬起，跳到地上，声嘶力竭地对坐在她下床正在谈话的两个同学说："你们凭什么议论我？今天非把这件事情搞清楚不可！"这话说得那两个同学丈二和尚摸不着头脑，其他同学也都跟着紧张起来。

寝室长急中生智，建议把说话和听话的三个来访者分成三组，各设一名同学记录，分别到三个寝室，临时搞个"三堂会审"。然后再回到本寝室来，当众公布三组的记录。结果两组说话人的记录内容基本相似，他们说毕业后要报考医学院校，家长也希望自己能当个大夫。听话人的记录内容与此不同，她听到的是："大夫说她有些神经质。"原来，前些天体检，在化验室采血时，苏某和护士发生了口角，主任医师说了她一句"神经质"。为此，她和那位主任医师吵了一架。今晚，她只听到下床两个同学说到"大夫"二字，就以为是议论她在医院里的那件事，于是便质问那两个同学。

经过"三堂会审"真相大白了，寝室里的风波平静了，可同学们都感到很委屈，苏某也觉得自己太多疑了，就到心理咨询室来求助。

治疗过程：

采用了合理情绪疗法（简称 RET）。

治疗者：你认为是什么原因使你经常处于这种情绪状态？

来访者：主要是和同学没处好关系，因为一些琐事就和同学发生矛盾，搞得同学关系很紧张。

治疗者：这些事情我们称为生活事件或诱发事件，但它们并不是引起你负性情绪的直接原因。

来访者：那么什么是引起我脾气发作的原因呢？

治疗者：是你对那些诱发事件的认识。一个人对他生活中发生的大大小小的事件都会有些看法，有的是合理的，有的是不合理的，不同的认识会导致不同的情绪状态。如果你能认识到自己现在的情绪状态是一些不合理的认知所造成的，你才能控制自己的情绪。

来访者：真会这样吗？

治疗者：我们来举个例子。假若一个星期天，你在学校附近的饭店里吃早点，这时走进来一个人坐到了你的旁边，不小心把你的稀饭碰洒了，你会怎样？

来访者：我一定会很生气，觉得这个人非常没有礼貌。

治疗者：如果我告诉你他是个盲人，你又会怎样呢？

来访者：那我会谅解他，就不会生气了。

治疗者：你看，同一件事，由于有不同的认识，就会产生不同的情绪。所以，对事物的认知，才是引起情绪的真正原因。

来访者：你说得很有道理。

治疗者：你在学习生活中遇到的那些事，别的同学也可能遇到，但别的同学不一定都像你现在这样子，你说这是怎么回事？

来访者：难道是我和他们的认知不一样吗？可我还没看出我对那些事件的认识有不合理的地方。

治疗者：这正是我们下一步要讨论的问题。冷静地想一下，你和同学的关系为什么很紧张？

来访者：有些人总爱挑我的毛病。

治疗者：你有什么理由不让人家挑你的毛病呢？

来访者：老师，你好像在为他们辩护，难道他们那样对我就有道理吗？

治疗者：这不是为谁辩护的问题。你可以希望人家不挑你的毛病，但你无法要求人家不挑你毛病。因为你总想要求别人如何，但别人又做不到，所以你才像现在这个样子。

来访者：对别人不能提出要求吗？

治疗者：和人相处有个黄金规则，就是"像你希望别人如何对待你那样去对待别人"。你对待同学们的观点符合这个规则吗？

来访者：好像不是一回事。

治疗者：其实你把这个规则用反了，一般称为"反黄金规则"，即我如何对待别人，别人就应如何对待我。这是一种对他人不合理的信念，一种绝对化的要求，因为我们无法要求别人必须为我们做什么。如果我们把对别人的"要求"变成"希望"，当我们不希望的事情发生时，最多是一种失望，不会过分地怨恨别人，自己也就不会烦恼了。

来访者：老师，你讲得很对，但我担心自己做不到这点。

治疗者：你的这种人格障碍是长期形成的，要想很快改变它是很困难的。但是只要坚持在实践中不断改变，从一点一滴做起，出现反复不要灰心，贵在坚持，一定会达到理想效果的。

来访者：谢谢老师，我决心改变自己的不良人格，以后出现什么问题，还请老师多指教。

"不服从司法所监管的社区矫正人员"心理矫正案例

基本情况：

社区矫正人员林某某，男，48岁，因寻衅滋事罪被判缓刑3年，咨询师介入心理矫正之前其已经在矫一年半，司法所向咨询师表示该社区矫正人员之前已被警告2次，均因不服从监管，不愿接受教育，对工作人员态度恶劣，甚至与之争吵，并无悔过之心，希望咨询师尽早进行心理干预。初次见面后，该社区矫正人员不与咨询师对视，身体倾斜，对咨询师的到来并不十分接纳，但愿意向咨询师倾诉内心的感受，面谈过程中其对司法所的管理有较多愤怒感和不公感，认为自己没有犯错，不应该被记警告，讲到愤怒处，甚至扬言要报复司法所工作人员，情绪极度不稳定。同时从司法所这边了解到，林某某因为犯罪，经济上有很大的损失，压力大，现在其承包一些小工程，赚钱心态强烈，因此在时间上与司法所的要求产生很大冲突，也经常在不上报不请示的情况下脱离管束，去工地工作。

心理分析：

该社区矫正人员，经过初步评估，判断其性格敏感易激惹，对于别人对其是否重视非常敏感，极度寻求认同，同时对司法所的监管有负性移情，即对从小父母管束自己的潜意识负性移情，初步判定其成长过程中有被忽视、不被尊重的创伤。后期通过交谈了解到，小时候其父亲对待他和哥哥态度有偏差，自述非常不公平，加上因父亲以前成分不好，受过挫折，家里也是大起大落，小小心灵备受冷落和鄙视，所有这些对其现在的性格造成很大的影响，需要作心灵陪伴，且积极关注，在其认可开放的前提下做心理矫正。

咨询矫正过程：

1. 建立信任关系。咨询师作为第三方，身份和态度均需中立，同时尽可能作为中间管道，联结司法所工作人员和社区矫正人员，让他们能够沟通顺畅，减少不必要的误会，降低社区矫正人员的抵触心理。在这个例子中，林某某对司法所有着强烈的负性移情，同时因工作人员与其没有沟通顺畅，存在一些误解，故咨询师更需与该社区矫正人员建立良好信任的关系。咨询师的诚恳和足够的共情同理，让其在一两次心理矫正后即与咨询师建立了良好的关系，愿意向咨询师倾诉内心的想法感受。

2. 认知疗法。该社区矫正人员不服监管还有另一个缘由，即不接受现实，不愿接受目前是社区矫正人员的身份，在后续的心理矫正中，针对这种情况，咨询师一步步与其进行确认及深入探讨："你是谁？为何而来？"让其念出关于对社区矫正人员的管理条例，从内心去接受现实。同时探讨起冲突的真正原因到底是什么？使其摒弃外因（认为都是别人的问题，运气不好），渐渐说出是自己的原因（态度不好，心里一直有不公平情节）。

心理矫正效果：

在最后一次心理矫正中，该社区矫正人员对自己曾经的言行表达了歉意。咨询师和他探讨，如果以现在的心态回到刚入矫时，是否还会冲撞工作人员。林某某表示，不会这样做了，感觉自己以前很幼稚，现在开始知道如何在不同人中做不同表达，不会想什么就说什么。咨询师对其改变立即给予了肯定，告诉其说话合乎情景是心理成熟的标志之一。

咨询师在后期与司法所社区矫正工作人员的沟通中了解到，其后继表现尚可，态度不再恶劣，虽没有笑容，但会对工作人员点头示意，且能够参加集中教育。

一起"弱势女社区矫正人员寻求心理援助"的咨询案例

基本情况：

社区矫正人员李某某，女，27岁，因丈夫出轨而持刀刺伤小三，被判缓刑2年，出事后，丈夫与其离婚，所生 3 个孩子，二儿子归前夫，其他一儿一女归自己（女儿 4 个月）。该社区矫正人员入矫时情绪极度不稳定，时而落泪，时而激动。在司法所工作人员的建议下，同意接受专业心理咨询。

初次面谈时，李某某神情疲惫，双眼红肿，情绪不稳，但尚可沟通，求助动机强，开放度较好。谈到案件时表示，因前夫有暴力倾向，经常会暴打自己，所以自己去找他们时就带了把刀，以求防身，才最终发生了这样的事，现在觉得非常不值，差一点就没机会见到自己的孩子，感谢政府从宽处理，判为缓刑。现在一想到自己对前夫那么好，经济各方面也很照顾他，他还出轨并伤害自己（和小三争斗中，被前夫暴打）。现在还绝情地与自己离婚，如果不是因为孩子，想死的心都有，根本无法接受这样的事实。

心理分析：

离婚是人生的几大重大事件之一，对个体带来的身心影响也非常之大，尤其是被动离婚的一方，其在精神上的打击不亚于死亡的威胁，故目前在该社区矫正人员身上出现的各种情绪体验、各种身体不适均可理解，如何帮助其渡过这一段人生灰暗期，如何让其重拾对未来美好生活的向往，系本次咨询的重点。该社区矫正人员自感在婚姻中付出太多，现在的心态极不平衡，对前夫充满怨恨，对自己充满自怜，而在这种心态下李某某是无法走出离婚的阴影，需要咨询师的及时干预。

咨询矫正过程：

1. 宣泄倾诉。该社区矫正人员的内心此刻充满委屈、不甘，急需有个能理解自己的人在旁，咨询师运用同理共情技术，让其尽可能地把内心的感受表达、宣泄出来，并时刻注意不让其沉浸在自怜中，而是活在当下，保持清醒。

2. 认知疗法。李某某一直无法自拔的很重要的一个原因就是一直把自己当成受害者，咨询师在深切理解、同情她的前提下，启发其换一种角度思考，从一种为自己完全负责的角度去重新诠释这个"悲惨的故事"，当其在咨询师的启发下突然意识到，自己所有的选择都是心甘情愿的，没有人强逼时，自觉豁然开朗，开始停止一味地指责，同时开始思考关于自己的问题。

3. 找寻资源力量。目前该社区矫正人员还在正常上班中，自述身边同事朋友对自己都很好，孩子目前家里人在带，社会支持度尚可，但在情感上目前还未有寄托，常常还会忍不住想去找前夫，以及看看二儿子（6 岁），咨询师建议其找出身边最好的 3 个亲友，并约定在想去看孩子的时候一定要找其中的一两个亲友陪同，以防出现问题。

心理咨询效果：

该社区矫正人员情绪稳定了很多，工作也开始回归正常，平时大部分时间除了工作就是待在家里带两个孩子。司法所工作人员也反馈在其脸上见到了笑容，开始和大家打招呼。关于想见孩子的问题，自述有给前夫打过电话，前夫同意她过去看孩子，其不安的心于是放下了。

由不合理认知引发心理问题的社区矫正人员矫正案例

基本信息：

社区矫正矫正人员李某，男，35 岁，本科，IT 技术人员，独子，已婚，育有一儿一女，矫正期之前夫妻分居两地，不时埋怨妻子，并认为孩子是自己的负担；个人收入较高，但家庭人均收入较低；父母为农民，家庭支持系统较差。

案件过程：

李某于 2014 年 5 月在老家清晨骑摩托时不慎将一老人撞死，被判缓刑 2 年，支付受害方赔偿金 25 万。

心理分析：

1. 测验后李某 SCL-90 总分 165 分，抑郁和焦虑因子分超过 2 分；社区矫正人员自测量表提示其认知偏差较大，做事死板，不会主动思考，看问题比较偏激，自控力差，对他人或自己的所作所为进行分析、解释和推测其原因的过程习惯于外归因。

2. 个人成长史。李某自幼在农村长大，父母均为农民，独子，学习成绩较好，大学顺利毕业，兴趣窄，朋友少，成长无任何挫折。

3. 情绪状态。李某表示不能安静，容易疲劳、愤怒、肌肉紧张、不能放松、注意力不集中、睡眠困扰，无法安心工作。

咨询矫正过程：

1. 首次矫正咨询。以建立关系为主，对李某表达的内心苦恼、郁闷给予共情，对其事情经过及其分析不置可否，给予积极关注，让其感受到不是在独自面对这些问题；其现独居厦门，生活中感到孤独，咨询师应帮助其一起分析目前的家庭状况，使其学会问题解决的方式；

2. 具体的矫正咨询。就李某目前负责产品的开发工作入手（李某认为自己在做无用功），帮助其认知概念化，使其认识到他的思维存在的歪曲有情绪推理，消极预测，以及谈到这些歪曲的认知总是出现的情绪不良的状态。

3. 当注意力无法集中时练习肌肉放松，睡眠困扰时进一步加强肌肉放松练习，直至逐步改变认知，症状减轻或消除时放弃肌肉放松练习。

4. 对其认知歪曲进行工作，使其逐步建立积极的思维。

心理矫正效果：

1. 该社区矫正人员在第二次矫正咨询后就把妻子接到身边，不再埋怨其妻子，也不再认为孩子是自己的负担，从新认识事件的看法，不再认为此事是完全灾难化的，通过此事与妻子的感情进一步加深，对自己的世界观及人生观有了新的认识，在压力状态下也是可以很好的生活，改变自己的想法，解放自己和他人是人生最大的快乐。

2. 矫正后测试，SCL-90 恢复正常水平，总分 109 分，抑郁和焦虑因子分低于

2 分。

3. 司法工作人员也感受到其人的整个状态的变化，不再抵触司法矫正工作，每次报到也变得积极主动。

第三节　人本主义疗法

一、人本主义疗法概述

（一）概念

人本主义疗法是建立在哲学基础之上，通过为来访者创造无条件支持与鼓励的氛围使患者能够深化自我认识、发现自我潜能并回归本我，患者通过改善"自知"或自我意识来充分发挥积极向上的、自我肯定的、无限的成长和自我实现的潜力，以改变自我的适应不良行为，矫正自身的心理问题。该疗法的创始人是美国心理学家罗杰斯与马斯洛。他们认为咨询不应仅仅着眼于眼前的问题，而是在于来访者的成长过程，以便使他们更好地解决未来可能面临的问题。该疗法的实质就是帮助患者去掉那些用于应付生活的面具，从而恢复真实的自我。

（二）基本原理

1. 马斯洛需要层次理论。马斯洛理论把需要分成生理需要、安全需要、社交需要（归属与爱的需要）、尊重需要和自我实现需要五类，依次由较低层次到较高层次排列。

（1）生理需要：包括呼吸、水、食物、睡眠、生理平衡、性等，是人类维持自身生存的最基本要求。

（2）安全需要：包括人身安全、健康保障、资源所有性、财产所有性、道德保障、工作职位保障、家庭安全等。

（3）社交需要：包括友情、爱情、性亲密等；人人都希望得到相互的关心和照顾。

（4）尊重需要：包括自我尊重、信心、成就、对他人尊重、被他人尊重等；人人都希望自己有稳定的社会地位，个人的能力和成就得到社会的承认。

（5）自我实现需要：人类最高的需要，努力实现自己的潜力，使自己逐步成为自己所期望的人物，包括道德、创造力、自觉性、解决问题的能力、公正度、接受现实的能力等。

马斯洛提出人的需要有一个从低级向高级发展的过程，这在某种程度上是符合人类需要发展的一般规律的。一个人从出生到成年，其需要的发展过程，基本上是按照马斯洛提出的需要层次进行的。

2. 罗杰斯自我理论。罗杰斯关于人格的基本假设是：每个人都具有一种固有的、先天的维护自我、提高自我、"自我实现"（self – enhancement）的动机，这是人最基本的、也是唯一的动机和目的，它指引人朝向满意的个人理想成长。马斯洛提出的所有需要层次都可归入这一动机中。

罗杰斯认为每一个人都生活在一个以自我为中心，而又不时地变动的经验世界里。这个个人的经验和内心世界，罗杰斯将其称为"现象场"。罗杰斯认为自我是在与环境和他人的相互作用中形成的，是现象场的产物。

自我概念一旦形成，一个人就可以在社会生活中逐渐产生许多"机体经验"。而个体经验的积累决定着个体是否接受外界刺激的影响，以及接受什么样的影响。当经验与自我之间存在冲突时，个体会运用防御机制（歪曲、否认、选择性知觉）来对经验进行加工，使之在意识水平上与自我相一致。如果防御成功，个体就不会出现适应障碍，若防御失败就会出现心理适应障碍。

例如，一个学生受到了老师的贬低，他内心很愤怒，十分怨恨这位老师，但他从小接受的别人的价值标准是"对老师应当尊重，恨老师是不对的"。那么他有可能会扭曲自己的感受，把它改造成能被别人接受的想法。比如他可能这样想：老师贬低我是"恨铁不成钢"，是为我好。这样他可能会获得别人对自己的关注，但压抑了自我的真实感受。当一个人的自我概念与经验相冲突时，自我内部就发生了分裂，这个人就会感到紧张、不适。为了阻止这些使自己感到威胁的经验形成意识，他就要建立防御机制，来维持自身造成的假象。这时人就越来越不能与环境适应，并出现烦恼、焦虑和各种异常行为。

（三）基本概念

1. 经验。即来访者在某一时刻所具有的主观精神世界，包括个体的认知和情感事件，他们能够被个体知觉到，或具有被知觉的能力。例如，在某一时刻，人们感到了饥饿，这是意识到的经验。但如果在这一时刻，人正沉迷在工作或玩乐中，完全没有感觉到饥饿，那么这就是还没有被意识到的经验。经验被个体体验、知觉的状况，对一个人自我的形成和发展，对一个人心理适应的情况具有重要的影响。

2. 自我概念。即一个人对自身存在的体验。它是一个人通过经验、反省和他人的反馈，逐步加深对自身的了解的过程。自我概念包括对自己身份的界定、对自我能力的认识、对自己人际关系及自己与环境关系的认识等。

3. 现实自我与理想自我。罗杰斯认为每个人心中有两个自我：一个是现实自我，即个人在现实生活中获得的真实感觉；另一个是理想自我，即个人对"应当是"或"必须是"的理想状态。人格的成长在于充分实现理想自我与现实自我之间的和谐，而两者之间的冲突会导致人的心理失常和不协调。

4. 心理失调。即人的心理活动过激或不足，以及心理活动异常的表现，包括心理偏差和心理障碍。

（1）心理偏差。正常人或多或少都可能有的轻度的心理失调，包括错觉、记忆衰退、言语功能差（如口吃、唠叨）、思维活动受阻、智力下降，尤其是创造性思维能力减退、对新鲜事物不敏感、反应迟钝、个性异常、怪癖等。

（2）心理障碍。即精神病人才具有的严重的心理失调，包括幻觉、记忆力丧失、妄想、言语严重错乱、异常情绪（如严重的忧郁、焦虑、狂躁、痴呆、精神错乱等）、人格障碍（如爆发性个性、癔病性个性、偏差性个性）等。

二、人本主义疗法操作程序

（一）咨询技术

罗杰斯提出："假如我们不去考虑表现自己的聪明才智，那么，我觉得依靠来访者去完成这个咨询过程会更好。来访者了解自己的问题，了解应向什么方向努力，了解什么问题最重要，了解自己隐藏着什么体验。"持有这种观点，意味着咨询师注重人的建设性的一面，以及人的正确的方面。这一方法把重点放在对自身的感觉上，使来访者通过观察自身而不是注重外部影响，来求得成长和完善。这样，他们不需要来自咨询师的过多干预和指导就能够发生变化，他们对咨询师的需要是理解、真诚、支持、接受、关心和积极的评价。这就是人本主义取向的重要疗法——来访者中心疗法，下面介绍三种关键技术：

1. 促进设身处地的理解的技术。这种技术又称共情、同理心、同感，是指从来访者的角度去知觉他们的世界，并把这种知觉向来访者表达出来。

（1）关注。咨询师要达到设身处地的理解，必须在一开始就能让来访者感觉到无条件的积极尊重。这种尊重建立在一种"人对人"的基础上：不论来访者的阶层、感情和行为是什么样的，咨询师都能够发自内心地认为来访者是一个有价值的人。咨询师对来访者的关注既需要态度，也需要技巧。有效的咨询师在不牺牲自己的认同感和独特性的前提下，在咨询过程中要抛开自己的问题，而全力以赴地关注来访者的问题。咨询师的面部表情和躯体姿势可以告诉来访者他是否关注来访者的话题和情感。一定的点头（同意或鼓励）、目光接触、微笑，对来访者心境的反映，表情的严肃性，对来访者的实实在在的兴趣，以及深层的关注等都可以表明咨询师的全力以赴。咨询师的姿势也可以表明他是否尊重别人、认真、接受、焦虑、疑惑、困倦等。适当的面部表情和身体姿势能使来访者感受到咨询师的介入、认真、承诺以及信任的程度。从另一个方面来看，过多的目光接触、微笑、点头等却往往会产生消极的影响。过分频繁的点头和持续的目光接触（达到"紧盯"的程度），会使来访者对咨询关系感到不自在，特别是当来访者在开始感到威胁和不信任时。

咨询师与来访者之间的身体距离也是一个很重要的因素。很多咨询师都坐在桌子的对面，容易让来访者感到遥不可及。来访者可能把这张桌子解释为咨询师保护自己安全的方式，或者是一种屈尊的姿态。一般说来，当咨询师与来访者很舒适地围坐在一起，在他们之间没有家具相隔时，来访者的感觉会好些。当咨询师与来访者相对而坐，而且距离适当时，能促进来访者对咨询师的全力以赴地进行感受。如果与咨询师距离太近，有些来访者可能会感到不自在或感到威胁。咨询师如果能够全力关注来访者，他就能较快、较容易地进入来访者的世界，并且也就提高了释放来访者的防御、坦诚地与来访者建立关系的可能性。

（2）用言语交流的设身处地的理解。设身处地的理解意味着理解来访者的情感和认知信息，并且要让来访者知道他们的情感和想法，不论是表面水平的还是深层水平的都是被准确地理解了的。在表面水平上的理解，即咨询师的言语交流仅限于重复或反映来访者所表达出的内容。

来访者："考试之后我的成绩很低，但我并不认为自己做得很差。"

咨询师："你对考试成绩感到失望。"（浅层次：重复或反映来访者所表达内容）

咨询师："你对你的考试成绩感到吃惊，也很烦恼，因为在你的预料中成绩不应这么糟。"（深层次：理解并表述出潜在的暗含的、深层的含义）

前一种反应的帮助作用比较小；而后一种反应的促进作用可能会更大，因为它帮助来访者从更广泛的范围内认识他的问题和深层的个人意义。前一种反应把来访者放在"失望"或"牺牲品"的状态，后一种反应则提出了来访者的自我期望问题，在一开始时来访者可能并未意识到，而现在他们则可以抓住这一问题并想办法去应付。这时，咨询师所采用的就是艾根[1]的提前的准确的共情，但这并不是说咨询师要做出"试探"性的反应，并期望能说中来访者潜在的动机。这仅仅是说咨询师要全力关注来访者所有的言语和非言语信息。

促进性的言语交流必须把重点放在来访者目前的情感和认知内容上。因此，咨询师要直接地应付来访者所关心的问题，而不是分析和探讨来访者的处境。

下面的这段对话就很好地说明了这两者的区别：

来访者："我的父母根本不信任我。在他们看来，我根本做不好任何事情！"

咨询师："你父母对你没有任何信心，实际上很多父母都是这样。"（谈的是来访者的处境）

咨询师："你感到父母伤害了你，并因此而感到生气，因为你希望父母能对你表现出信心。你也希望能向他们及你自己证明你能把事情做好。"（直接关心来访者的问题）

后面的这种反应要比前面的反应好一些，因为它直接关注的是来访者，并促进来访者进行自我探索，而不是关注来访者的父母。同时，后面的反应也把对话直接引向来访者身上。

（3）非言语交流的设身处地的理解。设身处地的理解包括准确地解释咨询师和来访者所表达出来的言语和非言语线索。非言语信息可以通过几种方式转达出来，包括姿势，身体活动和位置，面部表情，微笑，皱眉，动作的频率，声音特点（音高与音调等），手、脚的活动，目光接触，等等。省略的、没有说出的话，以及观察到的机体活动水平等，也能传达非言语的信息，甚至家具的摆放位置也会影响到个人距离和社会距离以及相互理解。例如，来访者选择坐在距咨询师最远的地方可能表示了他的不舒服和不信任。咨询师不仅要注意来访者的非言语信息，还要注意自

---

[1]　艾根的技术源于罗杰斯的理论。

己向来访者传达的非言语信息。咨询师可以通过各种身体活动传达并解释自己的非言语线索，如疑惑、恐惧、愤怒、高兴、疲劳、怀疑、回避、拒绝和羞怯等。尽管对非言语线索的解释无法达到完全的准确，但对来访者在非言谈之外的这些非言语线索的关注将会极大地影响对来访者的理解。

（4）沉默作为交流设身处地的理解的一种方式。在心理咨询的很多情况下，"沉默是金"。咨询中会出现某一时刻，咨询师和来访者都需要考虑所说过的话，而不需要任何语言，而且这时任何语言可能都会产生干扰作用。一个善于观察的咨询师能够感觉到来访者什么时候在对情感或信息进行有意义的加工处理，因此，沉默也是咨询师表示设身处地的理解的一种有效策略。它向来访者表明："我看到也感觉到咨询师都需要时间来考虑这个问题；我尊重你处理这个问题的能力，而且我将在这里给你提供帮助，但只有当你准备好继续下去时。"

来访者："他好像在告诉我，他可以算出有多少次我向他说我爱他了。"（促进对来访者的情感和认知信息的理解）

咨询师："你感到伤心，因为你感到他受到了伤害，因为你不太爱说'我爱你'。"

来访者："是的，但是……（3分钟的沉默）是的，我不想伤害他，但我也不知道是否爱他，他一直坚持说这就是爱（30秒的沉默）。有时他好像和我母亲很相似。我觉得我该离开他了，我要自己单独生活一段时间。"

咨询师："你还不知道你想要什么。但你相信你现在有的并不是你想要的。"

来访者："（2分钟的沉默）所有这些都与我小时候有关。我是一个淘气顽皮的小女孩，我总能得到任何我想要的东西。我想与那个男孩约会，我就与他约会了。我现在不想再与他约会了（30秒钟的沉默）。我总是做母亲所期望的事情，我甚至在她让我结婚时我就结婚了（30秒钟的沉默）。这是不成熟的表现！我想我仍然没有长大，是一个32岁的孩子。"

在这段谈话中所出现的沉默并没有使咨询师和来访者感到不安。双方都保持着密切的联系，都充分感受到了非言语的线索，而且这可能比任何言语都更有力量。

一旦来访者了解到咨询师能够接受这种沉默并且不会感到不安。那么他就会继续地探索公开他自己。来访者也能体会到咨询师并没有指导会谈的题目和重点的需要和愿望。某种沉默行为也能起到对咨询师所表达的意思进行强调的作用。

2. 坦诚交流的技术。艾根的帮助技巧系统来源于罗杰斯的理论，而按照艾根的观点，坦诚的交流包括：

（1）不固定角色。咨询师不固定自己的角色，就意味着他在咨询中的表现如同他在现实生活中的表现一样坦率，即他们是职业的心理咨询师，但并不把自己隐藏在职业咨询师的角色之内，而是继续保持与目前的情感和体验的和谐，并交流自己的情感。

（2）自发性。一个自发的人会很自由地表达和交流，而不是总在掂量该说什么。自发的咨询师的表现很自由，不会出现冲动或压抑，并且不为某种角色或技术所羁绊。他的言语表达和行为都以自信心为基础。

（3）无防御反应。坦诚的人也是没有防御反应的。一个没有防御反应的咨询师很了解他自己的优势和不足之所在，并且很了解该如何感受它们。因此，他们可以公开面对来访者的消极反应，并且不会由此受到打击。他们能够理解这种消极的反应并进一步探索自己的弱点，而不是对它们做出防御反应。

（4）一致性。对坦诚的人来说。他的所思、所感及所信的东西与他的实际表现之间只有很小的差异。例如，一个坦诚的咨询师不会在对来访者有某种看法时，反而告诉来访者另外的内容；他们也不会在信奉某一价值观时却表现出与这一价值观相冲突的行为。

（5）自我的交流。坦诚的人在合适的时候能够袒露自我。因此，坦诚的咨询师会让来访者及其他人通过他的公开的言语和非言语线索了解他的真实情感。

3. 表达无条件的积极关注的技术。该技术又称接受、尊重、关心与珍视等。艾根将无条件的积极关注称为尊重，并且指出它是一个高水平的咨询师的最高价值观。

在艾根看来，咨询师可以不同方式向来访者表示对他们的尊重：

（1）从来访者的人性和发展的潜力这一基础上而对他的尊重。

（2）应承自己要与他们一起努力。

（3）把来访者作为一个独特的个体予以支持，并帮助他们发展这种独特性。

（4）相信来访者有自我导向的潜力。

（5）而且相信来访者是能够做出改变的。

在咨询过程中如果咨询师能表现以下四种行为，那么上述五种态度就会起作用：

（1）对来访者的问题和情感表示关注。

（2）把来访者作为一个值得坦诚相待的人来对待，并且持有一种非评价性的态度。

（3）对来访者的反应要伴有准确的共情（即设身处地的理解），并因此表示出对来访者的参考结构的理解。

（4）培养来访者的潜力，并以此向来访者表明他们本身的潜力以及行为的能力。

（二）咨询过程

罗杰斯在其工作的早期，曾就咨询过程提出过 12 个步骤。但他强调说这些步骤并非是截然分开的，而是有机地结合在一起的。

1. 来访者前来求助。这对咨询来说是重要的前提，如果来访者不承认自己需要帮助，不是在很大的压力之下希望有某种改变，咨询或咨询是很难成功的。

2. 咨询师向来访者说明咨询的情况。咨询师要向对方说明，对于他所提的问题，这里并无解决的答案，咨询或咨询只是提供一个场所或一种气氛，帮助来访者自己找到某种答案或自己解决问题。咨询师要使对方了解咨询或咨询的时间是属于他自己的，可以自由支配，并商讨解决问题的方法。咨询师的基本作用就在于创造一种有利于来访者自发成长的气氛。

3. 鼓励来访者自由表达情绪。咨询师必须以友好的、诚恳的、接受对方的态度，促进对方对自己情感体验作自由表达。来访者开始所表达的大多是消极的或含糊的情感，如敌意、焦虑、愧疚与疑虑等。咨询师要有掌握会谈的经验，有效地促进对方表述。

4. 咨询师能够接受、认识、澄清来访者的消极情感，并产生同感。这是很困难同时也是很微妙的一步。咨询师接受了对方的这种信息必须对此有所反应。但反应不应是对表面内容的反应，而应深入来访者的内心深处，注意发现对方影射或暗含的情感，如矛盾、敌意或不适应的情感。不论对方所讲的内容是如何荒诞或滑稽可笑，咨询师都应能以接受对方的态度加以处理，努力创造出一种气氛，使对方认识到这些消极的情感也是自身的一部分。有时，咨询师也需对这些情感加以澄清，但不是解释，目的是使来访者自己对此有更清楚的认识。

5. 来访者成长的征兆。当来访者充分暴露出其消极的情感之后，模糊的、试探性的、积极的情感不断萌生出来，成长由此开始。

6. 咨询师对来访者的积极情感要加以接受和认识。对于来访者所表达出的积极的情感，如同对其消极的情感一样，咨询师应予以接受，但并不加以表扬或赞许，也不加入道德的评价。而只是使来访者在其生命之中，能有这样一次机会去自己了解自己，使之既无须为其有消极的情感而采取防御措施，也无须为其有积极情感而自傲。在这样的情况下，促使来访者自然达到领悟与自我了解的境地。

7. 来访者开始尝试接受真实的自我。由于社会评价的作用，一般人作出任何反应总有几分保留；由于价值的条件化，使得人们具有一个不正确的自我概念，因此常常会否认、歪曲若干情感和经验。这与人的真实的自我是有很大距离的。而在咨询中，来访者因处于良好的能被人理解与接受的气氛之中，有一种完全不同的心境，能够有机会重新考察自己，对自己的情况达到一种领悟，进而达到接受真实自我的境地。来访者这种对自我的理解和接受，为其进一步在新的水平上达到心理的整合奠定了基础。

8. 帮助来访者澄清可能的决定或行为。在领悟的过程之中，必然涉及新的决定及要采取的行动。此时咨询师要协助来访者澄清其可能作出的选择。另外，对于来访者此时常常会有的恐惧、缺乏勇气及不敢作出决定的表现应有足够的认识。此时，咨询师也不能勉强对方或给予某些劝告。

9. 产生疗效。领悟导致了某种积极的、尝试性的行动，此时疗效就产生了。由于是来访者自己领悟了，自己对问题有了新的认识，并且自己付诸行动，因此这种效果即使只是瞬间的事情，仍然很有意义。

10. 进一步扩大疗效。当来访者已能有所领悟，并开始进行一些积极的尝试后，咨询工作就转向帮助来访者发展其领悟以求达到较深的层次，并注意扩展其领悟的范围。如果来访者对自己能达到一种更完全、更正确的自我了解，则会具有更大的勇气面对自己的经验，并体验并考察自己的行动。

11. 来访者的全面成长。来访者不再惧怕选择，处于积极行动与成长的过程之中，并有较大的信心进行自我指导。此时咨询师与来访者的关系达到顶点，来访者常常主动提出问题与咨询师共同讨论。

12. 咨询结束。来访者感到无须再寻求咨询师的协助，咨询关系即就此终止。通常来访者会对占用了咨询师许多时间而表示歉意。咨询师采用同以前的步骤中相似的方法澄清这种感情，接受和认识咨询关系即将结束的事实。

（三）治疗目标

罗杰斯的以人为中心的治疗目标是将原本不属于自己的经内化而成的自我部分去除掉，找回属于自己的思想情感和行为模式，用罗杰斯的话来说就是"变回自己"、"从面具后面走出来"，只有这样的人才能充分发挥个人的机能。抛开面具后出现的新人（充分发挥作用的人或自我实现的人）具有以下的特点：

1. 对经验持开放态度。与防御戒备性状态相反。防御是有机体对于某些经验的一种反应，这些经验被认为或预期为有威胁的，同一个人对自身或对自身与外界关系的现有印象是不协调的。

他变得更易于了解源于自身机体内部的情感和态度，同时也变得更能认识周围的客观现实，而不是以先入之见去一味硬搬。

2. 信任自己的机体。不再那么害怕自己的情感反应，对源于自身机体的各种复杂丰富的情感和倾向越来越感到信任和喜爱，相信自己的机体是达到每一存在情境中的最满意的行为的一种手段。

3. 出自个人内心的评判。越来越感到评价的基点存在于自身内部，因而逐渐不再寻求他人的赞成或否定，不再依赖他人提出的生活标准，也不再依靠他人来帮助自己做出决定和选择。

4. 创造力。充分发挥作用的人都具有高度的创造力。他们不是以遵循或者消极适应社会和文化的传统而著称。在环境激烈变革中，他们更有适应能力并能生存下来。

5. 愿意成为一个变化的过程。在自由的治疗对话中，常常会放弃这些一成不变的目标，愿意接受这样一种令人满意的认识：自己不是一个固定僵化的实体，而是一个变化。

三、能力拓展

人本主义疗法的矫正案例

基本情况：

小林，女，25 岁，因与男友争吵过程中伤害男友，被判故意伤害罪缓期 2 年执行。1 个月前服安眠药自杀，被家人发现，送医院抢救，自杀未遂，由家人陪同来到心理咨询室。

小林的父母在其 5 岁时离婚，后随母亲寄居在其姨妈家。姨妈一家人生活很严肃，虽在经济上资助他们，但很少和他们有更多的情感的沟通，小林常有一种寄人篱下、受人施舍的屈辱感，而小林的执拗使姨妈一家又气又无奈，关系变得较疏离和冷漠。在小林 8 岁时，和妈妈搬出姨妈家，两人单独过活。小林 9 岁时妈妈爆发抑郁性精神病，后来稳定下来且很少复发，但常常会歇斯底里地向小林乱发脾气。小林虽心里感到很委屈，但知道母亲也不容易，常常是忍了又忍。

　　考上大学后，因家里没人照顾母亲，小林在学校旁边租房将母亲接到身边，边学习边打工，还照顾母亲，但常常会受到母亲的无理取闹和无端辱骂。所有这一切，外表坚强的她忍受了下来，从未让同学知道自己的事情，而且担任系学生会宣传部长，性格外向，朋友较多，很有能力，也很开朗豪爽。毕业实习期间小林凭借自己的能力找到了一家在省城的公司做文秘的工作。工作干得很好，因此小林得到了公司的留用。后来公司决定让她熟悉一下销售业务，让其搞营销，她觉得自己最不愿意求人，不擅长、不喜欢这份工作，没信心做好，但又担心公司因此解除与她的聘用合同，又不好拒绝，所以内心很矛盾，心情很沮丧。在这个时候，她回到学校，想暂时放松一下，自己特别想找一个依靠，就找了一个男朋友，1 个月前，男朋友提出分手，争吵中将男朋友刺伤，被告到法院，被判故意伤害罪，缓期 2 年执行。小林认为，只有死才可以彻底摆脱这一切，彻底放松。于是她给自己的母亲、那个男孩、两个要好的朋友分别写了信或遗书，吞下了安眠药。

　　目标评估：

　　人本主义疗法认为，人都有两个自我，经验的自我和理想的自我，前者是个人在现实生活中获得的自我感受，即真实的自我。后者则是个人对"应当是"或"必须是"的自我概念。二者之间的冲突导致了人的心理失常。而小林的这两个自我产生了冲突，因此我们建立以下的治疗目标：创造一个治疗性的氛围，以帮助小林发现真正的自我，从而远离虚假的自我，真正成为自己想成为的人，使小林逐渐对开放自我体验而非压抑；协助来访者小林逐步走向自我实现之路，享受成长过程中的坚实与丰盈。

　　人本主义疗法对来访者进行干预的过程和要素：

　　1. 信任接纳，尽最大可能建立关系，不带任何假设和猜想，用开放的、全新的视觉和听觉关注小林。目的是创造一种信任、支持、安全的氛围。在这样一种关系中，小林会感到受关注以及对自己的接纳和理解，她就会关注自己的感受，并从体验中学习，且能有效地运用所学到的东西，使她的生活显露希望。

　　2. 正视感受，面对真我。小林在开始并不分享她的感受，而是讲一些外在的东西。她认为问题在于外部：母亲的无理取闹、公司老板的不合理安排、男友的绝情。但是在充分的接纳理解、同感和真诚的回应和反馈中，小林逐渐感受到温暖、安全和充分的信任，进而去掉了防御，开始触及自己真实的情感。在咨询师面前开始能够表现自己的恐惧、焦虑、愤怒和那些她认为太消极的以至不能纳入自我结构当中的感受。最终小林能够更少地歪曲事实，更多地表达那些以前没有表达过的感情，并且沿着对她的经验更加开放的方向前进。逐渐地，小林能够和所感受到的经验保持联系，而极少需要歪曲或否认，开始真实的生活，真正有效地、有力地把握自己的人生。

3. 整体联动，人文关怀。事发后，咨询师实行了心理危机紧急预案，第一时间对小林实行 24 小时关怀与监护，并将其从三楼宿舍调到一楼，各级领导都多次去看望小林。人本主义疗法特别重视和强调一种真诚温暖信任的咨询，并给予来访者精神和物质等帮助；同时咨询师还千方百计联系到了小林早已不联系的亲戚——她的姨妈。姨妈家表哥表姐的到来和对她的关心，化解了多年来小林对他们的误解，同学朋友们的日夜陪伴，公司老板的理解等，无疑都是小林走出自毁绝境的动力。小林说"我整个是被'暖'出来的"，一个"暖"字充分体现了人文主义的精髓和功效。

4. 咨询效果。小林从自杀绝境中走出，接纳真正的自我；获得友情、亲情，感受到温暖和社会支持；对人增加了信任和理解，更加热爱生命和珍惜生命。

其他治疗方法及比较：

1. 认知行为疗法：对患者不合理认知进行矫正，并提高患者认识和解决问题的能力，对自杀倾向或自杀意念有良好的治疗效果，时间长、见效慢，但效果持久。

2. 药物治疗：只能减轻产生自杀念头的抑郁症状，但结合心理咨询效果较好。

3. 精神分析疗法：了解患者的情感生活的重要线索，并引导患者了解自己的无意识，从而达到心理健康的目标，效果较好。

4. 电痉挛疗法：以一定量电流通过患者头部，导致全身抽搐，从而达到治疗目的。此法对重度抑郁症、自杀行为患者具有显著疗效，但容易导致意识混乱和记忆丧失。

治疗自杀行为的心理治疗方法还有很多，但这几个效果较好，一般认为，精神分析治本，人本主义相关疗法完善个体心理支持系统，治标。

第四节　精神分析疗法

一、精神分析疗法的理论基础

精神分析心理学的理论是精神分析疗法的理论基础和来源。经典的精神分析学说主要由意识与无意识理论、人格结构说、人格发展理论及自我的防御机制组成。

1. 意识与无意识理论。人的心理活动有些是自己能够觉察的，弗洛伊德把这些能够被自我意识到的心理活动叫作意识。无意识，一般是指不知不觉的、没有意识到的心理活动，不能用言语来表述。在无意识中，有一部分内容是可以进入意识、被人们觉察的，这一部分无意识被称作前意识，而把不能进入意识的那一部分无意识特别称作无意识。在潜意识中压抑着被社会规范不允许的很多欲望，它们不会消失，而是在潜意识中积极地活动着，不断寻求出路以获得满足，其活动结果可能引发神经症和精神病症状。故而，要在意识的层面召回潜意识的东西是不容易的，因为这些欲望会受到强烈的抗拒，抗拒来自意识的检查作用。弗洛伊德认为，目前抗拒某种经验回到意识的力量，正是从前把这个经验排压到潜意识中去的力量。

2. 人格结构说。弗洛伊德认为人格是由本、自我和超我三部分组成的：

（1）本我位于人格结构的最底层，靠遗传获得，是人体结构中内在的东西，由个体的一切原始冲突和本能欲望组成，其中最重要的是性欲望和攻击欲望。本我是一切心理能量之源。从作用方式看，本我按"快乐原则"行事，追求无条件的、即刻的满足。由于本我不能直接同外部世界接触，所以总是急切地寻找自己的出路，而其唯一的出路就是自我。

（2）自我是现实化了的本我，在现实原则的指导下追求满足。自我在人格结构中代表着理性和审慎。自我对本我之中的东西有权检查，防止被压抑的东西扰乱意识，同时在超我的指导下按外部现实条件驾驭本我的要求。

（3）超我是道德化了的自我，是从自我中分化和发展起来的，其作用是按照社会道德标准监督自我的行动。它以"自我理想"和"良心"为尺度，追求理想原则。"自我理想"和"良心"是父母在孩子成长过程中，对孩子奖励和惩罚的结果。奖励产生"自我理想"，惩罚产生"良心"。当本我产生了某种冲动和欲望时，就要求自我来实现这一需要，但由于自我常常考虑现实原则，因而面对本我不合理的冲动、欲望时，便会感到焦虑不安。当然，超我也会在一定的程度上控制本我的无理冲动和需求。在人格结构冲突情况下，自我必须调节超我、本我和现实环境之间的关系。所以，弗洛伊德把自我比作是这三者之间奔跑的奴仆。本我、自我、超我协调一致时，个体将健康生活，反之，就会发生人格障碍。

3. 人格发展理论。根据弗洛伊德的见解，儿童期的性欲在人格发展中扮演了重要角色。弗洛伊德最初把本能分为自我本能与性本能，后来把这两种本能合并为生之本能，包括饥饿、渴望等，与生存有关。在弗洛伊德晚年，他又提出了死亡的本能。当人把死亡的本能指向外部时，就表现为攻击、战争、破坏等；当指向内部便表现为自残、自杀等行为。两种本能有机地结合在一起，生命就在它们的冲突和相互作用中表现出来。

弗洛伊德将人的性心理的发展从婴儿期到青春期分为五个阶段，在不同的阶段中性欲满足的对象也随之变化。每一阶段的性活动都有可能影响人今后的人格与生活。这五个阶段的年龄范围分别是：①口欲期（0～1岁）；②肛欲期（1～3岁）年；③性器欲（3～6岁）；④潜伏期（6～12岁）；⑤青春期（12～18岁）。

4. 自我的心理防御机制。自我心理防御机制最初由弗洛伊德本人提出，后来弗洛伊德的女儿安娜·弗洛伊德又作了深入的研究。这种机制的产生是在自我对本我、超我与现实环境的相互协调中，常受到"这三种危险的恐吓"，当它难以忍受其压力时，就使它发展了一种机能，用一定的方式调解冲突，缓和三种危险对自身的威胁。常见的心理防御机制主要有：①压抑；②投射；③否认；④合理化；⑤退行；⑥置换；⑦升华；⑧反向形成。

二、精神分析治疗操作程序

（一）精神分析治疗的假设和过程

精神分析的基本假设是：有很多因素对人们的情绪和行为起决定性作用，但人们通常意识不到这些因素。当在意识层面发生不愉快的情绪体念、经历或不道德的想法时，人们常常不愿去面对，而将其压抑到潜意识中；然而这些被压抑到潜意识的东西虽然不能被意识觉察，但是他们并没有消失。在人们意识监控较弱的时候（如睡眠时），他们便会以梦话、口误等形式表现出来。而这些潜意识因素被意识压抑时，则可能表现为病态的人格特点，影响到人的情绪和自尊，给人们带来种种痛苦和不幸。由于来访者不能理解和领悟病情的起因，所以常被病痛折磨、痛苦不堪。

治疗的原理是：发掘来访者或求诊者潜意识内被压抑的矛盾冲突或致病的情结，把它们带到意识领域，使就诊者对其有所领悟，在领悟下被压抑的矛盾、冲突得到纠正或消除，并建立正确与健康的心理结构，从而使病情获得痊愈。

精神分析的治疗过程主要包括：

1. 开始阶段。这一个阶段主要是明确来访者的问题，并确定是否适合应用精神分析方法。诊断适合后，要向来访者介绍分析的情形、治疗规则以及咨询双方各自的责任。

2. 移情发展阶段。移情是来访者把过去生活中重要的他人的情感投射于治疗者的过程。治疗者要向他解释这一点，并向他说明：他现在的行为、理解及感受都是过去某个时候的一种反应。

3. 修通阶段。这是前一个阶段的继续和深化。它包括应用解释、自由联想等技术结合来访者的情况，向来访者揭示他的无意识欲望和无意识冲突，使来访者了解导致个人矛盾、冲突的真正症结，加深理解和领悟。这一阶段最重要的任务便是克服阻抗。

4. 移情的解决阶段。这是最终解决移情并结束治疗的阶段。当主要的无意识冲突已经修通，便要确定一个治疗大致结束的时间，对移情的解决手段主要是解释。

精神分析治疗时间比较长，病重者每周4~5次，病轻者每周2~3次，每次用时50分。病情治疗最长可持续4~5年，比较短的时间也要6个月~1年。

（二）精神分析治疗方法

1. 自由联想。所谓自由联想，是要求来访者将进入自己意识的任何内容，无论其性质如何，都能无所畏惧地讲出来。即来访者要毫无保留地诉说他想要说的一切，包括近况、家庭、工作、童年记忆、随想、对事物的态度、个人成就和困扰、思想和情感等，甚至是自己认为荒谬或奇怪的不好意思讲出来的想法。

自由联想要在安静的环境中进行，最好是来访者单独一个人（但允许有人旁听），联想时需要排除一切外在干扰。来访者可以斜卧在躺椅上，分析者坐在来访者的侧右方。分析者要求来访者遵循治疗规则，在治疗过程中尽量不受外界环境的影响，并随时把浮现于脑中的任何东西，无论这些东西如何荒谬、微不足道，也无论是否符合道德标准，甚至不愿意向别人说的羞耻、害怕、厌恶等内容都说出来。分析者在适当的时机发问，来访者须打破任何顾虑和约束，让思想自由涌现。分析者对来访者的报告做出分析与解释，直到双方都认为已经找到了发病症结为止。在自由联想时，分析者尽量少说话，在必要时插入问话和做出解释，须让来访者懂得潜意识心理活动的特点，懂得自己采用了什么防御手段。

2. 释梦。释梦的过程是一个增加自我认识、疏泄情感、整合意识与潜意识的过程，具有同心理治疗一样的作用。

释梦的原则与方法：

（1）把梦的内容分成各个部分。因为梦是凝缩的混合体，解释梦时要把它还原成各个组成部分，并以各个部分作为注意的目标。

（2）要了解梦者的生活经历、兴趣爱好以及日常琐事。梦境中的材料是来自近日或早年的生活经验，它是潜意识的代替观念，只有了解梦者的过去经历，才能对梦中各个部分的来源及内涵有所了解，并根据这些代替观念寻找背后的真正含义。

（3）利用自由联想。因为梦的伪装是在潜意识中进行的，梦者不能直接意识到梦的隐义，因此需要联想来揭示。

（4）利用象征知识。因为有少数梦完全不能引起联想，即使有联想也不是治疗所需要的，这样就要利用梦中内容的象征意义来对梦进行解释。比如手杖、伞、竹竿等象征男性生殖器；洞穴、箱子、口袋等象征女性的生殖器；等等。

3. 解释。解释是精神分析中最常用的方法。心理分析师对来访者的一些心理现象或行为，根据精神分析学派的理论，用来访者能够理解的语言对他的心理症结进行说明，以便来访者领悟自己的症结来源。其目的是让来访者正视他所回避的东西和尚未意识到的东西，使无意识之中的内容变成意识。

精神分析治疗的目的是要揭示症状背后的无意识动机，消除抗拒和移情的干扰，使来访者对其症状的真正含义有所了解。对此，解释是不可少的。

解释要在来访者有接受的思想准备时进行。此外，单个的解释往往不可能明显见效。解释是一个缓慢而复杂的过程。通过解释，治疗者可以在一段时间内，不断向来访者指出其行为、思想或情感后潜藏着的本质意义。

解释的过程：

（1）了解来访者表现出的不良行为或不健康心理的由来。例如，要考虑童年经历等问题。

（2）清楚这些心理现象和行为的形成机制是怎样演变而来的。

（3）根据理论和临床经验给来访者一个满意的说明，即说明他（他）目前症结的起源、形成及影响。

4. 疏泄法（或称宣泄法、洗净法）。疏泄法是通过痛快淋漓的倾诉，让来访者把压在心头的郁闷、精神负担和内心深处的矛盾冲突说出来，从而恢复心理平衡，防止躯体和精神发生疾病的一种方法。这种疗法原为布洛伊尔所创，后被弗洛伊德采用。它是在催眠状态下，诱导来访者将自己致病的内心积郁和痛苦倾吐、宣泄出来，使症状得以消失。当时的来访者（安娜）把它称为"扫烟囱法"。

疏泄法的过程就是要来访者把压抑在内心的烦恼、不快说出或写出来。当然 在生活中宣泄的方式非常多，如心情不好时去进行体育锻炼、旅游、写信或找朋友倾吐都是宣泄的方式。

5. 精神集中法（或称前额法）。精神集中法即在让来访者精神集中的情况下，要求其回想构成患病原因的过去经历的方法。当弗洛伊德发现人们难以顺利地进入深度催眠状态时，他毅然放弃了经典催眠法，一度采用了精神集中法。

具体做法：让来访者在清醒或比较清醒的状态下，集中精神去回想构成患病原因的过去经历或体验，并报告给医生；假如来访者一时不理解和不能回想与报告时，就让他闭上眼睛，治疗者用手按放在他的额部，对他说："经过这样用手按压后，你现在可以想起来了，或者有些事像图画一样出现在眼前；在我停止按压时，不管你想起或看到什么，就该直接说出来吧。"

6. 移情分析。移情是指在治疗过程中，来访者把潜意识内对某一对象（如爸爸、妈妈、好朋友）的情感，转移到治疗者身上。对治疗者产生爱的情感为正移情，产生恨的情感为负移情。来访者对治疗者的态度，可借助观察来访者以往与别人的情感关系，并且可以向来访者解释他现在的情感是过去"重要他人"的重演。透过移情分析，来访者将显示出内心隐藏的情感观念和欲望。

移情分析的过程：

（1）洞察移情现象。来访者出现不平常的行为和情感时，治疗者要注意分析这种现象的性质。

（2）联系来访者的实际情况，追溯曾经的经历和被压抑的动机、冲动，对目前状态给予说明和解释。

7. 抗拒。抗拒也称阻抗分析。治疗者对来访者抵抗治疗进展及防止揭露潜意识材料的表现，寻求原因，进而合理地分析原因。

抵抗是一种对抗治疗进展及防止揭露来访者潜意识材料的阻碍。因此，心理治疗的抵抗，乃是来访者排斥在意识中浮现潜意识材料。如正在叙述的过程中，来访者突然停止话题，似乎已没有任何内容可谈，或推说想不起来，或顾此而言他，或反复地陈述某一件事，不能深入下去和扩展，甚至认为分析治疗没有意义，要求终止治疗等。治疗者要及时指出抵抗是他企图逃避矛盾的一种自我防御机制，不利于对病因的根除。治疗者对抵抗的分析和对来访者的鼓励，有助于来访者克服抵抗，使治疗顺利进行。

阻抗分析的步骤：

（1）观察阻抗现象的发生。例如：来访者迟到、不完成家庭作业、在治疗过程

中无法自由联想等。

（2）向来访者解释阻抗的原因是自我防御机制，治疗要取得进步就要打破自我防御机制。

（3）联系来访者的具体情况，对其防御机制作出解释，并使来访者能理解。

三、能力拓展

梦的分析案例[1]

一个年轻女来访者曾经讲述过一个非常悲惨的梦，具体内容如下：

你总记得我姐姐现在有个男孩查理吧，他的长男奥图在与我们住一起时就夭折了。当时我最爱奥图，而且可以说奥图是我一手带大的。我也很喜欢查理，但他没有奥图那么可爱。昨晚我做了一个奇怪的梦：我梦见查理僵硬地躺在棺材里，两手交叉平放着，周围插满了蜡烛。总之，那样子就像奥图当年的情景一样……

分析：这位女来访者是个孤儿，从小就由年长的姐姐养大。在那些常来他家拜访的亲友中，她偶尔遇见了一位她一见倾心的人物。那时，他们已经到了谈婚论嫁的年龄。可是，这段美好的良缘却因她大姐的无理反对而告吹。经过此事，那男的就尽量避免到她家来，而她自己在奥图不幸夭折后也伤心地离家出走，另谋独立。但是，她无法忘记使她倾心的男友，虽然她的自尊心使她不愿去主动找男友，可她又无法把这份爱转移给其他向她求婚的人。她爱的人是个文学教授，不管在哪儿有他的学术演讲，她都要去做在场听众，而且不放过任何一个可以偷偷看他的机会。我记得在她做这个梦的前一天，她曾经告诉我，这名教授明天将有一个发表会，而她也要赶去捧场。就在这个发表会的前一天晚上，她做了上述这个梦，她还告诉我梦见的日子也正是发表会的这一天。所以我就明白了这个梦的意思。

我追问她在奥图死后，究竟有什么特别事情发生。她马上回答道："当然记得清楚了，教授在阔别这么久后，也突然赶来吊丧，因此，我在奥图的小棺材旁，再度与他重逢。"

于是，我解释说："如果现在另一个男孩子又死了，那种同样的情形必然也会重演。你将回去与你姐姐厮守终日，而教授也会来吊丧，这样能够再一样地与他重逢。这个梦表现了你强烈想见他一面的愿望……"

"圣女与魔鬼同在"的意象对话[2]

来访者是一个22岁的女孩。她是一个对自己要求很高的人，她对自我的要求是"纯洁"、"美好"、"善良"，很讨厌那种放荡的女孩子，非常洁身自爱。

女孩有心理障碍：不可自制的反复洗手、洗脸，一天，她告诉我说"我到你这

〔1〕 ［奥〕弗洛伊德著，杨东雄译：《听弗洛伊德谈解梦》，台海出版社 2004 年版，第 34～35 页。这个梦是弗洛伊德自己解析过的一个梦，文中所提到的"我"指的就是弗洛伊德自己。

〔2〕 选自朱建军：《我是谁：心理咨询与意象对话技术》，中国城市出版社 2001 年版。

里很不容易，因为在路上遇到一个人，我就产生了一个念头，这个人的样子沾到了我的脸上，所以我马上产生了强烈的要洗脸的冲动，在家里也是，吃饭的时候看到别人或看到电视上的人，就怕把他们的样子吃下去了，所以我要吐饭。我知道这只是想象，可是我无法控制自己"。

我作为治疗者，让她想象一座房子，问她是什么样的房子，门是否开着？

她说想象中的是"一个大房子，但是没有看到门"。

我说"肯定有门，你仔细找，找到它，不要担心"，但她说还是看不到门，我要求她继续找到这个房子的门，反复3次，她才说找到了门。

她说："我看到门了。"

我说："想象你进去。"

她说："好像进不去。"

我说："你可以进去的，努力一下。"

她说："我进了门，房子里很空，有灰。"

我说："看一看房子里有什么？"

她说："有一个钢琴，有圣母像……圣母像活了。我看到一边有一个圣女，她一袭白衣、纤尘不染，纯洁到仿佛不食人间烟火。另一边是一个魔鬼，黑色的大氅、暗黑丑陋的脸，透露出邪恶的神情。他们两个本应该是正邪不两立，但是我却看到他们说：'我们永远不会分开。'我坐在椅子上，……出现了一个魔鬼，我害怕。"

我说："放松、放松，就看着他，看他怎么样。"

她说："他在半空中，满脸血，他沿着楼梯上楼去了。魔鬼在诅咒，他的诅咒沾在我脸上，……楼上满是死人骨头，阴暗、肮脏。魔鬼在煮毒药，用的好像就是那种童话中巫师用的那种大锅，毒药沾在我手上……我想洗手。"

我说："停！看看四周，让自己清醒。这是心理咨询中心，没有魔鬼，魔鬼是想象，你的手上真是沾上毒药了吗？"

（阴暗、肮脏的房子、魔鬼等都是意象原型，在唤起意象原型后，我没有改变它，而是随即让女孩体验真实情境。）

她说："没有魔鬼，那只是想象，我知道。不过我还是感到手不舒服。"

我说："手不舒服是真的沾上毒药了吗？"

她说："不是。"

我说："你想象它沾上了毒药，所以感到不舒服。真实的感觉是什么？你现在在心理咨询中心，今天天气很好，手的真实的感觉如何？你能区分想象的感觉和真实的感觉吗？"

她说："想象中我在魔鬼那里，恐怖、厌恶，脸、手都肮脏，真实的我在你这里，房子里有花，很明亮，手放在衣服上，感到不舒服。"

……

一次治疗后，我要求女孩在平时感到脸、手脏了需要洗的时候，或怕"把别人

的形象吃下去"时，练习区分想象和真实。

1 周后，女孩来访，报告有明显好转，她说"因为，我知道那些都是想象"。女孩的父亲证明了这一点。

纯洁无瑕的圣女，代表的是无性的"纯洁"的自己，"魔鬼"代表被压抑的"邪恶的"念头。女孩害怕的脏也就是害怕"脏"的念头，"邪恶的念头"。我发现这和乱伦恐惧有关。女孩和父亲的关系过于亲近，她心中的"脏"的念头，"邪恶的念头"很可能就是这方面的念头。

区分想象和真实的训练有一个好处，就是在象征中告诉她想象和现实是有区别的，潜意识中的乱伦意念不是乱伦，也不必内疚。我没有和她在语言中提过任何和乱伦有关的词句。尽管潜意识中还有冲突，但是这冲突不会引起症状了。

老子说：天下皆知善之为善，斯不善矣。实际上，许多心理障碍的产生都是因为人追求过分的善，过分的纯洁，过分的完美，不允许自己有一点点不好的地方。可是当人过分追求纯洁的时候，他把人性中的一些不一定纯洁却是自然的东西压抑了。

女孩要让魔鬼离开自己，也是容易的事情，那就是承认自己不是圣女。承认自己有性的欲望，承认自己有时候甚至会有不可以的性的联想。当她能承认这一点，她会发现，乱伦性的想法反而会消失，她的性会走向正常。[1]

用房树人心理测试打开防御的一例心理矫正咨询案例

基本情况：

社区矫正人员张某，男，26 岁，因故意伤害罪入矫，皮肤黑，身体健壮，对司法所的相关工作配合度不高，咨询师了解后，判断其主要是情绪控制能力较弱，属于需要强制介入心理矫正的人员。

心理矫正咨询过程：

咨询师以关心其近期在司法所的适应情况入手，让其画"房树人"，进行房树人心理投射测试。该社区服刑人员的作品中从左至右依次仅为房屋、人和树木。人物居中最大，笔画笔触多重，人物的手臂、腿都很粗，双腿双脚微张站立；房屋是木屋，在左侧，最小，一门一窗都是紧闭的，有尖锐的房顶。右侧则是一棵小树，三个枝杈刚刚发出新芽。图画表明其目前情绪较大，内在力量不强，对外防御也较重，不能轻易对人打开心扉。在让其分享感受时，开始张某表现得较被动，都以笑一下及说不知道来应对，咨询师尽力给予其极大的包容和自由的空间，在经过持续的沟通后，终于在对画中人物的提问中找到了能引起该人员情绪的点：咨询师观察到其眼眶湿润，说话有些颤抖，并提出去一下洗手间，狠狠地洗了个脸回来。回来后向咨询师提出想抽根烟，之后开始和咨询师谈起了家庭的烦心事，以及最近的情

---

[1] 选自朱建军：《我是谁：心理咨询与意象对话技术》，中国城市出版社 2001 年版。

绪问题，咨访关系就此建立，咨询深度也走向新的一个台阶。

心理矫正咨询分析：

从这一次的心理矫正咨询来看，针对防御较重的社区矫正人员来说，投射心理测试效果高于言语谈话方式，"房树人"是咨询师经常用的一种投射测试方法。本案例中的张某开始对咨询师的介入有些抵触，但在与咨询师的沟通中，慢慢开始和咨询师建立相对良好的咨访关系，并渐渐愿意进行选择性的自我暴露，分享目前的感受、想法。对于以后的心理矫正有很大的推动作用。事实也证明，在往后的心理矫正中，其配合度变得越来越高。

一例用绘画疗法做心理咨询的案例

基本情况：

社区矫正人员孙某，男，32岁，平时晚上在娱乐场所，以弹吉他演出为生，因犯"故意伤害罪"被判2年缓刑，入矫半年来，该社区矫正人员情绪一直不是很好，易怒，自愿要咨询师予以帮助。第一次见面时咨询师对其印象为：络腮胡子，身形略胖，自述昨晚凌晨四五点才睡，但与咨询师沟通时精神状态尚好，开放度也较好。

孙某自述平时心态还算好，就是易怒，和身边人一点小事就容易起争执，还有就是比较感性，前几天一朋友的母亲去世，虽没见过其母亲，但电话里听到朋友哭，自己也哭了，并哭了很久。

咨询过程：

咨询师帮助其更好地了解自己，缓解情绪：让其画一幅表达近期心情的画，开始孙某一直推脱不会画画，在咨询师再三鼓励下开始作画，并感叹像在幼儿园，画好后取名为"我在这里"，画中元素有路、树、土地及花，并指着画里的绿色树（不高）说是自己。从画中可看出他有较多烦恼，但同时也有希望，有一些正向能量存在。讲述红橙色的花时，自述拿起红色让其联想到"炙热的情感"，因此内心有些慌，后来加入橙色才舒服些。咨询师充分肯定其配合度及领悟力，并向其讲解画中所表达的情绪，让其潜意识意识化，鼓励平时多用画画的方式表达心情，可以和儿子一起画画。对此，孙某表示受益良多，没想到用这样的方式都可以让自己心情平静很多，回去一定会多多实践，并适时与咨询师分享。

咨询效果：

该社区矫正人员通过绘画及与儿子（幼儿园）在一起玩耍的方式，释放了其内在的压抑情绪，在后来对咨询师的几次回馈中，可以感受到其情绪越来越平稳，又因其对艺术领域有一定的感受力，故每次绘画都能进行自我分析、自我反省，最后联系自身状况，对人生有一定领悟。

1. 车文博:《西方心理学史》浙江教育出版社 1998 年版。

2. 张亚林:《行为疗法》,贵州教育出版社 1999 年版。

3. 温泉润:《矫正人生——心理治疗学》,山东教育出版社 1992 年版。

4. 车文博:《心理治疗手册》,广东教育出版社 2009 年版。

5. 沈德灿:《精神分析心理学》,浙江教育出版社 2005 年版。

6. 钟友彬:《中国心理分析:认识领悟心理疗法》,沈阳:辽宁人民出版社 1988 年版。

7. [美] R. G. Miltenberger 著,胡佩诚等译:《行为矫正的原理与方法》,中国轻工业出版社 2000 年版。

8. [奥] 弗洛伊德著,高觉敷译:《精神分析引论》,商务印书馆 1988 年版。

第六章　社区矫正人员团体心理辅导

著名犯罪学家吴宗宪认为"犯罪现象是人类社会不可分割的组成部分，它与社会盘根错节地交织在一起，并从社会中不断吸取新的养分。只有在社会之中，并且在与社会的因果关系中才能形成犯罪行为……"在对社会没有危害或较大威胁的前提下，将犯罪人放在社会中，把他们作为社会的一个组成部分，不至于使他们与社会的发展脱节。这样不但有利于他们的社会化，而且可以使他们顺利地回归社会，达到"矫正其犯罪心理和行为恶习"，以及预防犯罪的目的。鉴于目前从事社区矫正的人员比较匮乏，而需要矫正的社区矫正人员较多，目前，周斌2014年的研究显示：全国在册社区矫正人员70.9万人，累计接收社区矫正人员184.7万人，解除矫正的社区矫正人员113.8万人。需求与供给存在明显矛盾，特别是在社区。团体心理辅导以其独特的高效、互助、积极地学习模仿、与社会大环境相似性等优点在成瘾行为、性虐待幸存者、戒酒等活动中都取得了良好的效果。把团体心理辅导的方式引入社区矫正，不仅是一次心理学的应用，同时也是对团体心理辅导的丰富。

第一节　团体心理辅导概述

团体心理辅导在西方最早起源于美国。1905年普拉特（H. Partt）将肺病患者组织到一起组成了第一个团体，通过多种团体辅导形式鼓励患者战胜疾病，开创了团体治疗之先河。20世纪20年代，维也纳精神科医生莫利诺（J. L. Morne）首创了以现实生活为模式的团体咨询方法——心理剧。真正促进团体咨询理论的发展是在二战以后，由于战争的影响，人们的心理问题激增。20世纪40年代后期，德国心理学家勒温（Kurt Lewni）认识到人际关系在现代社会中的重要性，认为个体的人际敏感性及对他人的理解接受态度可以通过训练而提高，成立了团体人际关系的训练试验室，即著名的NTL（Natoinal Training Laboratories），也称"国家训练实验室"。20世纪60年代，人本主义心理学的兴起，其中心概念是人的自我实现，特别是罗杰斯的"会心团体"（Encuonter Group）受到社会各方的欢迎，团体辅导理论从此进入日常生活。

一、神奇的圆圈

团体心理辅导被称为"神奇的圆圈"。团体心理辅导是在团体的情境下进行的一种心理辅导形式，它是通过团体内人际交互作用，促使个体在交往中观察、学习、体验，认识自我、探索自我、调整改善与他人的关系，学习新的态度与行为方式，以促进良好的适应与发展的助人过程。团体所搭建的人与人之间相互信任的关系，成为催化和宣泄情绪、改变认知、修正不良行为或学习发展行为的载体。同时团体本来就是一个社会的缩影，团体成员之间的互动会平行"移植"他们在社会关系中与人互动的模式。由此可以非常直观地发现社区矫正人员在这样一个小社会中存在的问题，并且帮助其解决。所以，在良好的团体气氛引导下，成员便可以学习并尝试与人建立良好关系的技巧，通过在团体内演练或角色扮演及成员的反馈来洞察与转移情绪的困扰，将学到的技巧与方法运用到实际生活中。

团体心理辅导是一个大家族，最初的精神病的心理动力模式，经过不断的演化发展，以及其他技术的进入，演变出各种精彩纷呈的模式。如体验式的课堂训练团体，各种自助和互助团体，如乱伦受害者自助团体、匿名戒酒会、性成瘾者匿名团体等。这些团体也许不是真正意义的心理治疗团体，但是发挥着团体的作用，它们涉及教育、管理、行为修正、个人成长等主题，恰恰符合了社区矫正的需要。

二、团体心理辅导的类型

团体心理辅导的类型多种多样，根据不同的标准有不同的类型，如根据功能、内容成员、结构、流派等，以下介绍几种常见的类型。

1. 根据功能划分的类型。

（1）"成长性"的心理团体。该类团体注重成员的身心发展，协助成员自我认识、自我探索，进而自我接纳、自我肯定；注重成员生活知识和能力的充实，以及正向行为的建立。学校中的心理辅导团体大多是这一类型。团体组成成员一般比较多，一般为几人到几十人，有的甚至可达上百人。

（2）"治疗性"的心理团体。该类团体注重成员经验的深层解析、人格的重塑与行为的重建，其活动通常在医疗或社会服务机构开展。人数较少，一般在 5～12 人。如焦虑障碍的治疗团体。

（3）训练性团体。该类团体注重成员生活智能的充实与正向行为建立，如人际关系训练团体、身心松弛工作坊等。

2. 根据成员的形式划分的类型。

（1）同质性团体。团体成员的年龄、学历、生活经历、心理的困扰、需要解决的问题相似。如未婚青年团体、减肥团体、压力适应团体、学习困难儿童团体、情绪调控训练团体等。特点是成员间容易沟通、理解，凝聚力强，支持性较高。

（2）异质性团体。团体成员的某些背景或个人特质不大相同。特点是成员间能取长补短，相互激励观摩，有利于个体学习行为的建立。

3. 根据团体活动有无设计和目标划分的类型。

（1）结构性团体。团体按照事先确定的内容、时间、目标，帮助成员学习，根据团体所要达到的目标设计活动，引导成员参与学习。特点是目标明确、角色分明、活动内容安排有序，但成员自主性和自发性行为较少。

（2）非结构性团体。团体强调团体成员的自主性，领导者根据成员的需要、团体动力的发展与成员彼此的互动关系来决定团体的目标、过程和运作程序。领导者的主要任务是促进成员的互动，对团体的目标与方向很少介入。

4. 根据人数来划分。有大团体（35 人以上）、中团体（20～35 人）和小团体（20 人以下）。

5. 根据成员参与划分。有开放性团体和封闭性团体；根据时间来分有密集型团体与常态型团体等。

社区矫正人员的心理辅导，有别于其他团体辅导，主要体现在辅导的目标、辅导的形式、辅导的对象，以及辅导的带领者，都有很多的不同。它更强调围绕矫正的目标和需要，是刑法执行的辅助手段。因此，社区矫正人员的团体辅导，需要根据团体辅导的基本理论和技术，结合实际的情况，整合各种资源，实现矫正的目标：保护社会免受犯罪的侵害，预防和减少犯罪的发生。

三、社区矫正人员的团体心理辅导特征

社区矫正团体心理辅导的工作对象为在社区接受矫正的罪犯，工作目的则是修正社区矫正人员的不良行为，预防犯罪的发生，促进其更好地适应社会。由于其特殊的身份，矫正的目标主要为帮助社会免受犯罪的侵害。

1. 社区矫正的团体心理辅导对象。社区矫正的团体心理辅导对象包括被判处管制、缓刑、假释、剥夺政治权利和暂予监外执行五种刑罚的犯罪人，一般适用于犯罪较轻，或主刑执行完毕，或在监内执行一定期限改造较好不致再危害社会，或不便于监内执行的犯罪人。

（1）社区矫正的团体心理辅导对象的组成。在某县级市的一项调查中显示，社区矫正人员中，危害公共安全罪占 21.44%，侵犯财产罪占 25.68%，侵犯公民人身权利、民主权利罪占 23.48%，妨碍社会管理秩序罪占 12.25%，贪污贿赂罪占 5.36%，破坏社会主义市场经济秩序罪占 4.54%，其他犯罪占 7.25%。社区矫正人员中有未成年人，也有成年人。其中男性占绝大多数，女性比例较少。在众多调查中，女性比例约占整个群体比例的 10% 以下。

表 6-1　社区刑法执行的犯罪类型表[1]

类型	人数	百分比
假释	98	4.97%
缓刑	1775	90.10%
管制	25	1.27%
其他	72	3.65%
合计	1970	100%

---

〔1〕　四项百分比因四舍五入的关系实际小于 100%，特此说明。

由上可以看出，缓刑是社区矫正人员服刑的主要类型。表6-2呈现的是服刑时间，可以看出多集中在2年时间里。

表6-2 社区矫正人员服刑时间

服刑期限	人数	百分比
1 年以下	184	9.67%
1～2 年	683	35.89%
2～3 年	490	25.75%
3 年以上	546	28.69%
合计	1903	100%

（2）社区矫正的团体心理辅导对象的特点。

第一，角色身份导致被排斥，缺乏支持。按照国家法律规定，社区矫正人员具有罪犯的身份，而罪犯往往被认为是侵犯社会权利的人，是站在社会对立面的，人们常常会避而远之，认为应该与他们划清界限。同时不少社区矫正人员，缺乏工作技能，同时又被排斥，用工的组织不愿意招录他们，致使他们在经济上也受到限制。经济的限制会使得资本的流转受到限制，使得一些资源无法得到有效利用，一些权利无法得到充分实现。经济的因素导致社区矫正人员融入自己生活的社会困难，处于弱势地位。而这加深了他们被社会网络排斥的程度，使其处在孤立的状态，同时可能诱发更多的人际矛盾和冲突。

由于社会的排斥，很多社区矫正人员缺乏社会支持，甚至是家庭的支持，或者是家庭有害的支持。Cobb将社会支持定义为一些信息，这些信息使人相信自己被关心、被爱和被尊重，同时是一个相互承担责任的社交网络的一员；Myers提出，社会支持由能够提供物质和人际资源的社会关系构成；Hen认为，社会支持是指为了帮助个体有效地应对压力，社交网络对个体提供的心理支持和物质资源。虽然学者们的说法不同，但大多数人认为社会支持是个体从其所拥有的社会关系中获得的精神上和物质上的支持（社会关系是指家庭成员、亲友、同事、团体、组织和社区等）。拥有一个优良的社会支持系统能够给人提供积极的情绪体验和稳定的社会性回报，这种社会性支持是与一个人整体的精神状态密切相连的。它给人们的生活提供了可预测性和稳定性，以及自我价值的确定性。参与社会网络可能会直接产生积极的心理状态，如归属感、安全感等，避免小的心理疾病发展成严重的精神紊乱。社区矫正人员往往是缺乏社会支持的一类人，许小玲等人的研究显示，社区矫正人员在遇到困难时，有59.56%的人更倾向于自己解决，而不愿意向他人求助。

第二，社会适应能力不良，难以真正融入社会。不少社区矫正人员从小的成长经历存在问题，服刑后又遭受排斥，因此要坦然接受自己所犯的错误，修正自己的不良自我信念和行为，学会开放、感恩、积极勇敢地面对挑战有些困难，同时有些社区矫正人员自控能力差，缺乏对生活的掌控感、清晰的自我认同、适当的生活目标、支持性的家庭关系、与他人良好的人际互动、正式的社会支持和监督管理、学习的态度、实际的就业支持等，也会造成其融入社会存在巨大的困难。

第三，文化程度偏低。在国内一些调查中发现，社区矫正人员文化程度普遍偏低，如刘素珍等学者的研究发现，某社区 22 名社区矫正人员，其中女性 4 位、男性 18 位，年龄在 20~60 岁。案由分别为盗窃、斗殴、敲诈、交通肇事、受贿、虚开发票等。其中，小学文化程度占 9.1%，初中文化程度占 22.7%，高中文化程度占 36.4%，中专文化程度占 13.6%，大专文化程度占 9.1%，本科及以上文化程度占 9.1%；未婚占 31.8%，已婚占 54.6%，离异占 13.6%。

第四，心理上存在问题。在张凯等学者对社区矫正人员的研究中，有 15.5% 的社区矫正人员存在这样或那样的心理问题，如性格暴躁、好冲动、过于讲义气、抗挫折的能力差等；同时认知上存在偏差，极端的消极的认知较多，有缺陷的自我意识，较低的自我效能感，或者过于膨胀的自我。

第五，不良生活习惯。社区矫正人员中，有一部分有盗窃、好吃懒做的、好打抱不平、哥们义气等习惯。

第六，结交不良群体。张凯等学者的研究也显示，社区矫正人员有很多会结交不良的群体，形成交叉感染。特别是未成年的服刑人员，他们除了是罪犯外，还是青少年，在群体中的效仿、感染会让他们不健康的价值观念更扭曲，错误的行为模式更固化。张凯等人的研究显示（见表 6-3），凡是结交其他违法犯罪人员的初犯青少年，比没有结交违法犯罪人员的初犯青少年，有更高的重新犯罪的比例。

表6-3　重新犯罪青少年与违法犯罪人员交往情况

与违法犯罪人员的交往情况	初次犯罪青少年（%）	重新犯罪青少年（%）
有	61.5	77.2
没有	38.5	22.8

2. 社区矫正人员的团体心理辅导的目标。社区矫正的最终目标是惩罚犯罪人，让社会免受犯罪的侵害。具体的目标通过团体心理辅导，矫正、教育、保护手段促使犯罪人再社会化——消除犯罪人的人身危险性，实现特殊预防的目的。可以说，整个社区矫正都是围绕犯罪人的人身危险性来进行的。因此团体心理辅导也要围绕着该目标进行，具体的目标设定为：

（1）服刑人员人生风险性及心理健康评估。

（2）服刑人员再社会化。

（3）服刑人员不良行为修正。

（4）服刑人员心理疾病和其他心理问题。

我们在四川某社区调查的基础上，梳理了基层司法人员认为所在辖区的社区矫正人员需要矫正的问题。排在第一位的是懒惰、游手好闲的习惯，其次是情绪冲动，再次是结交不良团体，具体情况如下表所示：

表6-4　社区矫正人员需要矫正的行为及重要性排序

重要性排序	司法人员认为需要矫正的行为	百分比（%）
1	懒惰、游手好闲习惯	100
2	情绪冲动	93
3	结交不良团体	91
4	服刑角色认同	81
5	自我意识不清晰或负面	77
6	认知极端或负面等偏差	60
7	学习技术的动机和能力	47
8	人际交往能力	43
9	家庭矛盾和冲突	43
10	滥用毒品	32
11	网络等成瘾	30
12	其他	15

3. 社区矫正人员团体心理辅导的带领者。由于目前国内进行社区矫正的人员严重不足，制度也不是很健全，导致了有别于学校和医院的团体辅导开展的困难。带领者的组成比较复杂：有社区的司法行政人员，也有各行各业的志愿者，还有一些做研究和调查的专业工作者。还会面临专业性不够、时间不稳定、人员变动大、社区矫正人员不配合、需要参加生产劳动等困难。

（1）带领者的组成。

第一，社区的司法行政人员。社区矫正人员的团体心理辅导的带领者，可以是社区经过专业培训的司法行政人员，因为他们一直从事着这样的工作，对社区矫正人员的情况了解全面，同时在大量的实践工作中积累了丰富的工作经验。他们有些人长时间和社区矫正人员接触，建立了良好的关系，具有一定的威信，同时他们身处社区，便于开展工作。但是他们作为团体的带领者，还必须要经过一定的专业培训，因为经验性的工作和开展科学有效的团体心理辅导有着许多不同。同时司法行政人员的工作角色和辅导角色也会存在冲突。因此，作为社区的司法行政人员要成为一个真正的团体带领者还需要走一段专业训练的道路。

第二，专业的团体心理辅导带领者。在社区矫正的实践探索中，有不少专业人士和社会的爱心人士参与了社区矫正的工作，他们包括心理学工作者、社会工作者（社工）、教师、医生、律师等。他们各自有自己的专业背景，并且有很好的受培训的背景，他们能参与到此项工作，无疑对社区矫正注入了新的活力。但是这样的带领者也存在一些问题，如不熟悉服刑人员的情况，对刑法执行知识了解不够等。同时由于专业带领者往往都身兼数职，时间和精力特别有限，不能保证在社区工作的时间。

因此如何整合资源，把社区的司法行政人员与专业志愿者有机地结合起来，发挥他们各自的优势，建立稳定的、有专业素养的团体心理辅导队伍，是一项艰巨而长远的任务。

（2）带领者的任务。

第一，建立持续的积极的关系。著名的团体心理辅导者，欧文·亚龙说过，所有专业技术的基础是：治疗师和来访者间必须建立持续的、积极的关系。治疗师对一个来访者的基本姿态必须是关心、接纳、真诚、共情，任何理论或技术因素都比不上这种态度的重要性。

社区矫正人员团体心理辅导的带领者，更需要和团体成员建立这样持续的积极关系。社区矫正人员一方面违法犯罪，另外一方面，作为人也该享有人的基本权利，同时不少社区矫正人员在其过往经历中，曾经被忽视、被贬低，在目前的情景下又被社会网络排斥，不被接纳。加上参加团体辅导很多时候是被强制的，因此对于他们来说有带领者的接纳和积极关注将成为他们留在团体辅导，并进行改变的前提。

第二，团体的建立和维系。社区矫正心理辅导的带领者，是建立社区矫正人员团体心理辅导的创立者和召集者。带领者要为那些被迫或者主动来参加团体的社区矫正人员提供专业的服务，解决存在的问题，矫正不良的行为，帮助解决他们共同面对的困难；还包括很多细节的问题，如团体的规则、场地、时间设置等。带领者对进入团体的成员的筛选和事前的准备工作，以及对被动进入团体的成员的动机的评估和激发，将大大影响团体的命运。

一开始带领者就要承担起管理者的角色，预防团体成员的脱离。因为脱离不仅对成员个体有负面的影响，同时对于团体的稳定性也会产生不利的影响。因此如何保证参与者能留在团体中，是带领者的又一项重要工作。

第三，促进团体文化的建立。对于社区矫正人员，如何帮助他们建立一套属于团体的文化、默契的行为规则，这与他们平时的规范有很大的不同，成员在这里可以自由地说出他们自己的真实体验，以及对其他成员或带领者的感觉。摘下面具积极地表达会被鼓励，而过往的一些不良习气则要被修正。让团体发展成为一个具有真正意义的社会缩影的组织，保证成员可以自由地往来。

要特别注意社区矫正人员的敏感、多疑、退缩、伪装等特征。要让他们信服团体可以帮到自己，需要做大量的工作。不管如何带领者也要带领团体成员学习建立良好的团体规则：主动参与团体、不指责和批评他人，广泛的自我暴露，保密与尊重。规范通常呈现两条线路：①明确的，团体成员共同制定的；②隐形的，团体成员在互动过程中发展和呈现出来的。对于团体带领者，不仅要清楚明确的团体规范，同时还要觉察出隐形的团体规范，预防不良的亚群体和次群体规范出现，也就是预防不良习性的交叉感染。良好的互助团体模式，需要带领者达到的是图 6 - 1 所示的左图，而非右图。

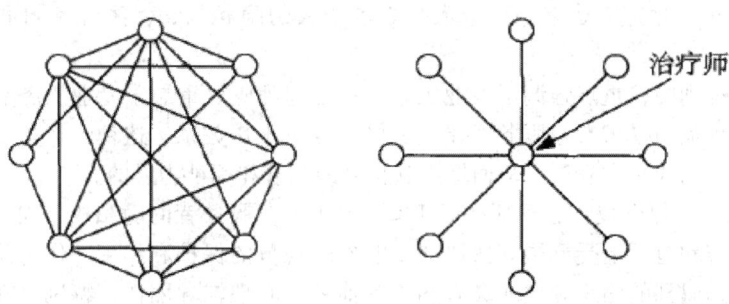

图 6 - 1　团体互助的路径（欧文·亚龙）

第四，激发建立合理的团体期待。很多社区矫正人员来到团体，对团体的期待是模糊的或不切实际的，甚至不想参加团体。社区矫正团体的带领者，需要通过示范以及自己的影响力，不断激发团体成员的动机，同时澄清和具体化各种期待，形成团体的希望。有研究显示，无论哪种流派的团体辅导，希望因子是最重要的部分，而切合实际的期待和目标也是保证团体矫正能顺利进行，团体成员能留在团体中，进行改变的因素。

为此，带领者要完成这些目标，就必须进行自我提升，让自己成为一个技术的专家、具有示范作用的参与者；建立良好的规范，让团体对团体成员变得越来越重要，让团体成为他们的资源、改变的动力、情绪表达的场所、被支持和温暖的港湾、积极行动的指导站。

四、团体辅导遵循的伦理

团体心理辅导不管是在社区、学校还是医院，都应该要遵循心理咨询的伦理与道德，强调咨询伦理不仅可以最大化地帮助社区矫正人员，减少风险，同时也可以保护团体的带领者。2007年，《中国心理学会临床与咨询心理学工作伦理守则》编制出台，成为专业人员自我约束和遵守的基本伦理信条。其内容包括：专业关系、隐私权与保密性、职业责任、心理测量与评估、教学、培训和督导、研究和发表、伦理问题处理。

在总则中强调了善行、责任、诚信、公正、尊重的基本职业规范：

1. 善行：心理师的工作目的是使寻求专业服务者从其提供的专业服务中获益。心理师应保障寻求专业服务者的权利，努力使其得到适当的服务并避免伤害。

2. 责任：心理师在工作中应保持其专业服务的最高水准，对自己的行为承担责任。认清自己专业的、伦理的、法律的责任，维护专业信誉。

3. 诚信：心理师在临床实践活动、研究和教学工作中，应努力保持其行为的诚实性和真实性。

4. 公正：心理师应公平、公正地对待自己的专业工作及其他人员。心理师应采取谨慎的态度防止自己潜在的偏见、能力局限、技术的限制等导致的不适当行为。

5. 尊重：心理师应尊重每一个人，尊重个人的隐私权、保密性和自我决定的权利。

另外在细则中，重点强调了专业关系——心理师应尊重寻求专业服务者，按照专业的伦理规范与寻求专业服务者建立良好的专业工作关系，这种工作关系应以促进寻求服务者的成长和发展，从而增进其自身的利益和福祉为目的。

1. 隐私权与保密权：心理师有责任保护寻求专业服务者的隐私权，同时认识到隐私权在内容和范围上受到国家法律和专业伦理规范的保护和约束。作为从事社区矫正的人员，遇到的困难和挑战会有别于其他社会心理辅导团体，特别是在刑法执行的范围内，如何遵循咨询伦理，需要更好地处理法律与心理服务的关系，掌握伦理的精神实质，为实现社区服刑人员的团体辅导的目标而努力。

2. 职业责任：心理师应遵守国家的法律法规，遵守专业伦理规范。同时，努力以开放、诚实和准确的沟通方式进行工作。心理师所从事的专业工作应基于科学的研究和发现，在专业界限和个人能力范围之内，以负责任的态度进行工作。心理师应不断更新并发展专业知识、积极参与自我保健的活动，促进个人在生理上、社会适应上和心理上的健康，以更好地满足专业责任的需要。

3. 心理测量和评估：心理师应正确理解心理测量与评估手段在临床服务工作中的意义和作用，并恰当使用。心理师在心理测量与评估过程中应考虑被测量者或被评估者的个人和文化背景。心理师应通过发展和使用恰当的教育、心理和职业测量工具来促进寻求专业服务者的福祉。

4. 教学培训和督导：心理师应努力发展有意义的和值得尊重的专业关系，对教学、培训和督导持真诚、认真、负责的态度。特别是进行社区矫正的带领者，更应该不断提高自己的专业水平，同时大胆尝试新的方法，借鉴国内外的经验，探索一条适合中国文化的社区服刑人员的团体心理辅导模式。

5. 研究和发表：提倡心理师进行专业研究以便对专业学科领域有所贡献，并促进对专业领域中相关现象的了解和改善。心理师在实施研究时应尊重参与者的尊严，并且关注参与者的福祉。遵守以人类为研究对象的科学研究规范和伦理准则。

心理师在专业工作中应遵守有关法律和伦理，应努力解决伦理困境，和相关人员进行直接而开放的沟通，在必要时向同行及督导寻求建议或帮助。心理师应将伦理规范整合到他们的日常专业工作之中。

第二节　社区矫正人员团体辅导操作

社区矫正人员的团体心理辅导存在很多现实的困难：以往的经验的匮乏、社区矫正的法律目标和团体辅导目标的不一致、保密制度的维护、伦理的冲突、国外理论和经验的本土化等。虽然如此，也有不少地方进行了初步的探索并取得了一些成效，这为我们开展工作提供了宝贵的和可以借鉴的经验。

社区团体心理辅导的形式应该是多种多样的，根据社区矫正人员的结构、需要，矫正的目标，带领者的专业特长，可以设计和实践多种社区团体辅导的形式和内容。但不管怎样，在进行团体辅导时，都不要忽视循证的意义和价值。

一、社区矫正人员团体心理辅导的发展阶段

不同学者对团体的阶段的划分和定义有所不同。在这里主要以柯里和樊富珉的发展理论为基础，来介绍团体发展的阶段：

表6-5　柯里的团体发展阶段

1	2	3	4
创始阶段	过渡阶段	工作阶段	终结阶段
安静、有礼	焦虑、竞争	彼此接纳支持	沉重、害怕
局促不安	矛盾、对峙	尊重、信任	丧失、失落
不安全、不信任	寻求个人定位	了解、谅解	无奈、依赖
怀疑、困惑	努力表现自己	同感、坦诚	依恋、沮丧
依赖、小心	自我防卫	分享、分担、	离愁、愤怒
担心、探索	挑战性问题	自由、关心、沟通	孤独感
抗拒、被动	负面感受	关系亲密	被遗弃感
言谈"非人化"	失望、批评	凝聚力出现	珍惜

表 6-6　樊富珉团体发展五阶段

发展阶段	团体特征	带领者的任务
创始阶段	客气、有礼、试探	相识、营造良好的关系、订立团体规范、建立彼此信任
过渡阶段	内心冲突、攻击、抗拒	提供鼓励和挑战，建立团体和凝聚力，学习接纳自己和他人
规范阶段	亲近、接纳，有凝聚力	自我评估、体验和建立责任感
工作阶段	自主、主动、充分互动	互相尊重、愿意分享、解决问题、尝试新行为
结束阶段	舍不得离开、担心缺少支持	支持肯定成长、巩固改变成果、处理离别情绪

虽然阶段的划分不同，但是柯里与樊富珉都强调了团体心理辅导的阶段性和结构性，强调了团体成员的内心体验的发展和变化过程，以及他们需要完成和承担的任务；都提出了团体的开放度的影响，并强调了每个阶段的目标任务，说明团体的时效性特征。

二、带领者不同阶段的需要完成的任务

1. 创始阶段。创始阶段带领者和助手要完成整个团体设计和计划（参看附录），定下团体的性质：是同质团体，还是异质团体；是开放式团体还是封闭式团体；是自愿团体还是非自愿团体（在社区矫正人员团体心理辅导中，非自愿团体较多）。之后确定本次团体的结构，（团体辅导目标、时间、依据的流派理论，设计资料准备、招募策划等），协调各个相关部门和人员。完成设计后，就要开始以下工作：

（1）评估成员资格，招募组员。如杨彩云等人的"服刑人员角色认同小组"研究发现，在创始阶段，完成的工作内容有组员的选择。他们采用的方法是在社区矫正人员到区司法局报到时，专业社会工作者运用社区矫正人员社会适应量表和需求量表对其进行测评，并对他们开展无结构式深度访谈，了解其入矫以来的生活、就业、人际交往、心理等方面的适应状况。通过两个量表的测量及深度访谈选择认知偏差较为严重的组员，然后在此基础上，对他们进行组前会谈。组前会谈的主要目的之一是向潜在组员宣传小组，使他们了解小组目标并畅谈对小组的期待；目的之二是筛选出那些不适合参加小组的成员并确定对他们施以其他帮助的方法。

评估的标准：①社区矫正人员的认识和自我觉察能力；②社区矫正人员的情绪状态是否比较平稳；③对改变的愿望；④与团体的模式是否匹配；⑤对人际关系的信任能力；⑥认为改变时可能的乐观态度；⑦年龄差距不要太大，以免造成代沟；⑧文化差异不要太明显。

如果社区矫正人员缺乏一些积极关系或长时间处于由自身造成的破坏性关系，

都很难在团体过程中获益。杨彩云等人的"社区矫正人员角色认同小组"在实际操作过程中也遇到了很多困难，辅导一共进行了三次，没有完成预定的计划，由此可见，开展该项活动是非常困难的。

（2）相互认识，建立团体和个人目标与规范，激发动机。团体成员在前几次辅导中需要互相认识，该阶段经常使用的结识技术就是指尽快地、轻松地、有效地使团体成员相识，以建立对团体的信任所采取的方式与技术。如"柔软体操"、自我介绍、互相介绍等。并且在带领者的帮助下确定目标。目标是整个团体心理辅导过程的核心工作，也是一种团体带领者应该精通的技术，还是评估团体经验价值的基石。团体目标的内涵应该包括：针对团体所要解决的问题与所包括的信息和看法；个人和团体目标所有要达成的范围或任务，以及如何让成员和团体能工作在一起。在社区矫正人员团体中，必须考虑的是被动参加团体的人员，也许他们是被社区的司法人员介绍来到团体，因此，激发他们融入团体，并且尝试开放和改变，对未来和团体感到希望，显得尤为重要。

例如，杨彩云等人所做的"服刑人员角色认同小组"，在团体成员都非自愿的情况下，他们借助一定的预估工具来发现并评定他们的真正需求，但这一需求可能并非社区矫正人员当前自我认定的需求。在此情况下，如果小组起始阶段直接从这一需求入手将会导致小组动力缺乏甚至遭到组员抗拒，使小组难以顺利推进。故带领者最初只能将量表评定的需求视为目标需求而加以悬置。在小组运作过程中要不断重新发掘社区矫正人员自发反映的当下最迫切的表层需求，形成小组的起始动力和凝聚力，随着小组推进最终触及并解决他们的角色认同偏差问题，以达到最初设定的目标需求，实现小组效果。

（3）该阶段主要技术。该阶段的技术主要围绕互相认识、建立关系、带来希望、增强凝聚力、定义小组规则而展开，主要有以下技术：

第一，建立目标的技术。建立目标的技术是整个团体心理辅导过程的核心工作，也是一种团体指导者应该精通的技术，它是评估团体经验价值的基石。团体目标的内涵应该包括：针对团体所要解决的问题所包括的信息和看法；个人和团体目标所要达成的范围或任务，以及如何让成员和团体能工作在一起。

第二，成员构成的技术。评估成员资格。如果社区矫正人员在团体中具有破坏性的人际模式，把自己的问题都归于外界和他人，认知能力不足，缺乏改变的动机，不宜进入团体。

招募成员与筛选成员。每个团体需要根据团体的具体目标，设计招募成员的方式和计划。

下面给大家展示的是一个作者在医院辅导的招募海报，可供参考。

惊恐障碍、社交恐惧认知行为治疗团体
正在招募

你是否因此而感到困扰？

突然紧张、心悸、出汗、乏力，甚至出现濒死感，情绪失去控制，
整天提心吊胆，害怕焦虑再次发作，
与人交往时感到害羞，不自在，
对外界事物失去兴趣，甚至害怕与人接触。

它们是否影响了你的正常生活，加入我们，让我们与你结伴而行！

在疗程完成后，您将：

1.更好地理解和管理焦虑情绪。
2.认识自己的焦虑惊恐发作/社交焦虑。
3.能够区分、识别焦虑、恐惧的认知，并学会用认知和行为技巧去管理他们。
4.加强控制和管理惊恐发作和社交恐惧在内的能力。
5.学会处理压力从而提高生活质量。

带领老师：宗焱

国家二级心理咨询师，教授，中国心理学会临床与咨询委员会注册系统成员。
长期从事认知行为治疗。德阳市精神医学专委会委员、德阳市心身医学专委
会常委。近五年，公开发表论文10篇，SCI 1篇。

如果说个别咨询，就像是一场细腻深入的双人舞，
那么，团体咨询，就如同演一曲色彩缤纷的管弦乐，让我们一起，在团体、相遇、相伴、成长！

你听说过"戒酒会"吗？，在团体中，成员不仅能够扫除阴霾，得到支持，还能够和团队老师、其他成员一起解决困扰你敏的问题。
您是否也想加入这样一个团体呢？

招募对象： 年龄 18 岁-60 岁的焦虑惊恐发作/社交焦虑患者，男女不限。

招募条件： 具备一定的自我觉察和反思能力   有改变的意愿和良好的动机
　　　　　　有条件保证参加每次的治疗   有尊重、开放、平等的态度

时间：

频率： 每周一次，一次时间 2 小时，共计 14 次。

成员： 通过面谈筛选小组成员，人数 6~10 人（中途不退出，熟人不同时入组）

形式： 封闭式团体，团体一旦成立，不接受新成员

报名或咨询费用等详情请至： 海油内科 6 楼心理测评室

联系电话： 18016128961

报名成员经筛选入组后，最终确定的团体成员，我们将为您提供免费的心理评估。

决定团体的性质：同质团体与异质团体；开放式团体与封闭式团体；发展性团体与治疗性团体；自愿性团体与非自愿性团体。

第三，结识技术。结识技术就是指尽快地、轻松地、有效地使团体成员相识，建立对团体的信任所采取的方式与技术。如"柔软体操"、自我介绍、互相介绍等。

第四，分组技术。当小组的人数超过 7 人时，最好将团体成员进行分组，以便于管理。分组的方法有：报数随机组合法、抓阄随机组合法、生日等随机组合法、同类组合法、分层随机组合法、活动随机组合法。

第五，让成员准备从团体活动中有最大收获的技术。让参加社区矫正的成员在团体中获得帮助，让他们有收获，保证他们的利益。需要有一些具体可操作的技术。其原则就是促进因素，它们可以协助成员成为主动的参与者、了解如何从团体经验中获得利益。

注意自己的感受，主动积极地参与并表达自己，团体可以谈论任何与团体目标及个人有关的主题，但自己有权力决定自我开发的程度，必要时也可以插入别人的谈话。

倾听关心别人，也尽可能给予别人适当的回馈，但避免忠告、建议与讽刺。

可以合理、肯定而不具有攻击性地表达情绪，包括正面、反面的情绪。

时常检讨团体的过程是否能够增进学习，及团体的行为是否有助于促进团体的目标。

指导团体不只是指导者个人的责任，团体的每一位成员都可以具有领导的功能。

第六，建立与强化团体契约或规范的技术。该技术包括：团体契约和规范的形成，团体契约与规范的制定，团体契约和规范的内容。带领者需要在团体中调动团体成员积极参与到团体契约的制定中，对一些不适合的、对团体有破坏性的规则要进行处理。可以介绍一些团体契约的模板给成员借鉴，并说明意义和价值。

下面是一个团体契约，可供参考。

团体契约书

A 理念

此团体的目的是希望你能表现真正的自我。经过练习和鼓励，任何人都能学会以更令人满意的方式表达自己，本团体强调以"角色扮演"为训练自我肯定及接受反馈的方式。

B. 目标

本团体的整体目标是：其一，能区别自我肯定和非自我肯定的行为；其二，把自己的需要、希望、感觉和意见以诚实而有效的方式表达出来。

C. 出席

请务必每次出席，团体需要你提供意见和技巧示范。而且每位成员都参与，团体才能有效地进行。如果你不能参加，请和指导者联系。任何成员都有权利在任何时刻退出该团体。但是，如果你考虑退出，请事先和带领者沟通，这样做对你绝对是有帮助的。

D. 准时

请务必准时，避免错过聚会中发生的重要事件，同时也让团体能因你的参与而获益。如果你预计可能会迟到，请事先通知领导者。本团体将于×年×月×日结束。

E. 作业

每位成员在下次聚会前，均须在团体以外的时间练习某些作业，你可以不同意指导者建议的作业。但是，一旦同意，请务必完成。

F. 保密

任何一位成员在团体中所说的话都是绝对保密的，也就是说，在团体中呈现的任何资料都不能在外面讨论。每个人都有隐私权，你可以不透露任何你不想和别人分享的事。如果团体进行时有录音，这份合约即是你允许录音带仅能做训练用的书面同意书。如果另有用途我们会再征求你的书面同意。

G. 研究

每位成员都要参加团体前及团体后的自我肯定练习，这些练习可用来帮助领导者为成员设计个别训练计划，同时也可以评估本训练的成果。成员也都要填写自我肯定量表和做角色扮演测验。同时，也会有观察者在督导下记录团体的互动。团体结束后，所有资料都会和每位参与的成员分享。

H. 聚会时间

每个星期聚会1次，时间：＿＿＿＿＿＿＿＿

本人已经仔细阅读并充分了解本合约的内容。本合约在领导者和本人彼此同意下也可修正。

成员签名：＿＿＿＿＿＿＿＿　日期：＿＿＿＿＿＿＿＿　电话：＿＿＿＿＿＿＿＿

带领者签名：＿＿＿＿＿＿＿＿　日期：＿＿＿＿＿＿＿＿　电话：＿＿＿＿＿＿＿＿

第七，处理成员负面情绪的技术。社区矫正人员参加团体，难免有负性的情绪，如是被迫参加而抵触，因要外出工作和焦急，因与某成员不和愤怒等。带领者需要处理成员焦虑、害怕的情绪，建立信任感，并且还要处理防卫或抗拒。

（4）可能出现的问题及应对策略。在社区矫正人员中有人会害怕或难以信任他人，有人像看戏一样等待别人表达，有人会抗拒，有人会很快提供建议。总结起来主要有这样几类表现：

第一，安静沉默型。由于很多社区矫正人员存在这样或那样的顾虑，或者从来没有参加过这样的团体辅导，成员的参与性低，偏好安静地坐着，有的还有抵触，并且不愿意表达出来。针对这样的情况，带领者可以采用的方式是，利用团体引导发言，直接提问促进其与团体成员进行交流，利用社会计量技术把有相似经历的人联系在一起，带领者的自我暴露等。

第二，傲慢专横型。有些团体成员会独占团体时间，过度地自我分享。使用遏制策略来协调团体时间。带领者可以采用的方式是，使用迂回的管理策略（如不提问，或不进行目光交流），如果还不能奏效，可以使用直接打断技术（例如，我想打断一下你的发言，这样我们就可以听听其他人的意见）。

第三，帮助型。总是提出有用或者无用的建议，使用"我们"而非"我"泛泛而谈。他们往往更关注别人的问题，而不是自身的问题。带领者需要采取的策略是，鼓励该成员反思自身的经历，并以第一人称发言，如果建议有帮助，就会强化并引导该成员关注自身的问题。如果建议没有帮助，那么就在团体中处理该建议。

第四，不信任型。社区矫正人员不相信团体可以帮助自己，可能会挑战带领者或者他人。带领者的处理方式是，与"阻抗"共舞，不争论，认可社区矫正人员的感受，然后转换方向，强调个人责任和选择。

经过初创阶段，团体成员达到了学会积极、主动地表达自己，参与了团体规范的建立，并且有明确的个人目标，同时开始学习团体的基本过程。这样团体的初创阶段就已经完成。

2. 过渡阶段。当团体经过初创阶段，成员开始认识，并慢慢进入角色后，对团体存有希望，有了改变的动机，对团体的规则了解并遵守，就进入了过渡阶段。

（1）承认不舒服的情绪，并学会表达。在此阶段，团体成员已经渐渐融入团队，自我觉察力有了很大的提升，焦虑和防卫性不断增加。成员出现矛盾的情绪，想表达又怕被批评，怕别人不接受，怕开放后别人看见了自己的脆弱，不确定自己敞开心扉后，别人的反应。在社区矫正人员的过往经验中不乏曾经有过自己想表达，没有人在意，或者表达过后被人嘲笑和羞辱的经历，出现种种矛盾是可以理解的。

（2）处理阻抗及独立和依赖的矛盾。樊富珉认为，团体出现阻抗是成员以消极的评估或批评为主要特征的。他们还没有学会倾听，也没学会分享，成员之间可能对别人采取批评的态度。该阶段是团体成员与团体领导者之间争取权利并尝试建立一种社会秩序的时期。他们会向领导者挑战，运用各种手段谋取自己的利益。带领者要觉察出这一点，明白向带领者的异议和挑战经常是团体成员走向自主的第一个重要步骤。带领者坦诚地处理团体成员对带领者的异议，最终达成与成员一种认同的伙伴意识。

（3）学习建设性的方法来面对别人。带领者鼓励协助团体成员建立自我表达的模式，提供鼓励和挑战，同时接纳团体成员的负性情绪，鼓励其表达真实感受。关注团体过程，进一步了解团体成员中共同的、相似的负性情绪，使用团体动力，在相互鼓励的范围内，了解产生这样负性情绪的背景，使其在这样包容的氛围内，感到安全，也学习了如何接纳自己，肯定自己。带领者还可以自我暴露，把自己目前的真实感受反馈给大家成为示范。

（4）可能出现的问题及策略。

第一，可能会将别人归类，或者给自己贴上标签。社区矫正人员在过往的经验中，会给自己或他人贴上负性的标签，在团体中也会再次重演这样的行为。标签会阻碍自己的自我探索，也妨碍进一步深入地开放和了解他人。而且不少标签往往是负性的，当这样的标签出现后，团体成员就变成了躲在标签后面，不再尝试改变的人。对于带领者，需要灵活机智地面对这样的问题。

第二，可能不愿意表达负性情绪而造成彼此的不信任。包括自己不愿意表达，特别是对男性的社区服刑人员，他们认为在其他人面前表达了自己的负性情绪，是脆弱和危险的。带领者需要进行直面处理，当团体中的"明星"（重要的核心人物）也可以表达自己的负性情绪时，其他成员也会跟随和学习。"团体明星"的眼泪，是其他成员的珍珠。负性情绪可以成为促进团队凝聚的积极因素。当然保密原则的多次重申也是促进成员可以表达的重要原则，带领者常常在每次团体结束时会告诫大家"故事留在团体里，感受可以带回家"。

第三，面质处理不当而防御更强。在社区服刑人员的群体里，他们会把人生中的经验带到团体，他们会对团体不信任或者缺乏安全感，因此采取防御的行为。如有逃避倾向，注意的重点放在其他成员身上，或者东拉西扯谈不相干的事情。总问别人问题，迟到或者干脆不来，过分概括化、理智化，不合作。带领者可以直接对话，让成员谈在团体里面的真实感受，而不是批评和贴标签。

第四，可能形成次团体而带来冲突。团体内不可能不发生冲突。意见不一致，观点有差异都会带来冲突。冲突通常被认为是具有破坏性的。但是，带领者发现冲突时，需要去了解冲突行为的意义及其对团体的影响，同时直接面对成员间的冲突，并给予回应。要针对被批评人的反应，而不是先针对某人提出批评，冲突有可能就变得有巨大的意义和价值。

3. 团体工作阶段。团体经过前面两个阶段后，团体的凝聚力更强，成员彼此开放，可以不批判，学会了表达和倾听，团体的内在安全感逐步建立，成员开始敢于冒险，成员间的冲突可以直接有效地处理，成员间能适度的面质及支持，彼此间有更多的鼓励。该阶段需要带领者围绕着团体目标来解决问题和开展工作。

（1）主要工作内容。这里是主要团体需要完成的工作内容，而没有分述带领者和团体成员的工作内容。如果有兴趣可以参考一些相关资料。

第一，聚焦有意义的题目（设置有价值的主题）。在本阶段团体成员会把自己的主题带进团体，他们开始愿意探索具有个人重要意义和价值的内容。带领者很容易把团体成员带进此时此地。团体变得真诚、实在，且充满了希望和活力，团体本身也变得有方向、有效率。有些团体如 CBT 的团体显得更加结构化，每次的议程和目标更加明确，团体成员非常清楚自己要完成的任务。团体成员不再那么依赖带领者，他们自己开始运作团体，甚至可以轮流承担带领者的任务。有效聚焦于此时此地，包括此时此地的体验和里程阐释，这两个阶段的结合，为一个体验性团体注入无比的效力。

第二，开放地接受与给予回馈，增强凝聚力。在此阶段，团员愿意更深层次地表达自我，大多数人在这个较为安全的环境中更能以真示人。当团体成员有情绪出现的时候，鼓励其他成员给予反馈和适度的关怀。不仅关注团体成员的自我表达，同时也鼓励他们有独特性。这样成员在得到支持的背景下，才能降低情绪和痛苦，并有勇气和信心继续前行。

第三，学习解决问题的方法和技巧。团体成员不仅要在团体中得到支持和鼓励，更多的时候需要解决问题，特别是团体面对的共同问题，或者大家认为需要帮助个别成员在团体中需要解决的部分问题。带领者可以根据自己的理论流派，教会来访者解决问题的技巧，可以是角色互换，实际学习，当然也需要团体成员贡献他们的智慧和经验，一起去面对所遇见的问题。必要的时候，带领者或团体成员可以开放自己，示范并与团体成员分享感受。

第四，在生活中实习或在团体中演练技巧。成员通过在团体中的自省和别人的反馈，对自己和环境的关系有了新的了解和感悟。此时带领者需要把这些感悟，变成具体的可以操作的行为。有时候可以在现场进行角色扮演的演练。特别像暴露治疗的技术。需要在现场进行演练，然后再带到生活中去。

第五，面质又鼓励别人。樊富珉认为，对质是团体辅导的重要技术，在团体辅导中，可以说工作阶段之前没有真正的对质技术出现。面质技术很容易演化为攻击和惩罚。它是一种在共情的基础上真诚的建设性的挑战。每个团队的个体都有盲点和局限，以至于不能摆脱，因此他人就如同一面镜子，让成员看见自己，或者从他人身上找到资源。

（2）团体工作中常用技术。虽然团体辅导依据的理论、活动方式不同，但工作阶段的成员相互影响的过程是相同的。并且也有很多共同点，大家谈论自己或别人的问题，争取别人的理解，团体的支持和鼓励，在人际互动中发现自己的问题模式和盲点，并且在团体的鼓励下，努力纠正改变。在团体中学习一些技能，在团体中进行演练，在激励下把领悟具体化，应用在社会生活中。

第一，引导参与技术和介入技术。工作阶段引导团体成员参与技术，包括很多种，最常用的有讲座、讨论、写体会、写日记、完成家庭作业。有的团体结构性比较强，有的团体结构性比较弱。如社区矫正的情绪控制团体，带领者可以先介绍情绪的基本知识，分析原因，寻找对策，如果是 CBT 的情绪控制团体，还要讲解认知——情绪——行为之间的互动模式。同时还要求成员列举情绪失控的危害等。通过大家彼此交流，了解情绪失控的原因，达成共识，并从他人身上领悟自身的问题，同时也学习和借鉴了处理方法。带领者让全体成员有民主参与的机会，平衡各种类型团员的诉求，尽可能让每一个成员得到关注。引导参与技术，可以围绕基本的客观事实，避免无谓的纷争，增进团体的向心力。

第二，解决问题技术。带领者要根据自己的专业特长开展工作，实时评估团体的变化，引导成员积极地作出符合自己人生的选择，减轻在生活中遇到问题，承受的压力，发展出更适应的应对压力和困难的策略，改变原有的不适应的模式和行为，从而促进身心健康，更好地适应社会。当团体把焦点集中在需要解决的问题上时，带领者需要做的具体内容有：①确定需要解决的问题，评估是否要放进当前讨论的议程中；②把问题具体化，聚焦问题，搜集相关的资料；③分析问题，介绍基本原理和模型，列举解决问题的办法，并进行演示；④评估解决每个问题的可能性和预期效果；⑤运用现场演练或实验尝试解决问题；⑥让成员选择最适合自己的方法来解决问题。

带领者在使用该技术时，需要向团体成员介绍方法使用的原则、基本的知识，团体成员就可以在此基础上探索和学习。

第三，及时介入技术。樊富珉认为，团体发展到该阶段，虽然大家都能够信任、开放，团体凝聚力增强，大家努力地尝试新的方法，并有所改变，团体成员已经发挥了自己的功能，但是仍然有一些情况需要带领者把成员拉回到此时此地。以下就是需要进行介入的情况：①一个成员为另一个成员说话；②团体中某人为另一个成员说话；③团体成员集中注意在团体之外的人、事、物；④成员中有人在说话的前后常先寻求他人的认同；⑤有人说："因为我不想伤害他的感觉，所以我不说了"；⑥成员中有人认为其问题是由某人引起的；⑦某成员认为，"我一直都是那样"；⑧个体认为，"我只是等待，事情就会转变"；⑨团体中有不一致的行为出现时；⑩团体变成无效率的漫谈。

第四，家庭作业技术。团体成员在活动中的体会、感悟或行动，不能仅仅停留在团体里面，还需要他们把这些经验迁移到自己的生活和工作中。家庭作业可以把在团体中的体验和感悟再次巩固、内化，促进其在行动上的改变，同时完成家庭作业中的收获或者问题，还可以成为下次议程中的重要内容。可以这样说，家庭作业是团体和社会生活的一个桥梁。

（3）容易出现的问题及对策。

第一，彼此熟悉，碍于情面有时难以面质。有研究显示团体凝聚过强，有时候不利于团体成员表达自己的意见和建议，因此调控凝聚的平衡，说明不面质产生的危害，鼓励尝试面质等，最终维持面质与支持之间的平衡。

第二，会有领悟但做不到。鼓励成员如何将领悟化为行为，尝试新的行为。

第三，不容易聚焦主题是最常见的现象，对此可以让团体成员共同讨论，并进行主题的选择；有时也可以采取重要性排序等方式化解难题。

4. 团体结束阶段。无论怎样的团体都会有结束的一天。团体结束时，团体成员已经从团体中获得了资源，发展了技能，已经尝试了改变，有的甚至已经做了改变。他们对团体有依恋，同时又想大胆地靠自己去适应生活。因此，团体结束时，团员出现矛盾的心理，不舍的情绪是非常常见的。

（1）主要的工作内容。

第一，处理离别情绪。天下没有不散的宴席，生活如此，团体辅导也如此。一般在经历一段时间，团体的议程结束，团员们带着自己的不同收获，即将离开团体。离别的情绪，不仅团体成员有，带领者也会有。大家也许都很习惯和享受在团体里面的各种感受。带领者首先需要的是处理好自己的离别情绪，敢于去面对自己，同时也要安抚团体成员的情绪，利用团体的动力去处理典型的情绪，也可以加以引导。离别时可以运用一些仪式技术，内化大家在团体的资源，并鼓励大家带着这样的资源前行。

第二，总结和回顾自己的收获。对团体收获进行总结和回顾，巩固这样收获，并鼓励成员把这些收获带入自己的生活中。

第三，展望未来和重拾希望。希望是团体辅导的重要影响因子，希望不仅在开始阶段就需要，而且在结束阶段同样需要。让成员展望未来，重拾希望，一方面可以帮助成员从离别的情绪中抽离出来，带着更加积极的情绪去面对未来的生活。同时展望和希望还可以加上对自己的肯定、鼓励以及成员的相互鼓励结合起来，激发成员的动力。特别是对服刑人员，如果让他们看到真正可以去憧憬的未来，那么对他们将会有极大的帮助，也许在他们的一生中，很少有这样的情况，同时整个团体的希望会汇聚成为一种巨大的力量，在分享希望时，团体成员心与心交流和碰撞，形成了强大的支持力量。

第四，处理未完成的事件。团体成员或带领者有些事情是想做，但是没来得及完成的，需要在最后阶段进行处理。这里的处理不一定是实际解决。可以提供一些相关的原则或信息进行处理。

第五，评估团体效能，让成员给予及接受建设性的回馈。团体心理辅导是否能达到预期的效果，团体成员是否满意，今后的团体需要做哪些改进，这是团体辅导结束阶段需要做的工作。评估建议在团体中期可以做一次，以便对团体的进程进行修正。同时在每次团体辅导结束时也可以进行评估。评估的方法有很多，可以是问卷，也可以是分享感受和建议，即既有定量的分析又有主观的报告。对团体效能的评估很重要，不仅可以帮助带领者了解自己团体的能力，作为改进的建议，而且可以了解团体实现的目标，对整个团体做完整的评估。

第六，再次提醒保密。把感受带走，把故事留下。有条件再次签保密协议，强化保密意识。

第七，提供进一步学习的资源。有的带领者还会建议他们建立互助小组。但是对于社区矫正人员来说，不建议使用，避免出现犯罪和不良行为的交叉感染。

（2）结束技术。

第一，提前预告团体结束。带领者最好在结束前的一两周，就提前预告团体即将结束。让团体成员做好结束和分离的心理准备，珍惜彼此在一起的时间。

第二，结束之前，成员互相赠送小礼物，道别祝福。如可以使用的小游戏："真情告白"、"留住你的心"、"水晶球"、"未来同团会"、"自己想成为的人"、"互送祝福卡"等。

第三，指导者在结束前对团体辅导作简要的回顾与总结。团体是让成员不断学习的过程，该过程充满着变化，带领者需要让成员学会整理自己参加团体的不同阶段的感受、困扰、体验、变化和收获。同时表达对未来的希望和信心。

第四，团体成员检讨自己在团体中扮演的角色，是否达到期望；根据自己切身的感受展望未来，明确今后应该怎么做，如何巩固团体辅导的效果。

第五，追踪技术。是指团体结束以后的一段时间内，追踪团体成员，了解辅导效果所采用的方式与技术。

（3）可能存在的问题和应对策略。因为要分离，有些成员难以面对，就会封闭自己。有些焦虑的成员，开始避免相互接近。变得封闭，对团体的期望减弱，团体结构变得松散。不承认自己达成的目标，有人甚至会倒退。带领者需要注意并了解这样的情况，加以适当的处理，保证团体顺利结束。

成员未进行总结和回馈。因为团体时间有限或其他因素，团体成员不能每个人都在团体结束的活动中进行总结和回馈，带领者需要有针对性地进行分析，应用过程技术对成员感受进行总结。当有团员总结完自己的收获后，带领者可以问道："有谁和刚才的某某有相似的感受？"如果仅仅是时间问题，建议带领者可以使用信件、日志、随访等方式弥补出现的漏洞。

有的团员未将结束视为一种成长的阶梯而就此打住。这个在社区矫正人员群体中是非常常见的，离开团体就把这些全部扔在脑后。因此，有目的地进行后期的随访，督促其在生活和工作中使用，可以起到一定的作用。

第三节 能力拓展

在能力拓展的内容中，主要介绍了两个不同团体目标的团体，虽然社区矫正的团体内容、对象完全不同，但是团体的构架是可以学习和借鉴的。

一、焦虑障碍（社交焦虑、焦虑惊恐发作）认知行为团体治疗方案

"惊恐障碍"被定义为一段时间内迅速达到顶峰的嫉妒、恐惧或不适，至少涉及 13 种生理症状（例如，心悸、出汗、颤抖、恶心）和认知症状（例如，死亡恐惧、失去控制、晕厥、发疯）中的 4 种。惊恐发作其特征是复发性、难于预料、突发性的惊恐发作，并且至少持续一个月担心未来的惊恐发作及其后果。社交焦虑障碍的特征是患者极端恐惧社交情境或需要表现的场合，他们认为在这些情境中会受到他人的关注和评价，因而感到窘迫害羞。认知行为治疗是一种循证心理治疗，有 350 多项研究表明这种方法不仅对焦虑障碍有效，而且也是矫正其他问题的有效途径。CBT 团体治疗是建立在有效性和低成本高效益的基础上，其卓越的表现使越来越多的障碍都有可能通过这一方法得到治疗。CBT 在治疗过程中每次会谈都遵循合理和整体的顺序。因此，CBT 是结构化和指导性的治疗方式。

入组标准如下：

（一）入组基本条件

轴 I 诊断为焦虑障碍（社交焦虑、焦虑惊恐发作，各为一个组），轴 II 诊断无人格障碍。年龄差别不太大，性别男女都有。把自己的困难归结为生理原因的患者或认为必须关注早起生活的患者不适合入组。

（二）入组前需要进行 20～30 分钟的个人访谈

以下为访谈大纲需要考察的十个方面：

1. 来访者有一定的觉察自己的能力。

2. 情绪觉知以及区别多种情绪状态的能力。

3. 来访者对承受改变责任的接受程度。

4. 来访者对自身问题和 CBT 模型之间的匹配。

5. 焦虑困扰的时间。

6. 来访者聚焦在一个特殊问题上的关注能力。

7. 来访者认为改变是可能的乐观能力。

8. 来访者和治疗师形成最初治疗的合作能力。

9. 来访者对生活中人际关系的信任能力。

10. 各种破坏性的人际过程对治疗的影响程度。

入组筛查工具：

亲爱的朋友：

您好！

为了更好地进行心理诊断与治疗，在这里，我们将对您的社会交际情况作一个初步的了解，您回答的内容我们将为您保密，请您根据您的实际情况作答，谢谢您的配合！

您的基本情况：

时间：_____

姓　名：_____ 年　龄：_____ 性　别：_____

职　业：_____ 文化程度：_____

婚姻状况：_____ （未婚/已婚/离异/再婚）

使用药物的情况：_____

地址：_____ 联系方式：_____

家人对您疾病的了解程度：_____

（一）请认真阅读下面的每个条目，并决定其陈述对你是否适用或其真实的程度。

根据以下标准在相应条目后面的数字上打"√"

1 = 本条与我一点儿也不相符

2 = 本条与我有一点儿相符

3 = 本条与我中等程度相符

4 = 本条与我非常相符

5 = 本条与我极其相符

序号	内容	等级				
1	即使在非正式的聚会上，我也常感到紧张。	1	2	3	4	5
2	与一群不认识的人在一起时，我通常感到不自在。	1	2	3	4	5
3	在与一位异性交谈时我通常感到轻松。	1	2	3	4	5
4	在必须同老师或上司谈话时，我感到紧张。	1	2	3	4	5
5	聚会常会使我感到焦虑及不自在。	1	2	3	4	5
6	与大多数人相比，我在社交交往中可能较少羞怯。	1	2	3	4	5
7	在与我不太熟悉的同性谈话时，我常常感到紧张。	1	2	3	4	5
8	在求职面试时我会紧张。	1	2	3	4	5
9	我希望自己在社交场合中信心更足一些。	1	2	3	4	5
10	社交场合中，我很少感到焦虑。	1	2	3	4	5

续表

序号	内容	等级				
11	一般而言，我是一个害羞的人。	1	2	3	4	5
12	在与一位迷人的异性交谈时我经常感到紧张。	1	2	3	4	5
13	给不太熟的人打电话时我通常觉得紧张。	1	2	3	4	5
14	我在与权威人士谈话时感到紧张。	1	2	3	4	5
15	即使处于一群和我相当不同的人群之中，通常我仍感到放松。	1	2	3	4	5

（二）以下有一些问题需要你回答，请根据自己的实际情况和反应，选择最正确的答案。

序号	内容	是	否
1	即使在不熟悉的社交场合里我仍感到放松。		
2	我尽量避免迫使我参加交际应酬的情形。		
3	我同陌生人在一起时很容易放松。		
4	我并不特别想去回避人们。		
5	我通常发现社交场合令人心烦意乱。		
6	在社交场合我通常感觉平静及舒适。		
7	在同异性交谈时，我通常感觉放松。		
8	我尽量避免与人家讲话，除非特别熟。		
9	如果有同新人相会的机会，我会抓住的。		
10	在非正式的聚会上如有异性参加，我通常觉得焦虑和不安。		
11	我与人们在一起时通常感到焦虑，除非与他们特别熟。		
12	我与一群人在一起时通常感到放松。		
13	我经常想离开人群。		
14	在置身于不认识的人群中时，我感到不自在。		
15	在初次遇见某些人时，我通常是放松的。		
16	被介绍给别人使我感到紧张和焦虑。		

续表

序号	内容	是	否
17	尽管满房间都是生人，我可能还是会进去的。		
18	我会避免走上前去加入到一大群人中间。		
19	当上司想同我谈话时，我很高兴与他谈话。		
20	当与一群人在一起时，我通常感觉忐忑不安。		
21	我喜欢躲开人群。		
22	在晚上或社交聚会上与人们交谈对我不成问题。		
23	在一大群人中间，我极少能感到自在。		
24	我经常想出一些借口以回避社交活动。		
25	我有时充当为人们相互介绍的角色。		
26	我尽量避开正式的社交场合。		
27	我通常参加我所能参加的各种社会交往。不管是什么社交活动，我一般是能去就去。		
28	我发现同他人在一起时放松很容易。		

焦虑惊恐发作的测量问卷（第一部分）

惊恐障碍严重度量表（PDSS） 评估的时间段：_____ 其他：_____

1. 惊恐发作的频率，包括有限症状的发作：

0＝没有惊恐发作或有限症状的发作

1＝轻度，平均1周少于1次完整的发作，且有限症状的发作最多每天1次

2＝中度，1周1次或2次完整发作，和/或每天多次有限症状的发作

3＝严重，1周2次以上完整发作，但平均不超过每天1次

4＝极度，每天1次以上的惊恐发作，有发作的日子多于不发作的日子

2. 惊恐发作时苦恼，包括有限症状发作：

0＝无惊恐发作或有限症状的发作，或发作时无苦恼

1＝轻度苦恼，但能继续活动，几乎没有或完全没有影响

2＝中度苦恼，但仍能控制，能够继续活动，和/或能够维持注意力，但感到有困难

3＝严重，显著的苦恼和影响，失去注意力，和/或必须停止活动，但仍能留在房间里或那个环境中

4＝极度，严重和丧失能力的苦恼，必须停止活动，如有可能就会离开房间或那

个环境，否则不能集中注意力，极度苦恼

3. 预期性焦虑的严重度（惊恐发作相关的害怕、恐惧或担心）：

0＝不担心惊恐发作

1＝轻度，对惊恐发作偶尔有害怕、担心或惶惶不安

2＝中度，经常担心，害怕或惶惶不安，但有时候没有焦虑。生活方式有注意改变，但焦虑仍然可控，总体功能不受影响

3＝严重，对惊恐有持续的害怕，担心或惶惶不安，显著地干扰注意力，影响有效功能

4＝极度，几乎持续和致残性的焦虑，因为对惊恐发作的害怕、担心或惶惶不安，不能执行重要的任务

4. 场景害怕和/或回避：

0＝无，无害怕或回避

1＝轻度，偶尔的害怕和/或回避，但通常能面对或忍受。生活方式只有很小或没有改变

2＝中度，注意得到的害怕和/或回避，但仍能控制，回避所害怕的场景，但有人陪伴就能面对，生活方式有些改变，但总的功能未受损

3＝严重，广泛地回避；生活方式的实质性改变就是需要有人陪伴，一般活动有困难

4＝极广泛的致残性的害怕和/或回避。不得不广泛地改变生活方式，不执行重要任务

5. 与惊恐相关感觉的害怕/回避：

0＝没有害怕或回避会触发躯体痛苦感觉的场景或活动

1＝轻度，偶尔害怕/回避。通常很少会面对或苦恼地忍受这些会触发躯体感觉的活动和场景，生活方式很少改变

2＝中度，可注意到的回避，但仍能控制；有明确的，但有限的生活方式改变，总体功能不受影响

3＝严重，广泛的回避，造成生活方式的显著改变，或影响功能

4＝极广泛的和致残性的回避，生活方式的广泛改变，不做重要的事情或活动

6. 因为惊恐发作，工作能力受损/受干扰：

0＝没有因惊恐障碍的症状而受损

1＝轻度，轻度干扰，感觉工作困难，但表现尚好

2＝中度，症状导致规律的、明确的干扰，但仍能控制。工作表现可能受损，但其他人会说工作还可以

3＝严重，导致显著的职业功能损害，其他人会注意到，可能会耽误工作或某些天完全不能工作

4＝极度，失能症状，不能工作（不能上学或不能完成所承担的家务）

7. 惊恐障碍损害或干扰社会功能：

0 = 无损害

1 = 轻度，轻度干扰，感到社交行为的质量有所影响，但社交功能尚好

2 = 中度，明确的干扰社交生活，但仍能控制，社交活动的频率和 / 或人际关系质量有所下降，但仍能参与绝大多数的常见社交活动

3 = 严重，造成显著的社会功能损害，社交活动显著减少，和/或与别人交往有显著困难，仍能强迫自己与他人交往，但不能享受，或不能在大多数社交或人际交往场合中良好表现

4 = 极度，致残性症状，几乎不外出或不与他人交往，可能会因为惊恐障碍而终止与他人的关系

总分（1～7 总和）

团体契约

1. 团体目标：

（1）更好地理解和管理焦虑情绪。

（2）认识自己的焦虑惊恐发作/社交焦虑。

（3）能够区分、识别焦虑、恐惧的认知，并学会用认识和行为技巧去管理他们。

（4）加强控制和管理惊恐发作与社交恐惧的能力。

（5）学会处理压力从而提高生活质量。

2. 出席：请务必每次都要准时出席，并积极参与讨论和分享。每位成员的准时出席才能促进团体活动的有效展开。如果一个成员变得过于情绪低落或身体感觉太差，无法参加团体活动，可以告知团体领导者，然后离开。任何成员都有权利在任何时刻退出该团体。但是，请提前与领导者沟通。这样对你对团体都绝对有帮助。

3. 作业：每位成员在下次聚会前，均需要用团体以外的时间练习和完成某些作业，你可以不同意领导者建议的作业。但是，一旦同意，请务必完成。

4. 保密：保证集体讨论的保密性。任何一位成员在团体辅导中所说的话都是绝对保密的，不得随意在团体辅导以外议论。尊重每位成员的隐私权，当你不想和团体成员分享的时候，你有权保持沉默。

5. 费用：收费参照德阳市物价局计价标准，104 元/人/次，14 次团体按 11 次收取，共计 1144 元，一次性缴纳。团体活动过程中可请假三次，如能全勤，那么其余三次则作为赠送次数，不再加收费用

6. 人数：6～10 人，团体一旦成立，不加入新成员。

7. 地点：某某医院内科大楼 6 楼情绪宣泄室。

8. 时间：本团体辅导时间于 2015 年__月__日～__年__月__日，每周一次，共 14 次。

我已认真阅读并同意以上团体契约内容，自愿加入_____团体，承诺自觉遵守团体规则！

　　本合约在领导者和本人彼此同意下也可修正。

焦虑障碍团体治疗设计方案

　　前12次为每周一次，后2次是每2周一次。每次2小时。惊恐障碍的治疗阶段及任务如图一所示。

惊恐障碍治疗计划（图一）

阶段	使用策略
治疗前会谈	解释团体将如何运作以及治疗期待； 介绍团体的规范和规则，并提供实用信息（地点、时间）； 回答相关问题，说明相关事项。
第1次会谈	介绍团体成员（团体成员分享促使他们加入团体的个人体验）； 解释团体的结构和会谈安排，并回顾团体规则； 回顾对治疗的期待； 回顾惊恐障碍的关键特征； 呈现惊恐障碍的本质信息； 介绍惊恐的CBT模型； 家庭作业：监控惊恐障碍（社交焦虑）的三种成分，阅读心理教育材料——惊恐障碍的生理基础。
第2次会谈	回顾家庭作业； 心理教育：想法的重要性及其在情绪中的应用； 回顾常见的焦虑发作的过程； 家庭作业：监控焦虑的三种成分，重点关注想法——情绪——行为的关系。
第3次会谈	回顾家庭作业； 心理教育：想法——情绪——行为的恶性循环； 团体成员练习挑战恶性循环的方法，目的是进行现实的思考； 介绍回避行为ARC表； 家庭作业：完成ARC表。
第4次会谈	回顾家庭作业； 介绍回避策略的危害； 讨论回避策略带来的危害，修正认知； 介绍暴露等级记录表。

续表

阶段	使用策略
第 5 次会谈	回顾家庭作业； 讨论暴露等级； 现场选取一个成员的进行讲解暴露等级，创造性地制定暴露的方式和方法； 回顾暴露的检测表； 家庭作业：每天进行暴露练习。
第 6 次会谈	回顾家庭作业； 讨论在暴露时遇见的困难； 治疗师需要应用一些例子来解释焦虑的降低； 解决暴露中的问题，并回顾基本原理； 细化家庭暴露计划； 家庭作业：继续暴露练习。
第 7 次会谈	回顾家庭作业； 使用暴露等级评定进行治疗中的回顾，突出已取得的进展和接下来的目标； 介绍内感暴露的基本原理； 治疗师和团体一起进行症状实验； 说明内感暴露的治疗原则； 家庭作业：内感暴露练习、情境暴露练习，继续使用想法记录表挑战焦虑想法。
第 8 次会谈	回顾家庭作业； 团体成员进行内部感觉暴露练习的感受； 解决障碍和难题； 完成遗留症状的试验； 家庭作业：内感暴露练习、情境暴露练习，继续挑战焦虑思维。
第 9~12 次会谈	回顾家庭作业以利于团体讨论的概念，突出共同问题，明确困难，以及解决疑问； 用团体来提供强化和鼓励； 每个团体成员都要设定具体的家庭作业目标，并在团体讨论中引入内部感觉——情境暴露； 必要时在会谈中进行暴露练习； 家庭作业：内部感觉暴露练习，情境暴露练习，内部感觉——情境暴露练习，继续巩固对待焦虑的态度。

续表

阶段	使用策略
第13次会谈	回顾家庭作业； 团体成员用等级评定表检验进展，明确进一步和下一步的目标； 谈论对团体终止的想法和感觉； 预防复发策略。

二、未成年社区矫正人员情绪调控的团体辅导

情绪每时每刻都伴随着未成年服刑人员，未成年社区矫正人员不仅要做自己情绪的主人，同时还要善于控制自己的情绪，应用合理的情绪来解决实际的问题。通过团体辅导来调节情绪，是一种高效的方法。团体的能量可以帮助未成年社区矫正人员宣泄自己的不良情绪，分享情绪，学习调控情绪的方法。以下呈现了一个团体情绪训练的设计，鉴于未成年人的身心特点，以活动来进行团体辅导不乏是一种适合的方式。带领者可根据具体情况进行添加和修改。

第一次——有缘来相聚

目的：参训人员互相认识，消除陌生感，建立小组，产生凝聚力和信任感，介绍整个团体辅导的基本情况

地点要求：没有固定座位的宽敞的教室，把桌椅撤走，留出空地

时间：95分钟

带领者：有经验的心理老师和助手

材料：油画棒、水彩笔、大白纸、A4纸

对象：全体未成年社区矫正人员

单元	目的	内容	时间（分钟）
走进团辅	了解团辅的基本情况	让参加者坐在摆成圆圈的凳子上，带领者对团体辅导的目的、内容、形式、时间、要求简单进行介绍	5
在雨中	暖身，消除陌生感	下雨活动：在带领者的口令下，变化手指敲打另一只手掌，或跺脚或呼喊，形象化下雨的声音，并且不断变换口令	5
今天初相识	建立小组，定下契约，取小组名字	按照水果名称报数，分成小组，围成小组圆圈后，进行爱好结盟，名字成员名字串接，小组成员共同讨论小组名称，选出小组长，订立契约，并在大组进行分享，最后进行约定，设计小组的logo	25

续表

单元	目的	内容	时间（分钟）
我是谁	进行自我探索和定位	在放松状态下，回顾所走过的路程，写下 15 个关于我的陈述，并进行分享，然后让同组的同学写上对自己的评价，反思后再进行分享	15
另眼看	自评与他评的对照	让小组成员分别给除自己以外的其他成员第一印象评价，自己看完别人的评价后分享感受	20
我的誓言	明确自我	在带领者的带领下，齐声诵读我的誓言	5
总结感谢	整理心得，表示感谢	用画图的方式，把小组的契约、logo 等展现在画纸上，整理心得，用不同的方式表达对小组成员的感谢	20

第二次——五彩心情

目的：认识情绪

地点要求：没有固定座位的宽敞的教室，把桌椅撤走，留出空地

时间：55 分钟

带领者：有经验的心理老师和助手

材料：油画棒、水彩笔、大白纸、A4 纸、情绪脸谱

对象：全体未成年社区矫正人员

单元	目的	内容	时间（分钟）
不一样的脸谱	热身，了解情绪与表情	介绍活动内容；抓手游戏：选择一首歌成为自己小组的组歌，各小组分别演唱；把脸谱和相关的情绪标注打乱，让受训学员一一连线	2、5、5
情绪知多少	认识情绪，并且掌握自己经常出现的情绪	让未成年服刑人员想想经常出现的情绪，并把这些情绪画出来或写下来	10
演情绪	展示不同的情绪	选择一个小组就本小组出现频率最多的情绪进行哑剧表演，其他成员进行竞猜，答对者给予奖励	10
识情绪	把情绪进行分类	各小组成员在准备好的红绿卡上写上自己的积极情绪和消极情绪，并进行小组和大组分享	15
找异同	寻找	对照自己和他人的情绪，并进行分享和总结	8

第三次——快乐之旅

目的：让受训学员感受紧张与担忧以及这些负面情绪解除后的快乐

地点要求：没有固定座位的宽敞的教室，把桌椅撤走，留出空地，或者比较大的空地

时间：50 分钟

带领者：有经验的心理老师和助手

材料：A4 纸和大白纸

对象：全体未成年社区矫正人员

单元	目的	内容	时间（分钟）
刮大风	热身，体验快乐	介绍活动内容；利用"刮大风"活跃气氛	2、5
我们的家	建立三人小组，增强凝聚力	报数成立三人小组	3
松鼠家	体验紧张、快乐、沮丧等情绪	三人小组，两人扮大树，一个扮松鼠，变换口令，做出反应。当听见带领者叫松鼠时，所有松鼠必须重新选家，当听见喊松树时，所有松树必须重新组合，当听见地震的口令时，所有成员都拆散重新组合	10
快乐相随	分享紧张快乐的体验	成员把自己的体验用一句话、四个字、两个字分别进行总结，并进行大组分享	15
快乐之旅	寻找快乐的途径	让团体成员在一张大纸上画出快乐的途径	10
快乐环环抱	快乐告别	团体成员连环相抱，分享体会，快乐告别	5

第四次——人生的重要时刻或事件

目的：协助成员明确以往经历对当前生活的影响，并对自己的情绪做出正确的处理，对自己有一些新发现

地点要求：没有固定座位的宽敞的教室，把桌椅撤走，留出空地，或者比较大的空地，安静的环境

时间：95 分钟

带领者：有经验的心理老师和助手

材料：A4 纸、纸巾、油画棒

注意事项：由于辅导可能触及成员内心深处，要预备充分的时间，适当处理和协助成员解决情绪问题，避免负面影响

对象：全体未成年社区矫正人员

单元	目的	内容	时间（分钟）
小鸡快长	热身，了解内容	介绍活动内容；让学生扮演鸡蛋（蹲下）、小鸡（半蹲）和大鸡（直立）。用石头剪子布猜拳形式，决定胜负，胜者鸡蛋变为小鸡，输者仍为鸡蛋，小鸡找小鸡，胜出者成为大鸡，输者变回鸡蛋，大鸡找大鸡，胜出者出圈，输者变回小鸡。最后留在圈里的鸡蛋，进行分享	2、8
小组同心	建立小组，增强凝聚力	小组唱起组歌，重新誓言。细分为3人小组	10
聆听内心	通过音乐引发回忆	播放班得瑞《琉璃湖畔》，安静下来，聆听自己的内心	5
忆往昔	重要事件对今天情绪的影响	让成员闭眼安静，回忆人生中最重要的时刻或事件（或最悲哀、最痛苦的时刻或事件）	15
画过往	画出重要事件	把自己最重要的时刻或事件用画表现出来，并进行小组分享，处理个别人出现的悲伤等情绪	15
析过往	找出原因，认清过去对现在的影响	小组成员在每位学员分享时，提出三个问题：此刻的感受、原因、过去经历对现在的影响，探索目前不同的处境和问题	10
分享过往	在大组中分享别人的情绪，感悟人生成长	鼓励成员上台分享快乐的事情或时刻，特别注意痛苦的时间、事件和事后的处理，讨论应对情绪有效的方式	20
我的情绪	从新认识自己的情绪与过去经历和认知的关系	写下感悟和成长	5
唱响坚强	从新凝聚团体力量	播放《阳光总在风雨后》，全体合唱，成员互赠鼓励语言	5

小组分享话语：

要卸下自己的伪装面具很难，真的很需要勇气，当我听到其他成员说"要说出一件悲伤的事情很难"，心想的确也是这样想的，但是我还是因为这句话选择了自己的悲伤，因为只有正视它，我才能克服它，说实话我对这个团体没有信任，但是我还是选择让自己试着相信一次，当大家给我安慰和鼓励时，我第一次在那个除了母亲以外的人面前泪如雨下，那是一种什么感觉呢？我不知道该用什么语言来表达，只觉得轻松了，好像所有的不愉快都随眼泪一起流出了我的身心。

当我站在讲台上，强忍泪水时，老师为我送来了纸巾，那时有种冲动，好想抱一抱这位好像自己母亲的人，当同学给我拥抱，为我唱歌的时候，突然我觉得好亲切，自己没有想象的那么冷漠，我慢慢地才知道，其实一直以来，都是防御机制在作祟。

我的感触很深刻，我重新认识了自己，重新认识到了自己的悲伤，卸下了伪装，用最真诚的一面，面对自己，面对同伴、老师。我找到了一份属于自己的心灵感动。谢谢你们，感谢上天让我遇上了你们，谢谢你们对我的支持和鼓励。愿我们一辈子都铭记。

第五次 —— 感恩

目的：引发感恩情怀，学习运用语言和非语言方式表达感恩。提升自己与他人的感恩能力，与他人更和谐地交往和相处。

对象：全体未成年社区矫正人员

进行方式：结构式的小团体方式

时间：80分钟

进行场地：没有固定座位的宽敞的教室，把桌椅撤走，留出空地

使用设备：多媒体，油画棒，白纸

单元	目的	内容	时间（分钟）
抓手游戏	热身，了解内容	介绍活动内容；进行游戏	5、5
我们的展示	建立小组，增强凝聚力	讨论小组的宗旨、口号，并上台进行展示	10
听感恩	通过音乐引发感恩情怀	在放松状态下专心聆听《感恩世界》	10
画感恩	用绘画表达	用艺术方法表达感恩，并进行小团体分享和大组分享	15
我想说	把感恩表达出来	用语言表达感恩，进行小组和大组分享	15

续表

单元	目的	内容	时间（分钟）
群策群力	寻找提升感恩能力的途径	小组成员一起讨论并写出提升感恩能力的途径	10
感恩我要表达	用手语操进一步抒发感恩之情	手语《感恩的心》；用一句话总结，并以小组形式呈现在展示栏上，互赠感恩	5、5

第六次　开发正向情绪，体验成长

名称：做最好的自己

目的：发现潜质，促进自我成长

地点：教室或比较大的房间

对象：未成年社区矫正人员

材料：A4 纸、音乐

时间：85 分钟

单元	目的	内容	时间（分钟）
解开千千结	热身，了解内容	介绍活动内容；解开千千结。8～10 人手拉手围成圈，看清楚自己左右手是谁，然后松手，在自己圈内走动，喊停时，成员停住，左右手分别拉住开始的左右手，然后开始解开结回到开始的状态。不能松手，但是可以钻、跨、绕	5、10
光谱扫描	评估自己的正性思维	利用光谱扫描，评估对自己正性思维能力的认识	10
天生我材	了解优点，珍惜自己的潜力	成员按照小组坐好，每人一张天生我材"练习表"，请成员填写。然后小组分享。参与者说出每一项答案后，再开始下一项。 当你自己想向别人介绍自己的优点时，心情是怎样的？这个练习让你对自己的认识跟以前有什么不同？当你发现自己有这么多优点时，你的感受是什么？ 同学在介绍优点时，你觉得跟以前自己对他的认识有什么不同，当你发现别人有这么多优点时，你的感受是什么？	20

单元	目的	内容	时间（分钟）
优点轰炸	学会发现自己的优点和真诚的表扬	每个小组发一张报纸，用报纸叠成帽子。请同学坐在中间，轮流接受大家的赞美。对别人的表扬要说谢谢。要求赞美要具体，不能毫无根据地吹嘘。分享自己哪些优点是自己以前没有觉察的。分享感受（称赞别人和被称赞的）	25
再次扫描	明确变化，体验正性思维带来的变化	利用光谱扫描，评估活动后对自己的发现。分享感受	10
诗歌朗诵	强化正性思维	在音乐声中朗诵《做最好的自己》	5

《做最好的自己》

如果你不能成为山顶的一株松，
就做一丛小树生长在山谷中，
但须是溪边最好的一小丛。

如果你不能成为一棵大树，
就做灌木一丛。
如果你不能成为一丛灌木，就做一片绿草，
让公路也有几分欢娱。

如果你不能成为一只麝香鹿，就做一条鲈鱼，
但须做湖里最好的一条鱼。
我们不能都做船长，我们得做海员。世上的事情很多，多得做不完，
工作有大的，也有小的，
我们该做的工作，就在你的手边。

如果你不能做一条公路，就做一条小径。
如果你不能做太阳，就做一颗星星。
不能凭大小来断定你的输赢，
不论你做什么都要做最好的一名。

第七次——明天会更好

目的：整理收获，帮助成员自信乐观地面对未来，结束团体活动

对象：全体未成年社区矫正人员

带领者：心理教育教师和助手

时间：55 分钟

进行方式：结构式的小团体方式

进行场地：没有固定座位的宽敞的教室，把桌椅撤走，留出空地

使用设备：多媒体，油画棒，白纸

单元	目的	内容	时间（分钟）
体验快乐	热身，了解内容	介绍活动内容；利用活动活跃气氛	5、5
测量情绪	评估团体辅导的效果：每个人情绪的变化和情绪的调控能力	光谱测量，测量每个人的情绪变化并分享应对策略	10
写给自己和他的信	整理收获，结束团体	给每个人一张信纸，信纸上写下自己的地址，信封上写上自己的称呼 内容写： 我感谢自己的是…… 我欣赏自己的是…… 我祝福自己的是…… 我希望自己的是…… 再给每个人一张信纸，信纸上写下团体中重要的人地址，信封上写上他（她）的称呼 内容写： 我感谢你的是…… 我欣赏你的是…… 我祝福你的是…… 我希望你的是……	15
收获满满	把收获带到生活和工作中	分享团辅的收获，述说离别和希望	15
相亲相爱一家人	结束团辅，帮助成员调适情绪，乐观面对未来	手语操《相亲相爱的一家人》	5

第七章　社区矫正人员心理危机干预

案例一[1]

"如果不是杨警官和司法所的好心人,我哪会有这份工作,也不会放弃轻生的念头……"近日,渝北区玉峰山镇的社区矫正人员付某给当地派出所打来电话,感谢杨警官帮助她度过了人生的难关。

付某是玉峰山镇人,1995年,她的第一任丈夫意外死亡后,便带着儿子离开了家乡。2002年,她与邓某结婚,婚后生有一子。一家四口在回兴附近租了一套一室一厅的房子,月租金650元。丈夫邓某做水电工勉强糊口,日子过得紧巴巴的。不久,付某为赚钱竟然组织介绍小姐卖淫,后被公安机关抓获并被判处缓刑。

在社区矫正期间,付某不敢"重操旧业",但她有一个弱点:怕脏怕累。50岁的丈夫做水电工,虽然一天能挣100元左右,但并非每天都有业务;大儿子已21岁,待业在家;小儿子7岁,还在上学。这些让付某感到生活压力很大,每月光房租费都成困难。想到这些,付某对生活失去了信心。

2011年12月,社区民警杨子远接到付某电话,"杨警官,我不想活了……"说完就挂断电话。杨子远立即回拨过去,开导她想开些。随后,他协调玉峰山镇综治办和当地司法所,希望能给付某找个合适的工作。但是,每当杨子远打电话给付某介绍工作,付某总是以"孩子需要人照顾"为由推脱。

2012年3月2日晚,杨子远又一次接到付某的短信,说要喝农药自杀。杨子远上门做思想工作,一面安慰她,一面加强与当地综治办和司法所的联系。3月5日上午,杨子远与镇综治办主任、司法所所长一起到付某家走访,告知付某,已通过自己的朋友,为她在某物业公司找到了一份工作。在大家的劝说下,付某终于下定决心,好好工作,照顾好这个家。

3月16日下午,付某给杨子远打来电话,"现在每月1400元的工资,过了实习期,有1900元左右"。付某说,工作让她的人生有了新的方向,为了孩子,也为了自己,她一定会好好地活下去。

---

　　[1]　张珺:"社区服刑人员想轻生　民警当起心理咨询师",载《重庆日报》数字报,http://cqr-bepaper. cqnews. net/cqrb/html/2012-03/22/content_ 1514358. htm.

案例二〔1〕

社区矫正对象王某，自幼家庭贫困，母亲常年患病在床，父亲独臂但还要打工撑起全家生活，前不久因家庭矛盾和生活压力其父离家服毒自杀被救后至今未归。在了解了王某的情况后，当地司法所安排了心理矫治志愿者、国家三级心理咨询师介入。在心理治疗中，心理咨询师还为王某制作了《毅力测试表》，帮助王某树立自律意识，自觉断除网瘾。同时，心理咨询师对其家人也进行了心理疏导，希望其家人积极配合，鼓励王某自我控制、自我约束。如今王某已经顺利找到工作，每天照顾母亲，努力工作。

第一节 社区矫正人员心理危机概述

一、危机

危机（crisis），危，小篆字形上面是人，中间是山崖，下面腿骨节形，人站在山崖上，表示很高，本义：在高处而畏惧；机，可理解为时机、机会。现代汉语词典中关于危机的解释有二，一是指产生危险的祸根；二是指严重困难的关头。

危机是一种心理认知，即当事人认为某一突发事件或境遇是个人的资源和应付机制所无法解决的困难。除非及时进行心理危机干预，否则危机会容易导致情感、认知和行为方面的功能失调。

鲁迅小说《祝福》中的祥林嫂，因儿子被狼吃后，无法从丧子的悲痛和自责中解脱出来，与外界形成了心理隔膜，以致精神崩溃就是一个例证。而现实中更有鲜活的例子：美国曾发生一个城镇的大坝被冲垮，造成大量人员和财产损失的事故，有的人在事隔二十多年后，仍一直有着一些失常反应，如各种不明原因的头痛、心悸、失眠和梦魇现象；或者对某类刺激有过敏反应，出现强迫症状；或者是神经衰弱、抑郁症等，严重影响了正常的工作与生活，并对家庭、社会构成了负面影响。

二、社区矫正人员心理危机

社区矫正人员心理危机干预是社区矫正心理矫治工作的重点和难点。

心理危机，是指当人们面临突然或重大生活逆境时，如亲人死亡、婚姻破裂或天灾人祸等所出现的心理失衡。确定有心理危机须具备下列三个条件：出现较大心理压力的生活事件；出现一些不适感觉，但尚未达到精神病程度，不符合任何精神病诊断；依靠自身能力无法应付困境。

在人的一生中，会遇到不同的心理危机。青年人一般会遇到恋爱和学业等方面

---

〔1〕 谭艺婷、郑思轩、王勇军："镇江市社区矫正心理矫治案例报告会日前召开"，载新华网江苏频道，http://www.js.xinhuanet.com/2015-01/22/c_1114087464.htm.

的危机，中年人一般会遇到职务升降和社会关系等方面的危机，而老年人则会出现以精神和身体疾病为主的危机。

社区矫正人员心理危机是一种特殊的刑罚执行机构中的危机，即社区矫正中的危机。社区矫正人员的特殊身份，在生活环境中的特殊人际关系，社区矫正人员行动自由的相对被限制和剥夺，社区矫正人员本身的家庭关系以及生存状态等，这些因素发生作用的时候，很可能就成为社区矫正人员心理危机的一个重要的促成因素或背景因素。

社区矫正人员心理危机，通常是指社区矫正人员在服刑期间，由于人格缺陷或意外事件的压力，而产生的严重的紧张、焦虑、抑郁、愤怒等情绪体验，有可能会引发自杀、行凶、脱管等行为，或存在着潜在的危险的应激状态。其构成要素主要包括以下几个方面：①重大的心理应激；②急性情绪扰乱表现出紧张、焦虑、抑郁等情绪状态；③认知改变，躯体不适和行为改变却不符合任何精神疾病的诊断标准；④来访者出现特殊问题而自己的应对潜能与之失衡。

三、心理危机的特征与类型

（一）心理危机的特征

1. 危险与机遇并存。心理危机具有两重性，既危险和机会。如果它严重威胁到一个人的生活或其家庭，往往导致自杀或精神崩溃的可能，这种危机就是危险；如果心理危机给人带来痛苦反应迫使来访者寻求帮助，学会新的应对技巧，使心理平衡恢复到甚至超过危机前的水平，这种危机就是机会或转折点。

2. 心理危机的复杂性。导致心理危机发生的原因极其复杂，有自然界的原因，也有社会、家庭、现实情境和个人的原因，有直接的、浅层次的原因，也有间接的、深层次的原因，并且这些原因往往交织在一起。正因为心理危机产生原因的复杂性，所以很多时候危机是难以理解的，甚至不遵循一般的因果关系规律。各个方面的原因交织在一起，就会产生多方面的问题需要危机干预工作者进行干预。

3. 干预方法的多样性。心理危机干预的方法多种多样，没有统一的万能解决方法。解决方法要依据具体情境，具体问题，具体分析。有些危机可以应用"短程疗法"（brief therapy），而对于很多危机，则适用长期干预，如慢性创伤后应激障碍（PTSD）等。

4. 普遍性与特殊性。心理危机是普遍的，因为每个人都要经历危机，从来没有人能够幸免。无论是成长过程中的成长危机，还是因为自然或者社会情境中的危机。并且，每一个危机都伴随着不同程度的失衡与解体。危机又是特殊的，每个人所经历的危机都带有个性特点，尽管两个人可能同时面临某一个危机，或者他们在生命的某一个阶段发生同样的危机，但是个体对危机的感受、反应模式是不同的。有些人一生中遇到了许多事情，但应付自如。有些人特别敏感，现实生活发生的事件很容易对他造成伤害，并以一种独特的方式储存在记忆中。因此，许多单独的事件累加起来，共同对个体产生作用，在心灵的内部造成了一种肉眼见不到的、对个体造成巨大伤害的危机。在心理上是一场错综复杂的局部战争。这些人把这种心理上的因素带到现实生活中，形成固定的生活方式。

因为不同的个体有着不同的个性、人格等心理特征，虽然处在共同的情境，但对于不同的个体，危机产生的结果肯定不一样。同样，干预的方法选择也不尽相同。

5. 选择的必要性。危机发生后，危机者均面临选择。不管是勇敢面对困境挑战，战胜危机；还是陷入危机泥团之中，无法接受现实，都是一种选择。只不过，勇敢面对是一种积极的选择，而逃避于危机泥团之中，则是一种消极的不选择，不选择本身就是一种选择。积极的选择结果使人有机会设定目标、形成计划战胜危机；而消极的不选择则让人越陷越深，甚至无法自拔。

（二）危机的分类

根据危机产生的诱因，危机可划分为两类：

第一类是正常的成长危机，也被布拉默（Brammer）称作发展性危机（develop-mental crisis），即一个内在形成的情境，它可能源自于生理的或心理的变化，再加上个体的发展、生物性转变与角色变迁等因素（Chaplan）。

因为在每个人成长过程中的每一个阶段，都会面临特殊的困境与变化，如婴儿期缺乏适当的照顾，被拒绝、被冷落，疾病，便溺训练等都会导致异常的身心反应。如果长期处理不好，就会产生长期的甚至永久的伤害。一般情况下，不需要专业的干预就能顺利地度过。这些因此被称为正常的成长危机，可以说是广义的危机。它们通常与情境性的、需要干预的危机有所区别。但对于少数人，尤其是缺乏适应能力的人群；或者是成长的关键时期，如青少年时期；很多成长性危机也需要干预。

第二类是情境危机即由外部情境所引发的危机，包括：①人类某方面的基本需求得不到满足，或可能遭遇丧失状况的威胁性与危险性。如亲人或心爱的人意外死亡、离去，疾病或是身体完整性的丧失，如残障等。②常见有地震、火灾、旱灾、水灾等自然环境危机。③车祸、自杀、犯罪事件、婚姻问题、工作问题，甚至流行性疾病传播如 SARS，恐怖主义袭击如"911 事件"，战争（伊拉克战争）等社会情境危机。

四、社区矫正人员心理危机的易感性因素

（一）突发事件、重大心理压力事件

突发事件、重大心理压力事件主要包括社区矫正人员配偶提出离婚、失去亲人、身患重病、人际关系紧张等。此类危机爆发剧烈，处于危机中的社区矫正人员心理、情绪严重失衡，认知偏激，行为盲目，易导致灾难性后果，以及恶性改造事件的发生。如社区矫正人员得到父亲意外去世的消息，突然大哭，情绪极为悲伤，用头猛撞墙，造成自伤自残严重事件。

（二）日常生活事件

社区矫正生活中日常繁琐事件容易造成消极心理长期积聚，导致心理危机的发生，造成打架斗殴甚至自伤自残等事件的发生。

（三）年龄

根据心理学的有关理论，个体在生命发展的每个年龄阶段都会产生危机。如较为年轻的社区矫正人员有外出的需要，而相对的自由限制使得他们无法建立这些联系，往往会因陷入抑郁境地导致心理危机的发生，特征是情绪剧变，导致个体心理失衡。

（四）人格特征

人格因素表明，具有个性强，过分的抱负，固执好争辩，急躁、紧张、好冲动，富含敌意，具有攻击性等所谓 A 型性格的人，容易发生心理危机。在社区矫正实践工作中，同样的事件对有的社区矫正人员可能影响不大，但对另一部分社区矫正人员可能就会产生心理危机事件，这就是个体特征因素在起作用。

（五）社会支持系统

根据对心理危机发生原因的分析，一个经历危机事件的个体所拥有的社会支持系统对其是否产生心理危机，以及危机的过渡有较大的影响。社会支持系统既包括危机个体所拥有的物质资源，也包括其所拥有的社会关系，比如可靠的亲人、朋友、同事等。一般来说，社会支持系统强有力的危机个体，更容易渡过危机、走向正常的生活。

通常情况下，下列十类社区矫正人员易发生危机，需要重点干预：

1. 遭遇重大突发事件尤其是负性生活事件而出现心理或行为异常的人，如家庭发生重大变故、遭遇性危机、受到自然或社会意外刺激的社区服刑人员。

2. 患有严重心理疾病，如患有抑郁症、恐怖症、强迫症、癔症、焦虑症、精神分裂症、情感性精神障碍等精神疾病的社区矫正人员。

3. 有既往自杀行为或自杀未遂或亲友、熟人有过自杀行为的社区矫正人员。

4. 有严重疾病、个人很痛苦、治疗周期长的社区矫正人员。

5. 个人感情受挫后出现心理或行为异常的社区矫正人员。

6. 人际关系严重失调出现心理或行为异常，生活质量差的社区矫正人员。

7. 性格过于内向、孤僻、缺乏社会支持的社区矫正人员。

8. 家境贫困、经济负担繁重、长期生活压力过大，有严重自卑感的社区矫正人员。

9. 由于身边的亲人出现个体危机状况而受到影响，产生恐慌、担心、焦虑、困扰的社区矫正人员。

10. 其他有情绪困扰、行为异常的社区矫正人员。

尤其需要注意的是，如果在上述十类中，同时符合多项特征的人群更需要重点干预，因为他们甚至面临很高的自杀危险。

五、社区矫正人员心理危机的表现与后果

（一）社区矫正人员心理危机的表现

危机中的个体总是以各种不同形式表现出来，呈现给人的是另外一种表现，不会直接告知您我遇到了危机。其表现形式为：惊恐状态、自杀与自杀未遂、药物与精神活性物质滥用、严重的躯体损害与疾病、家庭暴力等。社区服刑人员心理危机具体表现在以下几个方面：

1. 情绪方面。在暂时的震惊之后，随之出现否认、混乱、害怕、焦虑、恐惧、怀疑、不信任、沮丧、忧郁、悲伤、易怒、紧张、不安、烦躁、自责，甚至是绝望、无助、麻木、孤独、过分敏感或警觉、无法放松、持续担忧、担心家人安全、害怕死去、情绪低落或不稳、哭泣等；还可能会对任何事情失去兴趣，也没有愉悦感；惊慌失措状、或表面平静，给人眼神游离的感觉。这些反应表明个体失去了心理平衡状态。

2. 言语方面。沉默寡言，或言语本身带有特定意义令人费解，如打听什么方式自杀没有痛苦，直接询问哪种药物吃多少会死、活着不如死等。

3. 认知方面。问题解决能力与应对机制暂时受到打击。表现出逃避、不能接受，内疚，孤独，无用感，甚至觉得没有希望、没有未来，认为痛苦无法忍受、永无止境，甚至产生自杀念头"一死了之或一了百了"乃至构想自杀计划，等等。

4. 行为方面。社交退缩、逃避与疏离，不敢出门、容易自责或怪罪他人、不易信任他人、对关心他的人采取回避的态度，呆坐沉思，麻木状，逃避学习和受教育、酒精或药物滥用、故意再次违法，等等。

5. 性格方面。平时性格开朗、改造态度积极乐观，出现危机时则相反，如果平时性格内向，可能会加重，或性格变得暴躁、易怒、抱怨、怨恨一切事情，甚至认为社会对他不公平等。

6. 其他方面。失眠、食欲、食量明显变化、性欲减退，头痛、疲乏、做噩梦、容易惊吓、感觉呼吸困难或窒息、梗塞感、肌肉紧张，做事注意力不集中，严重者出现自杀、物质滥用等。

（二）社区服刑人员心理危机的后果

心理危机是一种正常的生活经历，并非疾病或病理过程。每个人在人生的不同阶段都会经历危机。由于处理危机的方法不同，后果也不同。一般有四种结局：①顺利度过危机，并学会了处理危机的方法策略，提高了心理健康水平；②度过了危机但留下心理创伤，影响今后的社会适应；③经不住强烈的刺激而自伤自毁；④未能度过危机而出现严重心理障碍。对于大多数社区服刑人员来说，危机反应无论在程度上或者是时间方面，都不会带来生活上永久或者是极端的影响。他们需要的只是有时间去恢复对现状和生活的信心，加上亲友间的体谅和支持，能逐步恢复。但是，如果心理危机过强，持续时间过长，会降低人体的免疫力，出现非常时期的非理性行为。对个人而言，轻则危害个人健康，增加患病的可能，重则出现攻击性

和精神损害；对社会而言，会引发更大范围的社会秩序混乱，冲击和妨碍正常的社会生活。其结果不仅增加了有效防御和控制灾害的困难，还在无形之中给自己和别人制造新的恐慌源。

六、社区矫正人员心理危机的识别与评估

（一）社区矫正人员心理危机评估

社区矫正人员心理危机评估是社区服刑人员心理危机干预的一项重要工作，对社区矫正人员心理危机的评估需要一定的专业技术，应该由专业人员或经过培训的危机干预工作者完成。

社区矫正人员心理评估是社区矫正人员心理干预工作的前提和基础，它是评估者根据心理测验的结果，加上调查、观察得到的多方面的资料，对被评估的社区矫正人员个体或群体的心理特征作出有意义的解释和科学的价值判断过程。

（二）社区矫正人员心理危机评估的一般过程

社区矫正人员心理评估的过程一般有：①确定评估目的和评估标准；②资料收集阶段；③具体评估阶段；④评估结果的使用阶段。

（三）社区矫正人员心理危机评估的内容

社区矫正人员心理评估的内容一般包括情绪、认知、行为和躯体症状四个方面。

1. 情绪：处于心理危机状态的社区矫正人员往往表现出高度的紧张焦虑、抑郁、悲伤和恐惧，部分人甚至会出现恼怒、敌对、烦躁、失望和无助等情感反应；

2. 认知活动：在急性情绪创伤或自杀准备阶段，心理危机者的注意力往往过分集中在悲伤反应或"一死了之，一了百了"的想法之中，从而出现记忆和认知能力方面的"缩小"或"变窄"，判断、分辨和做决定的能力下降，部分人会有记忆力减退、注意力不集中等表现；

3. 行为方面表现：处于心理危机状态的社区矫正人员往往会有痛苦悲伤的表情，哭泣或独居一隅等"反常"行为。例如，劳动能力的下降，从而不能劳动和料理自己的事务，兴趣的减退和社交技能的丧失，从而日趋孤单、不合群、郁郁寡欢，以及对周围环境漠不关心，对前途的悲观和失望，从而会产生拒绝他人帮助和关心，脾气暴怒或易冲动。

4. 躯体症状方面：相当一部分心理危机的社区矫正人员在危机阶段会有失眠、多梦、早醒、食欲下降、心悸、头痛、全身不适等多种躯体不适表现，部分还会出现血压、心电生理及脑电生理等方面的变化。

（四）自杀危险性评估

自杀危险性的评估包括两个方面：①需要评定有自杀企图的社区矫正人员是否存在生命危险，即自杀、他杀、自伤、冲动攻击行为等发生的可能性，这一水平的评定至关重要，因为牵涉到生命的存在与否；②需要评定有自杀企图的社区矫正人员是否已丧失原有的社会角色能力、是否与周围环境疏远或隔绝，或者离开原先所处的自然社会环境。

自杀危险性评估必须注意，对有自杀企图的社区矫正人员的检查评估应该尽量在短时间内迅速作出，以便及时干预和抢救。

自杀危险性评估同时也包括下述两个方面：①自杀的严重程度；②相关的危险因素。

第二节　社区矫正人员心理危机干预的操作程序

一、社区矫正人员心理危机干预

（一）社区矫正人员心理危机干预的定义

心理危机干预又称危机调停，是以急诊访问或劝导的形式，改善可能导致心理障碍的各种条件的一种心理干预措施，以避免患者发生意外事故或发展成为精神病。罪犯心理危机干预也由此而来，是对心理失衡罪犯的紧急处理技术，其目的就是解救那些陷入心理危机泥沼中的罪犯，以避免导致他们逃跑、伤害、自杀等严重后果。社区矫正人员心理危机干预就是以社区矫正人员为特殊对象的一种危机干预。

卡普兰认为，危机是一种状态，造成这种状态的原因是生活目标的实现受阻，且用常规的行为无法克服。根据卡普兰理论，个人危机的发生与否，首先取决于个体是否拥有足够的生活必需品（物质），即衣食住行的条件；心理必需品，如安全性、美、爱等；文化必需品，如家庭、群体交往等。当这些必需品过多或严重不足，或者极可能出现过多或过少的变化时，都有可能使个体陷入紧张、恐惧，从而重新考虑应付生活的策略。面临危机的人，有的会采取积极有效的行为方式，应付危机，以保持心理平衡；有的则因采取消极、无效果的行为，结果处于一种心理危机状态，轻则心身状况不佳或适应社会生活困难，重则严重心理失常、精神崩溃，乃至导致自杀行为，甚至更严重的社会后果。因此，对于心理危机状态必须进行危机干预，及时有效地干预能够增强个体应付心理危机的能力。

目前，危机干预理论走向折中化趋势，是因为现在危机干预过程中，危机干预工作者在有意识地选择和整合各种有效的概念与方法来帮助危机者。很少运用单一的理论方法进行干预。折中理论融合为两个普遍深入的主题：①所有的人和所有的危机都是独特的；②所有的人和所有的危机又都是类似的。并且这两个主题不是相互排斥的。正如危机的普遍性与特殊性并存一样，两大主题也同时存在。例如，每个人都要经历亲人的死亡，但每个人对亲人离去的事实的接受程度绝不相同。因此，对于不同的危机者可能需要运用不同的干预方法。折中主义理论并非无原则的"拿来主义"，而是要把各种理论与方法有机地结合在一起，运用恰当的方式满足危机者的需要。折中主义者不仅在技巧方面，而且在直觉方面取得很大成就。他们认为，个人的感觉和对情境的认知同等重要。在很多情况下，基于感觉的干预策略选择，甚至比科学的推断更有效。这更是一种灵活、高度顺应情境的干预技术。可以在某种程度上讲，这种技术已被折中主义者发挥得淋漓尽致。

[知识小窗口]

中国心理危机干预与现状

我国危机干预服务和研究起步较晚，近年来，由于我国人群的心理问题、精神障碍和精神疾病的发生率及自杀率有了明显的上升趋势，自杀事件也是一个重要的心理卫生问题和公共卫生问题，人们逐渐认识到自杀在我国公共卫生方面的重要性，开始重视危机干预服务和研究。

近年来，突发公共卫生事件和灾难性突发事件中出现的非自杀性的心理危机也是经常发生，自然和人为灾害、酒精滥用和吸食毒品、移民、离婚、家庭暴力、独生子女家庭、学习压力、失业以及社会竞争激烈，这些因素可能会导致未来几年心理危机事件的上升。而青少年中有各种学习情绪和行为障碍等心理健康问题的人数也已经达到了 3000 万。

当代中国人的心理健康问题也受到了政府和社会各界层人士的广泛关注，精神卫生问题成为重大的公共卫生问题和突出的社会问题，已经成为我国政府和国际社会的共识。

卫生部指出，自杀是我国重要的精神卫生问题之一，我国每年至少有 25 万人自杀死亡、200 万人自杀未遂。我国自杀死亡率在 1990 年为 18.6 人/10 万人，在 20 世纪 90 年代中期已经达到 22.2 人/10 万人。精神障碍和精神疾病是导致自杀最重要的危险因素之一，其他因素包括酒精依赖、药物滥用、人格障碍，以及精神分裂症等。

抑郁症在自杀者中是最常见的精神障碍，15% 的抑郁症病人最终自杀死亡。西方国家的大多数研究表明，精神疾病是自杀死亡的重要原因之一，在自杀者中精神疾病患者达 90% 以上，而我国研究报道精神疾病患者约占 30% ~65%。

据中国疾病预防控制中心的研究发现：70% 左右的自杀死亡或自杀未遂者从来没有因为其问题寻求过任何形式的帮助；60% 的自杀死亡者和 40% 的自杀未遂者在自杀当时有严重精神疾病。

（二）社区矫正人员心理危机干预的目的

干预是危机干预的基本目标；预防则指的是不要让某些事情发生。预防是危机前干预，公共卫生确立三级预防的形式。

第一级：企图减少人们经历的危机状况。

第二级：用干预减低危机状态的严重性，并缩短危机造成功能损害的时间及心理上的失调。

第三级：危机干预的目标是要预防病人住院期间或在未来的家庭生活中崩溃。

总而言之，危机干预目标是预防、复原改善或维持。

也有另一种预防的分类方法在医疗体系当中使用，它是为了减少精神失调的危险。刚开始是由 Gorden 发展。他也分为三级：全国性的、有选择性的、象征性的。

第一级：预防的干预被视为对特殊的人群是必要的。如预防的危机干预包含对军人的减压计划、在学校训练青少年问题解决的技巧和新父母的支持性团体。对这些压力的干预目的都是要减少人们经历压倒性危机的压力。

第二级：选择性预防的干预是针对群体或个人突然处于危机事件所做的处理。这些例子包括紧急事件的心灵洗涤（debriefing）干预和用开放性团体来支持刚被诊断为生活有威胁性疾病的人。

第三级：象征性的预防干预是提供给经验过突发性压力失调、PTSD 或家庭解体等症状的人。

社区矫正人员危机干预的目的主要有以下几点：

1. 采取紧急应对措施，协助处于危机状态的社区矫正人员度过现有的混乱状态，降低危机反应的影响程度。

2. 减少或避免来访者心理疾病的产生，避免由于危机引发的伤害行为，提高社区矫正机构及处于危机状态的社区矫正人员应对危机的能力。

3. 增加处于危机状态的社区矫正人员成长的可能性，使其学到新的应变技巧，增加生活选择，拓展人生观。

4. 维护社区矫正机构正常工作秩序的稳定，保证公共安全。

（三）社区矫正人员心理危机干预的原则

1. 及时性原则：对社区矫正人员进行危机干预强调及时性，强调现有危机的立刻解决，及时介入，第一时间为来访者提供危机干预。

2. 生命第一原则：发现危机情况，应以人为本，立即采取保护措施，最大限度地保护处于危机干预的人身安全。

3. 尊重接纳来访者：突发性事件可能使危机个体突然丧失或降低解决问题的能力，内在的心理状态和外在的社会环境的相互作用更容易使危机进一步加重，所以需要对危机来访者尊重和接纳。

4. 多元参与分工协作原则：实施危机干预过程中，要联系危机来访者的亲属、相关部门要协调配合，履行职责，积极主动地开展工作。

（四）危机干预的常用方法

关键事件应激报告法 CISD。关键事件应激报告法首先由 Mitchell 提出，最初是为维护应激事件救护工作者身心健康的干预措施，后被多次修改完善并推广使用，现已经开始用来干预遭受各种创伤的个人，分为正式援助和非正式援助两种类型。

非正式援助型由受过训练的专业人员在现场进行急性应激干预，整个过程大概需要 1 小时。而正式援助型的干预则分为 7 个阶段进行，通常在伤害事件发生的 24 小时内进行，一般需要 2~3 小时。具体步骤包括：

1. 介绍小组成员和干预过程，与受害者建立相互信任。

2. 要求所有受害者从自己的观察角度出发，提供危机事件中发生的一些具体事实。

3. 鼓励受害者揭示出自己有关事件的最初和最痛苦的想法，让情绪表露出来。

4. 挖掘受害者在危机事件中最痛苦的一部分经历，鼓励他们承认并表达各自情感。

5. 要求小组成员回顾各自在事件中的情感、行为、认知和躯体体验，以便对事件产生更深刻的认识。

6. 要求受害者认识到，他们的应激反应是在非正常压力之下正常、可理解的行为，并为他们提供一些如何促进整体健康的知识和技能。

7. 总结修改有关应对策略和计划。

CISD 模式对于减轻各类事故引起的心灵创伤，保持内在环境稳定，促进个体躯体疾病恢复有重要意义。

（五）危机干预的理论模型

1. 平衡模式（Equilibrium Model）。平衡模式又可称为：平衡/失衡模式。是最纯粹的危机干预，主要应用于危机干预的起始期。危机过程中的人通常处于心理、认知、情绪乃至行为的失衡状态，在这种状态下，危机者原有的应对机制和解决问题的资源无法满足他们的需要。平衡模式就是要帮助人们利用各种可利用的资源走出不平衡状态，重新获得平衡。在危机发生后，危机者处于严重的不平衡状态，他们失去了自我控制力，不能分清问题的方向，也无法作出适当的选择。因此，此时的危机干预的着眼点就是稳定病人的情绪、心理，逐步调整他们的认知。在病人没有达到足够的稳定时，不应该采取其他措施，也无法采取恰当有效的措施。

2. 认知模式（Cognitive Model）。危机干预的认知模式基于这样一种认识：危机根源于事件和对事件的境遇的错误思维，而不是事件本身或与事件和情境有关的事实。此模式的基本原则是，通过改变思维方式，尤其是通过认识其认知中的非理性和自我否定部分，通过获得理性和强化思维中的理性和自强成分，人们能够获得对自己生活中危机的控制。著名的心理学家艾利斯（Ellis）的理性情绪疗法、贝克（Beck）等人的认知行为系统治疗方法以及莱茵汉（Linehan）等的辩证行为疗法是这一模式最佳的证明。在正常的现实生活中，人们常常受非理性情绪困扰，在危机中，否定的错误的情绪更是占尽优势，顺势疯长。如果不及时调整，他们则会完全否定自己，对困境无能为力。因此，危机干预工作的任务就是要通过练习和实践新的自我说服，使个体思想变被动为主动，变消极为积极，变否定自我为肯定自信。因此，认知模式最适宜于稳定下来并回到了平衡状态的求助者。也就是危机干预的中后期干预阶段。

3. 心理社会转变模式（Psychosocial Transition Model）。心理社会转变模式同样适用于危机干预的中后期干预阶段。该模式认为人是遗传天赋和从特别的社会环境中学习的产物。危机可能与内部和外部（心理的、社会的、环境的）困难有关。危机干预的目的就是，与求助者合作，以测定与危机有关的内外部困难，帮助他们选择替代他们现有行为、态度和使用环境资源的方法。结合适当的内部应对方式、社会支持和环境资源以帮助他们获得对自己正常生活的自主性。因此，心理社会转变模式不再把危机看作是一个单纯的内部状态，而是一个内外交互作用的结果。对危机的干预不仅需要考虑危机者的内部因素，如人格、身心状态、应对方式等；也需要考虑他们的外部环境因素，如家庭、学校、职业、友伴甚至社区等。所有的这些内外因素构成一个复杂的社会系统。个体只有与系统相适应，或懂得这些系统的变化发展规律，才能持续性地解决危机。

二、社区矫正人员心理危机干预的常用技术

对社区矫正人员的心理危机干预所使用的技术，与心理咨询和治疗所使用的技术有许多共同之处，如都需要矫正工作人员采用倾听、共情等技术，而心理危机干预工作中最为重要的技术主要有以下几种：

1. 倾听技术。在帮助社区矫正人员应对心理危机时，专业人员应该树立这样的观念：听比说更重要。倾听最基本的作用在于，鼓励社区矫正人员把自己的感受和观念表达出来。倾听不是一种被动的活动，而是积极地对社区矫正人员所传达的信息做出反应的过程。在帮助和引导社区矫正人员处理心理危机的过程中，矫正工作人员专注地倾听，对于社区矫正人员来说，本身就是一个情绪宣泄和疏导的过程。同时，专业人员还应通过倾听，来了解社区矫正人员的心理危机的内容和特点。此外，在倾听的过程中，专业人员还应该注意到非言语性活动的重要性。倾听应当专注而具有耐心，不要随意打断对方，并在倾听的过程中施以一定的反馈。目光接触、身体语言、空间距离等都传递着重要的信息。

2. 询问技术。询问的过程，既是收集信息、找出问题症结的过程，也是选择干预措施和调整干预进度的过程。询问一般包括开放式提问和封闭式提问。一般而言，如果对社区矫正人员所遭遇的情况了解程度不深的话，则尽可能选择开放式的问题进行提问，选择诸如"什么"、"怎么样"、"能不能"、"是否愿意告诉我……"等形式发问。通过一系列的提问，专业人员要达到以下两个目的：①让专业人员确了解社区矫正人员所面临的问题及问题的性质和程度；②在回答这一系列问题的过程中，社区矫正人员对自身问题的理解和认识会逐渐客观、理性，同时对如何应对眼下的问题也会有一定的思考。当然，虽然开放式询问可以获得丰富的资料，但是封闭式提问也有其独特的优势，即能够对一些重要的信息进行深层次的挖掘。当专业人员需要了解具体的细节信息，以及获得社区矫正人员的承诺时，专业人员可以通过封闭式问题，从而获得更为具体详细的信息，以更好地了解问题所在。

3. 创立和谐的沟通氛围。矫正专业人员应当与社区矫正人员形成和谐的沟通氛围，只有在良好的沟通氛围的基础之上，干预才能顺利进行。矫正专业人员要创立和谐的沟通氛围，首先要有冷静、专业的态度，并通过接纳、共情、真诚、热情等技术来实现。

4. 支持技术。支持技术主要指矫正专业人员通过疏泄、暗示、鼓励、促进环境的改善等方式，为社区矫正人员提供情感上的支持，以缓解其焦虑等不良情绪，给处于危机中的社区服刑人员以温暖和力量，帮助社区矫正人员以较为冷静、缓和的态度来面对遇到的危机事件，以免造成更为严重的后果。例如，当社区矫正人员自卑、失去生活信心时，矫正专业人员可采用鼓励的支持技术，如指出其优点，对其讲述榜样的事迹等，帮助其振奋精神，勇往直前。

5. 问题解决技术。问题解决技术通过"明确问题、制订计划、执行方案、处理问题"的方法，帮助社区矫正人员掌握解决问题的技能、增强解决问题的能力，并用其处 理问题。矫正工作人员通常通过解决问题的技术，让社区矫正人员了解心理危机与诱因之间的关系，并让其明确解决问题的正确方法及社会支持系统的重要性等。可以说，问题解决技术是危机干预实践中最为重要的一种技术。

三、社区矫正人员心理危机干预的操作流程

危机干预的步骤可分为两类：一类是倾听而非采取行动的步骤，包括：①确定问题；②保障安全；③提供支持。它们是危机干预的前三步。另一类是危机干预的后三步，包括：①提出并验证可变通的应对方式；②制定计划；③获得承诺，采取积极的应对方式。以上六个步骤，是紧密不可分割的，共同构成危机干预这个整体，通常各个步骤之间没有严密的界限。

社区矫正人员心理危机干预也可以遵循如下操作流程和步骤：

第一步：确定问题。危机发生后，危机干预工作者干预危机所面临的最首要的问题，就是要全面地了解危机者的状况、问题。确定、理解他们对危机的认识。必须从危机者的角度，认识问题，而绝不能凭危机干预工作者自己的主观臆断来判断。干预工作者必须通过倾听，运用同情、接纳、理解、真诚以及尊重等技术，确认危机者所处的危机境遇，并得到危机者的认同。如果没有全面深入地理解问题，那么干预者随后制定的计划、应用的干预策略和付出的努力可能会失去重点，甚至对危机者毫无价值。这一阶段危机干预工作者要向危机者真诚地表达关心，耐心倾听。询问他们目前面临的困境以及困境对他们带来的影响。鼓励他们与他们值得信任的人谈心。要多倾听，少说话。给他们足够的时间说出内心的感受和担心；要有耐心，不要因为他们不能很容易的与您交谈就轻言放弃。允许谈话中出现沉默，甚至沉默是干预的重要契机。这一阶段可以询问如"在您现在的生活中发生了什么事情？""能与我具体谈一谈吗？""什么时候、哪个地方、因为什么、发生了什么事件？"等问题。

第二步：保障安全。危机干预最首要的目标，是保障危机者的安全。虽然保障安全处于危机干预的第二步，但危机者的安全永远是危机干预强调的重点。这里所讲的安全，简单来说就是对自我和对他人的生理与心理危险性降低到最小可能性。在危机干预的任何阶段，干预工作者必须随时评估危机者的安全。尤其是要确认他们有生命安全，即不会自杀，也不会对他人构成伤害。当然，危机干预工作者的安全也必须有充分的保障。不要害怕询问危机者是否考虑过自杀，恰当的询问不会导致他们自杀，反而会挽救他们的生命。恰当的询问如"您是否有过很痛苦的时候，以至于您想到了结束自己的生命？""有时候一个人经历非常困难的事情时，他们会有轻生的念头，您有过类似的想法吗？""从您的谈话中我感受到您非常痛苦，但我不知道您是否产生过自杀的念头？"等。正如许多国内外自杀研究者所说："询问危机者是否会自杀，能为危机干预打开一扇门。"询问自杀想法，要注意：可以正常化自杀念头，但绝对不能正常化自杀行为！同时，危机干预工作者不要害怕询问危机者的自杀想法。一旦存在这种顾虑，反而可能关闭这个"大门"，招致危机者的拒绝与否认。如"您没有/不会有自杀的想法是吧？"这种询问方法就极不恰当。此外，当危机者的某些行为或语言惊吓到干预工作者时，工作者要直接告诉他们。干预工作者需要诚实面对他们的担忧或者不知道怎么办的情况，而不是假装没事或假装愉快。

第三步：提供支持。危机过程中的危机者通常处于心理、认知、情绪乃至行为的失衡状态，他们原有的应对机制和解决问题的资源无法满足他们的需要。危机干预工作者就是要通过倾听，无条件地接纳危机者，让他们感觉到被肯定、被支持。干预工作者不要担心危机者会出现强烈的情感反应。情感的爆发有利于感情的释放。也不要试图说服他们改变自己内心的感受；要鼓励危机者表达内心最真实的感受。不做评判，只有接纳。要询问危机者的感受，"是什么样的感受？与原来相比有什么不一样？"并且，要让危机者相信，他们现在处于困难时期，他们需要别人的帮助。并且寻求别人的帮助不是懦弱的表现，要鼓励他们主动寻求他人的帮助和支持。同时要告诉危机者，干预工作者很愿意支持他们、帮助他们。

第四步：提出并验证可变通的应对方式。在这一步中，危机者通常处于思维混乱，无法恰当地判断什么是最佳选择。因此，有效的危机干预工作者需要帮助危机者发现并确信，还有多种可变通的应对方式可以选择，还有适宜的、恰当的选择。尤其要让危机者运用积极的、建设性的思维方式，来改变他们对危机的看法，从而减轻应激与焦虑水平。很显然，这一步骤是建立在充分倾听的基础上的。干预工作者可以问诸如"这件事对于您来说意味着什么？"、"您想得到什么样的帮助？"、"您想运用什么方式应对目前的困境？"等之类的问题。

第五步：制定计划。在第四步，危机者的情绪、认知状态得到较大改变，能采取积极的应对方式看待危机。第五步就需要危机干预工作者与危机者共同制订计划来改变他们的失衡状态。制订计划一定要注意发挥危机者的充分参与性、主动性及自主性。要让他们感觉到计划是他们在工作者的帮助下，他们自己做出的自主性选择。并且他们会对计划付出行动，并愿意承担实施计划的责任。他们会通过自身的努力完成计划，并因此，走出危机，战胜危机。

第六步：获得承诺，采取积极的应对方式。危机者与干预工作者达成书面协议，承诺采取积极的方式实施应对危机的计划。随后，危机干预工作者逐渐退出整个危机干预过程。干预工作者要给予危机者希望，让危机者知道他们的困境是能够改变的，他们能够应付目前困境。

[干预案例展示]

一例对患抑郁症并有自杀倾向的社区矫正人员的危机干预

基本情况：

社区矫正人员刘某，男，45岁，因危险驾驶罪被判处缓刑3个月，判刑前就有十几年的失眠和抑郁史，有自残自伤的经历，进入司法所后情绪非常不稳定，不善言谈交际，喜独处静坐，没有明显的特长和爱好。最近妻子与其离婚，14岁的儿子随母，离婚后随着妻子与儿子离开，该社区服刑人员再次流露出轻生的念头。

刘某内心十分痛苦、绝望，情绪体验深刻，但始终没有主动要求咨询。社区矫正工作者发现刘某的情况后上报社区矫正机构，矫正中心心理咨询师决定主动对刘某进行危机干预。

情况表现：

刘某向心理咨询师坦白，如今自己对生活感到十分绝望。他认为"社区矫正人员"这顶帽子使他一辈子抬不起头，自己的工作、生活也从此毁于一旦，妻子儿子都走了，生活没有任何希望。心理咨询师对他所述的症状归纳如下：

1. 生理方面。刘某被判刑后一直食欲缺乏，对他平时喜欢的菜品也提不起兴趣；睡眠质量有所下降，晚上经常想起许多事而难以入眠。

2. 情绪方面。刘某的情绪主要表现为两方面：①绝望情绪。认为自己的犯罪行为会让身边所有人瞧不起，包括自己最亲的人，不知道自己将来该如何生活及面对朋友。②后悔情绪。刘某十分后悔自己一时糊涂的犯罪行为，同时也恨自己为父母带来的痛苦和困扰，认为自己无颜面对家人，连妻子和儿子都看不起自己，因而难以原谅自己。

3. 行为方面。不愿工作，也不愿参与任何社交活动，觉得自己一无所有了，担心自己被瞧不起。不愿去公众场合，也不愿找工作，害怕自己"社区服刑人员"的身份被知晓。常一个人独自在家里发呆，有时候会流泪，会自己打自己。

4. 危机诱因。对于刘某的心理危机诱因有二：①自己被判刑，这对于平时极好面子的刘某来说，无疑是晴天霹雳；②自己被社区矫正后，妻子和他离婚，儿子表示有同学说爸爸是犯人，更愿意和妈妈一起过，使刘某更觉得悲伤，不想活下去。

心理评估：

该社区矫正人员EPQ心理测试的结果是：$E=41$；$N=69$；$P=50$；$L=45$。据此结果分析：该社区矫正人员的性格特征为内向不稳定型，具有明显的变态心理倾向。为进一步诊断心理状态，心理咨询师又对他进行了有关心理健康方面的测查。结果显示，在4项重要心理健康指标方面都有问题，而且总分超过了健康警戒水平。调查还获悉，该社区矫正人员入矫前有过自杀行为倾向，目前又遇重大生活事件，流露出较强的轻生绝望念头。

心理危机干预实施流程：

1. 明确问题。心理咨询师首先对刘某的父母进行家访，了解到刘某的一般情况，又翻阅了刘某的相关档案文件，了解其入矫后的动态，同时对刘某进行访谈、心理测验，明确了危机诱因。具体情况如上述情况表现中所述。

2. 保障安全。心理咨询师将刘某的轻生念头告知了负责管理的社区矫正人员，同时联系其家中的父母和姐姐，告知其情况，让他们看好该社区矫正人员，将其身边的危险工具拿走，并且随时注意刘某的动向，不让其到危险的地方去。

3. 提供支持。由于刘某曾提到，自己以前面临挫折时通常是向姐姐和父母倾诉，而且对于社区矫正人员来说，社会支持系统是十分重要的，所以此次危机干预让其父母来帮忙进行。心理咨询师让刘某的姐姐对刘某多关心，让刘某感受到姐姐坚定的情感支持，并让姐姐发动其要好的朋友，共同鼓励刘某，让刘某感受到来自亲友的温暖，燃起重新生活的勇气。

4. 提出应对方式。

（1）帮助刘某宣泄情绪。心理咨询师首先向刘某表示理解和关心，使用尊重、热情、共情的技术，让刘某感受到来自心理咨询师的关怀。鼓励刘某说出目前的感受，心理咨询师在聆听过程中全身心投入，并通过眼神关注和点头的方式予以适当回应。当刘某说到激动之处时，心理咨询师轻拍其肩膀，给予支持。这对刘某来说，也是一种宣泄的过程。在刘某宣泄的过程中，矫正心理咨询师通过倾听、安慰，以及讲述励志故事，来安抚和鼓励刘某重拾生活的信心。

（2）放松训练。针对刘某心理测验的结果，心理咨询师决定先教刘某一些放松训练的技巧，以缓解其焦虑和抑郁情绪，防止更恶劣的事情发生。心理咨询师现场示范了呼吸放松和肌肉放松的方法，并将想象放松的录音交予刘某，让刘某在感到痛苦或焦虑时，自己学着进行放松训练。

（3）理性情绪疗法，调节不良认知。当刘某情绪恢复平静后，心理咨询师开始采用此项技术。首先，让刘某认识到自己的信念——成为社区矫正人员后就没有前途和美好未来是一种糟糕至极和绝对化的不合理信念，妻子与自己离婚仅仅因为自己的罪行也是一种不合理的信念。说服刘某认识到自己的信念是不合理的，并鼓励其树立合理的信念——社会上确实一定程度上存在对社区矫正人员的污名化现象，但只要通过努力，还是有希望取得事业成功和家庭幸福的。

5. 制定计划。心理咨询师与刘某共同制订计划来改变刘某的失衡状态。发挥刘某的充分参与性、主动性及自主性。在制定计划的过程中，每一步都先征得刘某的同意，确实是完全可以实施和做到的，才写到计划里面，刘某制定计划以后对心理咨询师说，这似乎是他自己给自己制定的计划，比较容易接受。

6. 获得承诺。让刘某签订自己愿意按照计划进行改变的承诺书，之后的大多数时间要靠刘某自己来完成任务，如果有需要可以联系社区矫正工作人员或者心理咨询师。

效果及反馈：

在干预结束阶段，心理咨询师对其进行了心理测验，结果如下：抑郁自评量表

（SDS）测验结果：总粗分为 35 分，标准分为 44 分。

可见，刘某的抑郁指数达到了比较正常的水平。在干预结束 15 天后对其进行回访，心理咨询师发现刘某的精神状态有所好转，与姐姐、父母能够有良好的沟通。干预 1 个月后再次对其进行回访，工作人员了解到刘某积极参与了一起社区的公益活动，不再排斥与熟人见面，并且打算去找新的工作。

第三节　能力拓展：自杀干预

危机干预的应用十分广泛，不同类型的危机需要不同的干预策略。最常见的危机干预就是自杀干预和灾难性危机干预。本节主要以自杀干预与对灾难性危机事件的干预为例加以说明。对因抑郁症自杀的自杀干预在上编自杀相关章节已经有详细阐述，在此不作赘述。

一、自杀预防是危机干预的同义语

危机干预是紧密地与自杀预防联结在一起的。RogerCornut 和 San draPaulson（1980）认为二者几乎是同义语。1957 年，由 Shneidman 和 Farberow 二位心理学家率先在洛杉矶建立起多学科（医学、心理学、社会学、福利部门、牧师等）合作的自杀预防中心，为自杀者和既往自杀未遂者提供服务。由于大众对自杀预防有讳忌，故后来建立的相似机构倾向改称危机干预中心。目前发达国家的中等以上城市多数有公营或福利性的危机干预机构。在美国，20 世纪 70 ~ 90 年代发展了数百处危机干预组织。Cooper（1979）受 WHO 欧洲办事处的委托，对欧洲 13 所危机干预机构进行调查，发现这类机构可降低自杀率和精神病住院率。我国于 1991 年首先在南京建立起危机干预中心，之后在北京、长沙、成都、杭州、深圳相继成立。1960 年 "国际危机干预和自杀预防协会" 在奥地利建立，至今已举行 22 届学术会议。1994 年中国心理卫生协会建立 "危机干预专业委员会"，每 2 年举行一次学术会议，已召开过 6 届。

二、自杀干预的阶段性任务

自杀干预是以在突发事件紧急干预过程中，降低目前的自杀危险程度为阶段性任务。任何危机干预工作可由以下六个阶段性任务组成。它们一起构成第一大重要步骤，导致实现自杀干预的最终目标——预防自杀。笔者建议应把这些当作指南，但不是严格的规程。每一阶段都有独特的目标与任务，完成这些任务需要运用多种方法和技术。并且，这只是短期的危机干预，而不是长期的心理咨询或心理治疗。尤为重要的是，不同的危机者提供帮助的干预方法可能不尽相同，甚至同一个危机者在不同的情境也需要采取不同的危机干预方法。

（一）介入

通过谈话，关注危机者对于生活压力事件明确的与不明确的感受以及对事件的反应。运用个性的方法介入。通过鼓励公开表达个人的担忧，从危机者的角度探索他的处境。向他表达你非常关切他的感受。首先关注的是所发生的生活压力事件，但通常这些事件本身不会导致危机。危机源自于对相关危机事件的感受和解释。你与危机者之间的距离会在他表达感受的同时快速的缩小。

这个阶段有两个目标：①向危机者表达接纳和支持；②发现与感受与危机事件相联系的自杀意图。

问：你对所发生的事件有怎样的感受？

（二）识别

识别即识别是否存在自杀想法。

当你们已经建立起良好的关系时，你已经更多地知道了关于危机者的处境、感受和想法。此时，你可能认识到其自杀的可能性。这些征兆包括症状表现、生活压力、直接的自杀意图的表述以及请求帮助的目的与原因。你必须直接地同危机者谈论自杀。你需要去发现危机者是否认为自杀是一种解决问题、释放情感的方式。任何间接的、不清晰的自杀询问方法只能带来更加不清晰的回答。一定要有敏锐的感觉，同时使问题尽量的清晰、具体。

问：你想过自杀吗？你有自杀的计划吗？

（三）询问

询问当前活下来的理由以及想自杀的原因。

如果危机者确实考虑过自杀，你就需要询问他对当前这些事件的感受以及引发自杀想法的理由。这样询问的目的是促进你和危机者进一步理解产生自杀念头的原因。充分的理解创造出脱离现场处境的基础，而不是自杀。此时关注的焦点仍然是危机事件与危机者对危机事件的反应，但运用的方法不同，因为你现在知道了情况的严重性，即自杀是一种选择。

现在，你关注的重心转移到尽可能多地了解此刻危机者试图正确对待自杀的挣扎与斗争。哪些压力和丧失他认识到了？这些丧失与自杀有怎样的联系？他是否表现出没有希望的感受和想法？他现在感到多大程度的孤独？有谁可以帮助他？接受自杀作为解除痛苦的方法的欲望有多强烈？

问：你觉得自杀是唯一的解决办法，同时你又想找到其他解决问题的途径。我说的对吗？

（四）评估（前面已有详细阐述）

评估自杀危险程度并检验危机者是否赞同你的评估。

问：我发现你现在有严重的/中度的/较轻的伤害自己的危险。这符合你的感受吗？

（五）契约

通过获得危机者对操作计划的赞同，其中包含一个无伤害合同，以减少当前自杀的危险。

在开始本阶段的任务之前，你必须保证你与危机者朝共同的目标而努力。同你的危机者分享你评估的结果。询问他是否准备考虑其他可以帮助他继续活下来的解决问题途径。任何计划的制订都是经过危机者同意，并与他合作完成的。如果他犹豫不决或者不确定下面的步骤，你们必须回到询问任务阶段，并且重新讨论他的矛盾感受和情绪。

问：你同意你做 A、B 与 C，然后我做 X 与 Y 以预防你当前自我伤害的危险吗？

在契约中如何制定操作计划的方式与步骤，由危险评估部分的评估结果决定，不同程度的自杀危险性，操作计划的制定也应该相应地有所不同。

1. 针对低自杀危险合同的操作计划。

（1）承认个体各种负向的感情。鉴于自杀经常与低自尊的想法与感情相关。企图自杀者有时非常痛苦，以至于他们很少谈论甚至根本不谈论他们的感受。通过提供支持，危机者转过来关注他们的感受。当这些感受、情绪宣泄出来以后，他们就能得到理解并为改变而做一些事情。提供选择将促进情绪转变并成为其现在活下去的理由。

（2）认同积极的个人特质。让危机者列出或说出他们自己的优点与他们生活中美好的东西。这些资源都是建立新的生命承诺的希望。一个危机者通常对这些优势资源视而不见甚至遗忘、忽略，尤其是沉浸在绝望感和无助感之中时。在现实契约中，利用好这些危机者认同的资源并把它们作为他们现在活下来的理由的一部分。

（3）增强应对能力。通常应对压力的内部资源是存在的，但它们没被利用。危机者感到失控。他是否考虑过以前他是怎样面对困难，而没有选择自杀。讨论他没有发现的应对能力，并怎样把它们应用在现在的情境中。

（4）减少应激源。有时一个逃避或者撤离压力情境的决定，尽管仅仅是暂时的决定，对保证内部资源与应对能力重新有效的发挥功能是足够的。

（5）识别支持系统与社区资源。危机者是否考虑过有多少在本地工作的亲人、朋友在支持与关心他。他是否知道在社区可以获得专业性的帮助资源。帮助他联系任何合适的可利用资源。

（6）请求专业咨询资源。你可能需要督导或者心理健康专家的咨询。这些资源会支持你的协议并提供建议和计划以满足危机者随后的需求。告诉你的危机者你获得的建议，并让他考虑这些建议。

2. 针对高自杀危险合同的操作计划。

（1）调动支持系统。带着与危机者的契约，与其家人、朋友联系的同时与他们一起分担你们对他的关心。向这些非正式资源提供关于其他支持资源与创设无自杀危险环境的信息。通过与受训的心理健康专家开始治疗关系的接触，以寻求专业帮助。尽管对于危机者来说可能是第一次与专家的会见，但你们可能一致同意约见。

（2）创设无自杀的安全环境（前面已有论述）。

（3）保证一对一的监护。只要自杀高危险没有消除或减少，尽管只是暂时的，但危机者决不能独处。你必须坚持在危机者身边，直到其他帮助资源引入进来。同危机者的亲友制订一份自杀时间表，从而确保危机者不会伤害自己也是必需的。如果高危险自杀行为持续数天（1天以上），必须每一天至少重新评估一次自杀危险程度。这些措施只在短时间内有用，必须尽可能快的安排专业咨询与专业援助。

（4）考虑住院治疗或合法的专业看护。很多地区都有评定、看护、治疗有高自杀危险的危机者的机构。医院心理咨询与治疗机构或精神卫生部门都可以为高危险自杀者提供安全保护。

（六）行动

最后阶段的任务是做你承诺过要做的事情。仅仅承诺你能办到的以及你想完成的。不要尝试做太多。危机者应该感觉到就像他正在尽可能地减少自杀危险一样。如果你做的太多，危机者会觉得你不尊重他求生的愿望。如果你做的多于你想做的或超出你感觉舒服的程度，你会经历到憎恨与焦虑，甚至最终对危机者表现得十分明显。尽可能从一开始就对你自己与你的求助者真诚。不要害怕向他们透露关于你的感受和能力的信息，只要你有新的发现。

完成这六个阶段性任务可能基本解决自杀问题。危机者可以把你当作一个重要的外部支持资源，尤其是当他们感觉到无法承受时。你的参与是他不再孤独的证明，同时你也不会孤独。有很多其他的支持资源能加以利用从而可以帮助预防自杀。与这些资源的接触应该包含在你们协商的操作计划之中。这包括吸纳朋友或亲人的帮助或寻求其他资源提供帮助。对于你自己，你可能会想要督导的咨询，与心理健康专业人员接触，或者与一个值得信赖的同事分享。这些人都能支持你的操作协议，并能提供其他方面的建议和计划以促进你干预工作的开展。

[知识小窗口]

社区矫正人员自杀干预方案

这个自杀干预方案的制定是作为一个社区矫正工作者遇到需要危机干预帮助的社区矫正人员时的行为准则。具体情况总是多样的，不能被指定或预期，但这个方案可以提供一个形成针对每个个体的行动方案的指导。

在许多危机干预的情况中，实施行动的先后次序可能很大程度上取决于需要，并且许多步骤可能同时进行。重点：在所有需要考虑的方面中，注意力应该集中在安全和社区矫正人员的最大兴趣上。

第一步：稳定。

1. 不应该有让一个有自杀倾向的社区矫正人员独处的情况发生。

2. 冷静地与社区矫正人员交谈以确定其是否带有威胁生命的器械或物质在身上或在附近（例如刀，药物，绳子等）。

3. 如果可能冷静地将如上所述的器械从社区矫正人员身边移走，改变周围的环境，如果遇到抵抗千万不要强迫社区矫正人员。

4. 将详细情况和您的诊断结果通知社区矫正机构领导和最近的危机干预小组

成员。

5. 冷静地将该社区矫正人员转移到一个事先安排好的没有危险并且远离其他社区矫正人员的地方。那里将会有一个危机干预小组的成员和一部在附近的电话，这样在有危险情况发生的时候能与外界立即联系。

第二步：评估危险。

1. 危机干预小组成员必须冷静地与社区矫正人员交谈以便于评估出这个社区矫正人员伤害自己的可能性。

2. 如果这个社区矫正人员不愿意放开对生命有威胁的器物，则用极端危险的解决程序。

3. 如果该社区矫正人员放开了危险的器物，但仍处在伤害自己的急迫危险中，则用严重危险的应对程序。

4. 如果该社区矫正人员没有伤害自己的急迫的危险，则用中等危险应对程序。

第三步：决定帮助方法。

1. 极端危险应对程序。

(1) 若遇到过量用药或伤害需要医药帮助时，呼叫救护车。

(2) 当直接对来访者和其他人的威胁存在时，呼叫警察。

(3) 谈话并安抚他使其镇定下来，直到警察到来为止。

(4) 尝试着使社区矫正人员放弃伤害自己的方法，并且试着阻止社区矫正人员伤害自己的行为。

(5) 呼叫其亲属，告诉他们采取行动的情况，或者让其他的危机干预小组成员呼叫他们。

2. 严重危险的应对程序。

(1) 判断该社区矫正人员的痛苦和烦恼是否是家人的虐待、忽视或剥削的结果的表现。在继续进行访谈以前，判定更深入内部的治疗是否必要。如果断言被证实，社区心理咨询师、领导或负责人按照正常的程序需要将该情况提交给相关部门。

(2) 如果痛苦明显地与虐待、忽视和剥削无关，那么，干预计划应该让其亲属参与进来制订，亲属应该被鼓励去对来访者的状况进行评估（一张干预计划的资料清单和电话号码将为了以上目的提供给亲属）。

(3) 如果在社区矫正人员集中教育期间，人身危险性较大，则可以将其送进最近的一家医院的急救室。

(4) 在以上所有需要注意的事项中，注意力应集中在安全和社区矫正人员的最大兴趣上。

(5) 应该尽可能早地联系和通知其亲属或者监护人。

3. 中等危险的应对程序。

(1) 判断该社区矫正人员的痛苦和烦恼是否是家人的虐待、忽视或剥削的结果的表现。在继续进行访谈以前，判定更深入内部的治疗是否必要。如果断言被证实，社区心理咨询师，领导或负责人按照正常的程序需要将该情况提交给相关部门。

（2）如果痛苦明显地与虐待、忽视和剥削无关，那么，干预计划应该让其亲属参与进来制订，亲属应该被鼓励去对来访者的状况进行评估（一张干预计划的资料清单和电话号码将为了以上目的提供给家长）。

（3）应该尽可能早的联系和通知其亲属或者监护人所采取的行动。

第四步：通知。

1. 知会相关的管理阶层的成员、其他的危机干预小组成员、矫正工作者、咨询师所采取的行动的情况。

2. 通知该社区矫正人员亲近的朋友和兄弟姐妹关于采取的措施的情况和事实。

3. 注意与之有关的学校也许会存在受到影响的学生个体，这些学校的危机干预小组应该被通知。

第五步：后续工作。

1. 确定应急或短期程序是否贯彻了。

2. 确定长期的干预服务是否已经安排好了。

3. 如果应急的短期或长期的干预服务没有令人满意地实行，那么就联系精神健康团体服务机构。

4. 继续对该社区矫正人员加以关注。

5. 召开一个危机干预小组内的汇报会议，以对该情况的处理情况做出评论。

与亲属或者监护人谈话时需要记住的要点：

1. 通知亲属或者监护人的目的是保护和维护社区矫正人员的安全和利益。

2. 社区矫正机构应该尽最大努力得到服刑人员亲属或者监护人的支持和保护。

3. 讨论加强对来访者的监督管理的需要。

4. 对于拒绝承认自杀的紧急事件的严重性的亲属或者监护人，应该鼓励要求他们填一个表格以表明他们已经被通知到了并且详细地了解了该突发事件。

这只是一个一般预案，是依据危机干预的基本步骤发展而来的。它能较清晰地说明一般情况下，专业人员、相关干预人员是怎样对待社区矫正人员的自杀危机。但对于特殊情况还需要特殊对待。这个预案比较适用于至少社区矫正机构要有心理咨询专业人员，并且要有自杀干预方案。这个方案的前提是已经发现了个体有自杀征兆，从而预防个体产生自杀行为。对于自杀的干预，还是要全社会、全方位的预防。要对每一个人进行生命教育，要从孩子开始进行生命教育。对自杀的干预最重要的还是要做到全面预防自杀。正如北京心理危机研究与干预中心干预理念所说："自杀，一个就太多了！预防自杀是我们每一个人的责任！"

参考文献

1. ［美］Burl E. Gilliland，Richard K. James 著，肖水源等译：《危机干预策略》（上册），中国轻工业出版社 2000 年版。

2. 马立骥主编：《罪犯心理与矫正》，中国政法大学出版社 2009 年版。

3. 刘邦惠：《社区服刑人员的心理矫治研究》，科学出版社 2015 年版。

4. 王卫红主编：《抑郁症、自杀与危机干预》，重庆出版社 2006 年版。

第八章　社区矫正人员再犯罪风险评估

犯罪和重新犯罪的问题，是一种与人类文明发展相生相伴的正常的社会现象。对犯罪及重新犯罪的预防，已成为世界性的课题。

通对重新犯罪危险性进行正确、准确的预测和评估，通过我们主动、积极地做好防控工作，是在一定程度上减少了犯罪，保持了治安环境持续稳定，促进了社会和谐的有效方式，实践证明是对预测、预防犯罪，减少、减轻重新犯罪的行之有效的好方法。本章试图探讨的是我国行刑制度和方式发展的新形势下，关于社区矫正人员的重新犯罪风险的评估、判断、预防和相关的分析。

犯罪预防也是我国为维护社会秩序而采取的积极措施，"打防结合，预防为主"是我国社会治安综合治理工作的重要指导方针；是我国社会治安综合治理的工作范围，也是目标和任务；是我国犯罪预防体系的特殊形式。

犯罪预防是包括社会预防、心理预防、治安预防、刑罚预防四个方面的系统工程。从社区矫正的定位和目的上看，实质上就是刑罚预防的完善和补充。是预防犯罪体系中不可或缺的一环。

关于重新犯罪的概念，有狭义和广义的理解，有法律专业性的理解和民众常识性的理解。在民众词典中，普通人的思维里，凡是过去犯过罪的，现在又犯了新罪的，都是重新犯罪，这样的理解同时也是广义的理解。

在我国，一般都是以刑法中累犯的概念来界定重新犯罪的标准，社区服刑人员重新犯罪的概念参照 1985 年 1 月中央政法委批准的司法部《关于调查刑满释放、解除劳教人员重新犯罪、违法问题的几点意见》中提到的重新犯罪的政策性规定。我国的重新犯罪，应该是指因实施犯罪行为而受到刑罚处罚的人在刑罚执行完毕或者赦免之后一定期限内（5 年）再一次实施的犯罪行为。但"意见"中不包括服刑期间（包括监狱服刑和监外执行两种情形）的再犯罪，也没有犯罪次数限制。同时不包括罚金、没收财产、管制、拘役、缓刑等刑罚执行方式，以及判决时余刑不够 1 年的有期徒刑。

但是，随着我国刑罚执行制度的完善和深化，特别是社区矫正制度的引入和推行，社区矫正人员重新犯罪的问题也就自然走向了前台，对传统的重新犯罪人员的界定，应当相对扩大。

预防和控制社区矫正人员在服刑期间重新犯罪，是社区矫正重要的工作标准。同时帮助他们重新融入社会，更是维护社会安全稳定，预防和打击犯罪，构建社会主义和谐社会的重要组成部分。

定位再犯罪可能性较大的社区矫正人员应加以重点管控，是预防犯罪的共识，随着司法行政体制的改革，社区矫正工作不断地深化，预防社区服刑人员重新犯罪是社区矫正工作的重要任务，是维护社会和谐稳定的要求。社会各界都在积极探索行之有效的方法。

本章将依照心理学理论，从犯罪成因的角度进行评估、分析、预测社区服刑人员的犯罪风险的可能性并尽量予以量化研究。

第一节　社区矫正人员再犯罪风险评估概述

社区矫正人员再犯罪风险，特指社区矫正人员在社区矫正期间，在其非监禁人身自由的情形下，存在的可能再犯罪，继续危害社会的概率。再犯罪风险存在着多因素性和不确定因素性，从实践中看，主要有以下几类风险：

第一类风险是社区矫正人员在社区矫正期限内，实施新的犯罪，危害社会的风险。

第二类风险是社区矫正人员在矫正期限内，不接受、服从社区矫正的管理，违反社区矫正的相关规定，导致收监执行的风险。

第三类风险是社区矫正人员在矫正期满转入安置帮教期间再犯罪的风险。

关于对社区矫正人员再犯罪的风险评估，理论上也属于行为预测学的内容。根据行为预测的原理，尽管制约人们的某种社会行为的因素很多，相互间关系错综复杂，但只要我们通过调查该种社会行为表现不同者的个人及其周边环境的特点，然后经过统计、对比、分析，我们从中就能发现、寻找制约该种行为的影响因素，了解各种因素的影响力程度。在此基础上，我们就可以设计出构建定量的预测公式，从而对该种行为是否会发生，进行准确的预测。

从美国、英国、加拿大和日本等国的实践来看，每一名在社区内接受矫正的罪犯，都必须接受"标准条件"的约束。所谓标准条件，主要是各国刑法所规定的缓刑、假释等条件。此外，还根据具体的案件和罪犯，由法官确定还需要接受"戒除酗酒、回避特定某人、参加各类康复计划或特定计划（主要有认知学习模式）"等"特殊条件"的约束，其实就是根据预测条件做出的回避风险行为。

对社区矫正人员的风险管理通常是由不同阶段的一系列评估所构成的，具体包括适用社区矫正刑罚之前的审前调查评估（审查适用假释之前在监狱接受的危险性评估）；被执行缓刑或其他监外执行刑罚进行的入矫评估，以及监管阶段为调整矫正计划或再次确定风险程度所实施的动态评估与解矫之前的教育教治效果的评估。

运用心理分析与测估量表，在不同阶段中去分析评估对象再犯罪的可能性，定位再犯罪风险较高的社区服刑人员，事实上是一种有效的尝试。

一、社区矫正工作再犯罪风险评估的原则

针对社区矫正人员的再犯罪风险评估，需要借助各类静态或动态的测试、评估

报告，综合分析确定特定罪犯的再犯危险性（人身危险性、再犯可能性）。

在对社区矫正的评估中，需要把握一定的原则和注意相关的问题。在诸多的问题中，尤其需要把握评估时的客观性、连续性和相关性。

（一）客观性

对社区矫正进行评估，必须坚持实事求是、一切从实际出发的原则。但是在进行评估时，则不能受这些讲话和指示精神的影响和左右。因此，我们在评估时必须在整个社区矫正评估工作中，包括前期评估方案的规划、设计，着手进行社区矫正评估的过程，以及得出最终评估结论，都应该坚持客观性原则，在评估中不应带主观趋向性。只有保持评估活动的客观性，才能保证经由评估活动所收集的有关社区矫正的资料能如实反映客观事实，避免评估过程会受到认知、情感以及利益诱惑等主观因素的影响。

为保证评估的客观性，在确定和选择评估人员时，要注意避免和减少与评估对象有直接和间接利害关系的人员参加。在国外往往将比较重大的评估委托给专职的评估公司或者有关的科研机构来进行，国内现在也逐步将审前调查委托给具有心理、社会工作专业的专业机构进行。目的是保证运用科学的方法，并站在客观中立的立场上进行评估。只有通过这样的客观的、不带倾向性的科学的评估，才能为正确的决策奠定基础。另外，在现实的改革中，一些部门和单位存在着注重考虑部门或单位的利益而忽视国家和全局的利益的倾向，这种倾向在一定程度上也会影响评估的客观性，因此，强调评估的客观性和正确地选择评估人员是搞好评估的关键。

（二）连续性

社区矫正的监管过程是不断变化的，对社区矫正的评估也应该是动态的。所谓连续性，是指在较长的时期内，针对一个共同的主题、目的，对相同的评估对象在一定的期限内定时进行评估，有利于分析对比。例如，对社区矫正人员在矫正期内重新犯罪的评估，对重新犯罪率的变化情况进行与此相关的原因分析，从中可以反映出社区矫正的质量以及相关因素对社区矫正的影响。

目前，对社区矫正人员进行的再犯罪风险评估尚未形成系统的模式，社区矫正工作者与专家学者们都在积极探索对不同类型的服刑人员进行连续性的评估，这样可以发现一些规律性的东西，有利于工作质量的提高和改进。

（三）系统性

社区矫正是一个非常复杂的系统，涉及面广，构成再犯罪的因素较多，在进行社区矫正评估时不能孤立地对某个方面的因素来进行研究，特别是在进行诊断性、评判性分析时，需要综合考虑各方面的相关因素，否则评估结论的可信度难以保证。随着社会科学研究的深入，那种单一的因果关系已不能充分解释复杂的社会现象和社会关系。因此，需要研究多重原因和多重结果的相互交叉、相互渗透的关系。例如，重新犯罪率的增加或减少，并不是仅仅与社区矫正构成简单的因果关系。因为它还会涉及更多的原因。在这些原因中又不是完全的对等和并列，因此，在进行评估时需要做更为全面的设计，并对评估的结果进行综合的分析，从而把握事物的本质和内在规律。

（四）可能性

可能性是指在选择评估对象时，要考虑到哪些内容由于不具备评估可能性而被剔除出评估对象的行列。

在评测评估可能性时需考虑的因素包括：

1. 评估的目标对于整个项目来说是否重要。如果重要就需要进行评估，否则就没有必要。

2. 现有的评估方法是否可以精确地得到结果。如果方法问题没有解决，就不可能实施评估。

3. 评估目标本身是否可以用实证方法进行检验。例如，需要评估社区居民对于日益增多的社区服刑人员的担忧程度，那么必须确认这种担忧本身就可以进行测量。

4. 利用现有的信息是否可以认定项目的有效性。如果利用手头资料就可以认定项目的有效性，那么评估就不需要进行了。

5. 当前的制度是否允许进行评估，比如在试点时对社区矫正人员采取了保密措施，公众无法了解自己的社区中哪些人是社区矫正人员，那么，评估公众对具体社区矫正人员的态度就不可能实现。

目前，社区矫正已经受到中国各级政府、社会各界和民众的高度认同和支持。风险评估机制随同社区矫正作为一项法律制度在我国仍可称为"新生事物"，还需要在实践中不断发展和完善。

随着我国社区矫正的全面展开，社区矫正人员的风险管理和评估机制需要积极借鉴国外的有益做法，在实践中不断地发展。

二、我国社区矫正人员风险评估现状

虽然我国社区矫正试点工作开展的时间并不长，在各试点地区对外交流的过程中，各地已经充分认识到罪犯分类及罪犯危险性评估的重要性，纷纷展开探索。

北京市在社区矫正试点中将社区矫正人员分为 A 类（高强度管理）、B 类（中强度管理）、C 类（低强度管理）三类，目前，分级监管模式已在全国推行开来。不同类别的管理强度之间的主要区别体现在以下几个方面：每月到司法所报到的次数，每月提交改造小结的份数，司法所走访社区矫正人员家庭的次数，司法所干部与社区矫正人员谈话的次数以及参加公益劳动的时间，等等。

上海市从 2005 年起在试点中注重对社区矫正人员的风险评估，将对社区矫正人员的风险评估作为社区矫正采取各种矫正手段的基本依据。

浙江省对社区矫正人员全部实行了分级管理和分级处遇。

江苏省司法厅要求从 2009 年 1 月起，在全省开展社区矫正风险评估工作，并积极探索建立审前评估和风险评估体系，切实提高监管科学化水平。

上海市率先开展社区矫正风险评估制度的实践，积累了一定的经验，取得了不错的效果，但在内容设置和具体执行中仍然存在一些问题，如初次测评的情境介入、测评人员素质、测评表制定等。为此，需要对风险评估机制进行深入论证，在专业培训、测评表完善、测评部门协调、评估督导制度以及专业机构协助等方面下功夫，进而为实践部门提供科学指导。

国内外实践表明：社区矫正中，无论是针对少年的鉴别还是成年人适用社区矫正的危险性评估，出于风险管理的需要，对罪犯危险性测试主要在准备适用缓刑、假释的环节之前进行。其后，在社区矫正期间，则注重个案管理通过静态、动态的因素分析评估，调整矫正计划。

我国社区矫正人员日益增多，重新犯罪的可能性日益加大。由于社区矫正人员的特殊经历，其社会危害性和犯罪手段明显高于初次犯罪，这导致对社区矫正人员的风险评估显得更为重要。

在现阶段，我国应立足于社区矫正人员的实际需要，合理使用矫正资源、侧重于通过面谈、汇报、实际矫正表现和其他档案资料，充分利用初级阶段的测试手段，结合"审前调查评估报告"确定罪犯的分类等级。在测试工具开发及专业人员培养等初具规模之后，再创制我国特色的社区矫正——"个案管理及风险管理于一体"的有效模式。

第二节 社区矫正人员再犯罪风险原因分析

一、矫正需要评估

根据矫正需要原则，矫正要考虑罪犯的"犯罪性需要"，并且以犯罪性需要为根据安排矫正方案，因此矫正需要评估的实质是犯罪性需要评估。

所谓"犯罪性需要"，是指通过干预可以改变罪犯的动态性的危险性因素，这些因素与罪犯的重新犯罪相关的需要，是可以改变的因素。更为简单的表述是"犯罪性需要"是与罪犯的重新犯罪行为相关的需要。从研究看，影响"犯罪需要"的常见因素如下：

（一）犯罪人以前服刑的情况

有研究指出：75%的因盗窃而服过短期监禁刑的罪犯3年内再犯罪的可能性大于20%。社区服刑人员的生理健康、心理健康、生活技能、思考能力、不良生活方式、精神病史与滥用毒品史，与重新犯罪密切相关，是犯罪性需要的内容。

（二）生活与居住环境条件

英国反社会排斥局在他们2002年的报告中指出：住房问题是与重新犯罪密切相关的因素。英国的调查发现：被释放的罪犯有42%的没有固定住宿。而无家可归的罪犯重新被定罪的比有住宿的罪犯重新犯罪率高2倍。从马洛斯需求理论来说，生活环境是需求的首先条件。

（三）教育、培训与就业

英国的调查表明：因为缺乏文化与技能，有66%的罪犯不能胜任社会上的高达96%的劳动岗位。

英国反社会排斥局在他们2002年的报告中指出：20%的罪犯没有书写能力；35%的罪犯没有计算能力；50%的罪犯没有阅读能力，或者阅读能力低于11岁的孩子。许多罪犯无一技之长，几乎没有就业经验。与常人相比，有13倍的失业可能；有10倍的逃学可能。

（四）理财能力

很多罪犯欠有债务，包括罚金等与法院相关的费用，所以他们依靠非法收入维持生活。

（五）人际关系

罪犯通常与家庭成员关系很差，很少感受到关心。

（六）生活方式与社会联系

生活方式与社会联系缺乏结构层次，而经常与其他罪犯来往的人更可能重新犯罪。

（七）不良的生活方式

如使用毒品，酒精滥用、犯罪环境。

（八）精神健康状况

二、社区矫正人员再犯罪风险原因

没有一个人天生就是罪犯。重新犯罪的原因是复杂的，由多方面原因共同作用形成，社区矫正人员重新犯罪的原因从心理学观点归纳起来大体包括如下主观原因和客观原因与社区矫正方法。

（一）主观原因

1. 好逸恶劳，贪图享乐。这是社区矫正人员重新犯罪最主要的主观原因。社区矫正人员，尤其是从监狱里出来的，如假释，家庭生活条件与他人比较都有较大的差距。个人的生活期望值过高，又无技术特长，缺乏谋生手段，回归社会后很难找到合适的工作、稳定的经济收入，总想让钱来得更快、更轻松，便动了歪脑筋。

2. 教育缺失，导致价值观和人生观畸形。文化素质低，法律意识淡薄，自身综合素质差，其中有些人头脑简单、四肢发达，他们对社会好的方面不容易发现和接受，对不良社会现象却很敏感且容易接纳，讲江湖义气，为所谓的朋友两肋插刀，一旦有社会违法犯罪人员引诱、威逼，就可能导致其重新犯罪。同时，家庭教育的缺失，部分为单亲家庭，缺少亲情的呵护和教导，心智发育不完全，对他人没有同情心和爱心。有甚者，身为父母没有以身作则，有不良的行为习惯，误导了子女，使子女染上不良的习惯。由于早期教育的缺失或不足，导致社区矫正人员形成畸形的价值观和人生观，而价值观和人生观一旦形成，很难改变。

3. 部分社区矫正人员对人生失去信心，不愿到社会上自立。部分重新犯罪的社区矫正人员在生理或心理上产生了缺陷，实在适应不了社会形势的变化，常常感到前程渺茫，还不如在狱中无忧无虑地生活度日。

4. 没有矫正意识，对社区矫正工作存在抵触心理。社区矫正人员，如被判处管制、缓刑或裁定暂予监外执行的，没有进过监狱，思想上没有矫正意识。不服从工作人员对其监管和矫正志愿者对其教育，不能完成社区矫正工作规定的任务，更不会深刻反思自己的犯罪行为，从中吸取教训。

（二）客观原因

1. 没有经济来源，生活无保障。就业乃民生之本。近几年来随着社会城市化、工业化进程的加快发展和农村产业结构的调整，使企业分流人员和农村富有劳动力不断增加，加上一大批大中专毕业生、退伍军人和外来劳动力的冲击，使就业空间越来越小，就业压力加大。企业对社区矫正人员有防备的心理，社区矫正人员找不到工作，没有经济来源。

2. 社会不良风气的影响，诱使其重新犯罪。社区矫正人员知识水平较低，结交的朋友素质良莠不齐，再加上明辨是非的能力较弱，社区矫正人员在犯罪后，仍与原来圈子中的人交往，部分朋友有可能仍在实施违法犯罪行为，唆使社区矫正人员加入，导致重新犯罪。

（三）社区矫正工作本身的问题

1. 帮困解难不易开展，生活困难得不到有效解决。由于经济体制的改革使整个社会就业格局发生了巨大变化，原来主要由政府和原单位安置就业的体制已经无法适用，社区矫正机构帮困解难的工作较难开展，只能为符合条件的社区矫正人员办理低保，鼓励社区服刑人员积极自谋职业或自主创业，而就业难的现状一时很难改变，社区矫正人员没有生活来源。

2. 社区矫正缺失法律保障，没有有力的强制措施，这也是社区矫正人员重新犯罪的一个原因。社区矫正工作既已定位在是刑罚执行活动，在我们的矫正工作中，有权对矫正人员进行警告、记过、治安处罚、收监执行等措施，但是，在实践中仍然显得是空乏无力的。①在执法主体上不明确，在现行《刑事诉讼法》不修订的情形下，司法行政机关只是社区矫正的工作主体，我们仍然处于一种名不正言不顺的尴尬境地，底气先天不足，难以显示执法的威严。②以打分为基础的考核，形式上有效，实质上是虚设，特别是表现在记分的标准，在客观效果上，要求偏低。③在社区服刑人员不服从管理的问题上，实践中根本没有任何立竿见影、行之有效的方法，面对实践中碰到的千古百怪的难题，我们的工作往往显得被动。有时，硬不起来，又软不下去。例如，公益劳动的组织，社区服刑人员拒不参加的，我们唯一的威胁性措施，就是扣分，根本没有其他立竿见影的办法。

3. 社区矫正工作的方法还处于初级阶段，没有实现社区矫正教育的目的，继而发生重新犯罪。社区矫正教育的本意就是让社区矫正人员纠正错误，重新树立正确的人生观、世界观，矫正因犯罪给社会和个人留下的阴影，回归到正常的社会生活轨道。所以，矫正工作的核心是心理矫正。

对社区矫正人员实施心理矫正，是社区矫正工作一项全新的探索，要求社区矫正工作者要根据每一个社区矫正人员的不同情况、不同心理，制定个性化的辅导方案，帮助、引导其自我调节精神状态、克服心理障碍和进行心理重建，这对我们社区矫正的工作队伍就提出了更高的要求。要求我们必须首先提高自身素质，并向专业化、高标准的方向发展。

帮教矫心，这不仅仅是我们在工作中对社区矫正人员要有耐心、细心和诚心的问题，还要求我们要做好一个"助动者"的角色，帮助他们寻找问题的根源，引导、帮助他们重新选择解决问题的正确方式和方法，确保达到今后遇到类似问题时，能自我调节，从容面对的效果。"爱心——尊重——信赖——沟通——改变"，构成了矫治矫正的丰富内涵。实践对我们社区矫正司法工作人员提出了新课题，而显然，我们的理念和理论，以及专业技能显然没有达到这一要求。

综上所述，社区矫正人员重新犯罪是主观原因和客观原因共同作用的结果，主观原因反映了重新犯罪的必然性，客观原因说明了重新犯罪的可能性，客观原因通过主观原因起作用。而社区矫正工作本身存在的问题又没能有效改造主观原因，消除客观原因，打破主观原因和客观原因之间的联系，最终导致了社区矫正人员重新犯罪的发生。

尽管影响社区矫正人员的犯罪行为的社会因素很多，相互间关系错综复杂，社区矫正人员重新犯罪风险评估也比较困难。但通过有针对性的调查重新犯罪因素，经过统计、对比、分析，能从中寻找到影响犯罪行为的共性因素。影响重新犯罪因素经我们整理与归纳后可归为以下两大类：

第一类：固定因素，社区矫正人员历史形成或是固有存在的，通常难以被影响或改变，包括五个方面：①犯罪与服刑表现记录；②教育和工作背景；③经济状况；④家庭和婚姻状况；⑤居住条件指标。

第二类：活动因素，社区矫正人员的性格、认知与感觉，容易被影响或制约，可以通过加以影响而减少风险程度，也包括五个方面：①休闲和娱乐活动情况；②交友情况；③酗酒和使用毒品情况；④人格特征与心理健康程度；⑤生活态度及政治倾向。

对社区矫正人员进行风险评估，需要综合考虑上述风险源并进行立体调查，从多个方面进行分析判断，从而实现准确的风险预测，并加以监控，有针对性地做出预案，将重新违法犯罪降低在最低范围内。

第三节　社区矫正人员再犯罪风险评估的模式

社区矫正工作的核心目的是预防与控制再犯罪，运用心理学的原理与心理咨询技术介入社区矫正工作的目的是运用心理学原理、心理测评技术分析判断犯罪原因，定位再犯罪风险较高的社区矫正人员，并从其犯罪成因中的心理需求层面介入，采取有针对性措施进行教育矫治，以实现减少再犯罪率、帮助社区矫正人员顺利回归社会，维护社会和谐稳定。

目前社区矫正工作实际对社区矫正人员重新犯罪风险的认识还只停留在依据社区矫正工作人员的主观能动和根据司法人员的办案经验的初始状态。诚然，经验是宝贵的，但也是有限的。而且正因为经验过多导致个人的主观性偏大。例如，对同一社区矫正人员，不同的司法工作者，就可能做出不同的评估结果。因此，当前我们迫切需要的是能有相对客观、准确可信的科学的评估方法来指导，并作为工具来使用。

社区矫正人员再犯风险评估工作由司法所社区矫正工作人员完成，社区矫正专职社会工作者，心理专业志愿者或机构予以协助。

社区矫正人员的再犯风险评估根据不同阶段分为入矫风险评估、在矫期间动态风险评估与解矫风险评估三大类。入矫风险评估信息来自审前调查风险评估、社区矫正人员再犯罪风险自评、人格与心理健康测评三个部分组成，动态风险评估由入矫风险评估报告结合对社区矫正人员的日常监管表现综合评估后得出，而解矫风险评估则依据动态风险评估与社会功能性的适应程度得出。

司法所工作人员根据社区矫正人员在不同阶段风险测评结果的最后得分，然后根据高、中、低三个类别所规定的分数区间，归入相应的类别，最终确定风险等级。在此基础上，由司法所社区矫正工作人员集体研究审定监管类别，分析上述三种数据中反映出的情况，做出评估报告，提出针对性的矫正意见。

对高、中、低三类社区服刑人员实施不同强度的监管。其中，对高风险类纳入分类管理的严管；对中风险类纳入分类管理的普管；对低风险类纳入分类管理的宽管，根据不同类别，落实相应的管理措施。

如遇特殊情况，如脱管、被警告、工作变动、失业、亲人离世或判刑、离婚等情况，视情况追加该部分的再犯罪风险评估，每年应进行一次人格与心理的测评。

针对社区矫正的实际工作，本章重点介绍审前调查危险度评估、入矫心理与人格评估、入矫再犯罪风险自评、再犯罪风险排查分析、监管风险动态评估、解矫社会适应性评估。

需要注意的是，社区矫正人员在进行风险自评与人格与心理健康测试前，工作人员要教育和引导他们积极配合，使其真实地表达自己内心的想法和反映实际情况，减少测试的偏差。

入矫风险评估社区矫正工作人员对社区矫正人员的交代

×××，您好，现在根据社区矫正工作要求，需要对您的状况做一些了解，需要您做两套测试题目，我们要求去做测试题目并不是去看您的隐私，而是通过了解您的生活、工作与认识上相关的问题来判断您的性格、您的优点、您的缺点，以及您的内心需要，以便帮助我们采用更合适与更人性化的方式来帮助您。

测试正常作答时间在 30~60 分钟之间，系统有自动判断结果是否有效的功能，如测试时间明显偏离，或者结果不够真实，或者有掩饰倾向，系统将判断测试者存在消极、抗拒、刻意隐藏等可能，我们将采用电话询问、面谈询问、案卷调阅、上门走访等方式进行后续追加判断，并建议司法行政管理工作将测试者列为"严管"级别而加大监管强度。

为避免不必要的误会，减少对您正常生活、工作的影响，请您在测试过程中确保本着认真、客观的态度做答。请注意：所有的问题答案并没有对错之分，无标准答案，只需真实客观、凭自己感觉回答即可，不需要仔细思考与斟酌，测试过程中请勿要求工作人员解释题目，更不要因"想选正确的答案"反而导致测试结果无效。

一、审前调查社会危害度评估

司法所受法院委托对调查对象开展审前调查的核心目的是判断调查对象是否具有社会危险性、是否可以实现有效监管、是否可以适用社区矫正这一刑罚规定，所依据的是调查对象表现的积极因素和消极因素。

审前调查作为社区矫正工作的一项前置程序，甄别不同社会危险程度的罪犯，落实"宽严相济"的刑事司法政策，对保障改造犯罪效果，有效促进社区矫正教育具有极其重要的意义。正因为如此，推行社区矫正的法治发达国家和地区都建立了与之相适应的审前调查制度。通过审前调查制度，审判机关可以在刑事案件判决或裁定前，委托专门机构对犯罪人的犯罪情节、人格特征、成长经历、社会关系背景和社区环境等影响犯罪和非监禁刑执行的各类因素进行专门调查，并对其社会危险性和再犯罪可能性进行调查评估，提出适用监禁刑或非监禁刑的建议，做成调查报告提交审判机关。审判机关以此作为量刑参考。在国外，在非监禁制度适用比较完善的国家，作为社区矫正的罪犯，一部分（如缓刑）罪犯是在法院判决之前接受了"审前人格调查"方面的审查，另一部分（如假释）罪犯则在监狱接受各类风险测试或评估，符合假释条件才转到社区服刑。原则上，在社区服刑的罪犯基本上属于"有较高社会责任感，具有就业或就学的合理前景，并对社会公众或其他罪犯没有威胁的人"。

审前调查制度起源于美国的缓刑资格调查制度，1950 年在海牙召开的第 12 届国际刑法及监狱会议积极倡导这一制度，20 世纪 70 年代以来，世界各国都在不断地进行刑罚制度的改革和创新，刑罚的重心从威慑转向对罪犯的教育、感化和改造。审前调查制度在推动刑罚重心转移过程中无疑具有重要的前驱作用，因而为不少国家和地区采用。我国近年来开展的审前调查试点工作的成效也十分明显。

心理分析技术在审前调查过程中呈现出重要的作用。除犯罪情节以外，还包括调查对象的个人、家庭、生活、就业、社会关系、违法犯罪史、认罪悔罪态度及服刑表现、生活态度和政治倾向等，均与心理活动状态有密切关系，是社会危害度的主要组成部分。[1]

二、入矫再犯罪风险自我评估

入矫再犯罪风险评估是社区矫正人员在矫期间的工作的基础依据，是社区矫正工作的重要组成部分。司法所工作人员对社区矫正人员入矫时，应初步判断确定其再犯风险等级，从而在社区矫正工作中落实相应的防控措施，有针对性地为社区矫正人员进行分类管理、分阶段教育，最大限度地预防和减少重新违法犯罪，使社区矫正工作程序化、规范化、科学化、标准化。

入矫时，再犯罪风险自我评估是让新入矫的社区矫正人员在入矫一周内进行入矫自我测评，该部分评估重点在于判断社区矫正人员的服法意识与悔罪意识、对社区矫正工作的认识、对社会的态度、家庭关系、生活状态与能力等。

人格与心理健康测评是目前进行再犯罪风险评估最常用的方法，通过在司法所内参加人格特质与心理健康测试，建议使用 16PF 或者 EPQ 与 SCL90 量表，若有需要，也可以运用 MMPI 量表进行全面评估。

根据入矫测试结果，有犯罪人格障碍或者有致犯罪心理障碍的社区矫正人员为再犯罪高风险人员，应列为重点监管对象。

入矫评估报告应随社区矫正人员资料建立个人档案。在测评分析过程中发现有反人格性、边缘型、报复型人格障碍，或者有严重心理障碍者应列为重点监管对象。

以厦门市社区矫正工作为例，通过对所抽取的厦门市社区矫正人员进行症状自评量表（SCL - 90）测试，结果所示，社区矫正人员中存在较多的是抑郁、焦虑、冲动、敏感、悲伤等问题。其中抑郁得分属于较高以上的占 51.3%，表明约有一半的社区服刑人员情绪状态不佳，对生活缺乏热情；80% 的社区矫正人员遇事容易紧张、焦虑不安；62.6% 的社区矫正人员遇事容易冲动，对自己的情绪缺乏控制能力；95.8% 的社区矫正人员过于敏感，对他人或外界事物存在怀疑、抵触的态度；8% 的社区矫正人员存在较高的悲伤情绪。社区矫正人员人格问题则主要集中于反社会性人格和偏执性人格。其中属于反社会型人格的人占总抽查人数的 20.9%，他们对社会存有敌意，危险性较高；属于偏执型人格的有 69.2%，他们对其他人或事存在敏感、固执和较为偏激的观念。社区矫正人员中再犯风险属于较高以上的占总数的 28.8%，并有 6 人已经再犯罪，再犯率为 0.5%。[2]

三、再犯罪高风险定位评估

因入矫测评的性质与方法原因，决定有部分社区矫正人员的测评结果可信度较差，为了修正误差，精确定位再犯罪风险较高的社区矫正人员，社区矫正心理咨询师需要在入矫再犯罪风险评估基础或者在监管风险动态预警基础之上，对测评结果显示再犯罪风险较高（超预警值）的社区矫正人员，进行再犯罪风险排查，进一步

---

〔1〕 具体可见附录：审前调查风险评估量表。

〔2〕 具体可见附录：入矫再犯罪风险评估量表。

确定社区矫正人员的心态与状态，排除无效测评，精确定位再犯罪风险较高的社区矫正人员，为有针对性开展矫正工作做准备，该过程称之为再犯罪风险排查。

社区矫正人员在入矫测评时，因其认识不够或者刻意隐藏等心理原因，可能会导致测试无效或者有较大的偏差，针对这种情况，需要社区矫正的工作者或社区心理咨询师根据入矫再犯罪风险评估的结果，运用心理询问与沟通技巧，通过调阅档案、与社区矫正人员电话沟通、面谈、上门走访等四种方式，进一步判断其再犯罪的可能性程度。同时还根据其罪行、在矫周期、在矫表现等因素综合判断其再犯罪的可能性。排查报告为工作档案的组成部分。

例如，社区矫正人员蔡某，2014 年 2 月因寻衅滋事罪入矫，表现正常，入矫测评结论正常，但测评结果发现有较强掩饰性人格特质，于是社区矫正心理咨询师采用面谈的方式进一步排查，发现了蔡某刻意隐藏了正参加赌博的犯罪事实，于是对蔡某加强了监管力度，同时对其进行心理矫正，矫正其喜欢赌博的人格缺陷，降低了再犯罪风险。

另一位社区矫正人员王某，犯故意伤害罪缓刑入矫，入矫风险测评因测评时间过短被系统判为无效测评，入矫后一直拒不配合社区矫正工作，态度恶劣，不服从安排。心理矫正咨询师通过与其面询排查，发现其抗拒的原因是自己认为没有获得尊重。经过沟通教育，王某心悦诚服地配合，使社区矫正工作得以顺利开展。

以某区司法局为例，2014 年入矫的社区矫正人员有 385 名，其中经入矫风险评估犯罪高风险结论 97 人，经排查后精准定位犯罪高风险 24 人。

在风险管理计划中，罪犯的风险度（测试积分）越高，被要求与评估对象接触的次数就会越多。所谓"接触"，最基本的方式就是上门走访。通常情况下，在社区矫正期间，监督官员或专门人员将按期准备报告，以文件形式证明罪犯的改进情况。这些报告将用于再次评估罪犯的风险程度及需求情况，可据此改变矫正策略，以便调整"要求罪犯报告的次数"或者矫正者与被矫正者之间的"接触次数"等措施。

从各国为罪犯开发的测试评估工具来看，依据各类静态或动态的评估报告，确定每个罪犯的静态和动态危险因素的相互关系，通过这样两种关系预测罪犯的再犯可能性，从而决定进行干预的程度（或称为降低危险度）。[1]

四、监管风险动态评估

所谓的罪犯的动态风险管理，就是两个目标：①评估危险度；②降低危险度。一般而言，静态因素（犯罪历史等）不能够改变，因为那已经是过去的事实。而动态危险因素（尤其是需求）的变化则会比较复杂。

司法所的工作人员对社区矫正人员在矫期间的表现，每月都需要进行评估，判断其监管过程变化，分析其再矫期间的犯罪可能性的倾向走势，该过程称之为监管

---

〔1〕 具体可见附录：社区矫正人员风险评估记录表。

风险动态评估。监管风险将综合考率影响再犯罪风险的因子如消极抗拒、情绪波动、脱管、被警告、工作变动、失业、亲人离世或判刑、离婚等。

由上可见，动态监管风险主要影响的是活动因子，其来源于社区矫正人员的心理活动变化，因此，通过心理分析技术来协助判断社区矫正人员的监管风险的必要性得以凸现。

社区矫正心理咨询师可以将上述影响再犯罪的因子，按一定的加权，以月为单位得出相应数值，做成再犯罪风险动态曲线供监管参考做出风险预判。当动态评估分值超出预警分数时提供预警信息。[1]

五、解矫再犯罪风险评估

社区矫正人员解矫评估主要目的：①判断在矫期间的教育矫治结果；②判断其回归社会具备的社会功能。

上述因素是影响解矫的社区矫正人员犯罪的主要因素，司法所工作人员应当在社区矫正人员矫正期满前对其进行矫正质量评估并结合其在接受社区矫正期间的表现、考核结果、社区意见等情况做出书面鉴定，告知其安置帮教的有关规定，与安置帮教工作部门妥善作好交接，并转交有关材料。对其安置帮教提出建议。做好定期跟踪回访工作，防止其重新违法犯罪。[2]

 参考文献

1. 姜爱东、鲁兰："完善我国非监禁刑罚制度的思考"，载《犯罪与改造研究》2009 年第 6 期。

2. 翟中东："西方矫正制度的新进展（一）：矫正需要评估与矫正项目实施"，载《犯罪与改造研究》2010 年第 9 期。

3. 王平等主编：《中加社区矫正概览》，法律出版社 2008 年版。

4. 河北省社区矫正工作机制创新研究课题组："河北省社区矫正工作机制创新研究"，载《犯罪与改造研究》2009 年第 11 期。

5. ［美］Ruth E. Master 著，杨波等译：《罪犯心理咨询》，中国轻工业出版社 2005 年版。

6. 查庆九、陈志海："中国社区矫正的发展趋势"，载《犯罪与改造研究》2010 年第 10 期。

7. 朱久伟主编：《上海市社区服刑人员心理矫正的理论与实践》，中国法律出版社 2012 年版。

---

〔1〕 具体可见附录：在矫正期间监管风险动态评估量表。

〔2〕 具体可见附录：社区矫正人员解矫风险评估表。

附　录

审前调查风险评估量表

1. 矫正拟用类别

A. 剥夺政治权利□　　B. 管制□　　C. 假释□　　D. 缓刑□　　E. 保外就医□

2. 年龄

A. 60 岁以上□　　B. 46 ~ 60 岁□　　C. 36 ~ 45 岁□　　D. 19 ~ 35 岁□　　E. 18 岁以下□

3. 性别

A. 女□　　B. 男□

4. 婚姻状况

A. 已婚□　　B. 丧偶□　　C. 离婚□　　D. 未婚□

5 捕前职业

A. 公务员、事业单位人员、离退休人员□　　B. 私营业主、个体户□

C. 学生、工人、农民□　　　　　　　　　　D. 无业人员□

6. 文化程度

A. 大专以上□　　B. 高中、中专□　　C. 初中□　　D. 小学及以下□

7. 初次犯罪年龄

A. 45 岁以上□　　B. 36 ~ 44 岁□　　C. 18 ~ 35 岁□　　D. 18 岁以下□

8. 刑期

A. 1 年以下□　　B. 1 ~ 3 年□　　C. 3 ~ 5 年□　　D. 5 年以上□

9. 前科次数（劳教处分计算在内，本次判决不计）

A. 无□　　B. 一次□　　C. 二次□　　D. 三次及三次以上□

10. 犯罪类型

A. 过失犯罪、贿赂犯罪、贪污犯罪、军职犯罪□

B. 破坏经济秩序罪、盗窃罪、诈骗罪、涉淫犯罪、制假售假犯罪□

C. 危害国家安全犯罪、危害公共安全犯罪、故意杀人罪、故意伤害罪、抢劫罪、强奸罪、涉黑犯罪、涉毒犯罪、涉邪犯罪□

D. 其他犯罪□

11. 是否有固定住所

A. 是□　　B. 否□

12 家庭经济状况

A. 比较富裕□　　B. 中上水平□　　C. 一般□　　D. 低于社会保障水平□

13. 家庭关系

A. 和谐□　B. 一般□　C. 无往来□

14. 本人对家庭责任感

A. 有责任感□　B. 一般□　C. 无责任感□

15. 自残、自伤的经历

A. 无□　B. 有□

16. 精神病家族史

A. 无□　B. 有□

17. 性格

A. 外向□　B. 内向□

18. 有不良朋友或有犯罪记录的朋友

A. 无□　B. 有□

19. 主观恶性程度

A. 无意□　B. 过失□　C. 故意□

20. 个人成长经历

A. 平稳□　B. 有挫折□

21. 暴力倾向

A. 无□　B. 有□

22. 情绪化

A. 能控制自我□　B. 偶尔有情绪化□ C. 情绪化严重□

23. 直属亲人犯罪史

A. 无□　B. 有□

24. 家属配合社区矫正工作

A. 积极支持□　B. 一般□　C. 不太配合□

25. 成瘾类别

A. 无□　B. 网瘾□　C. 药瘾□　D. 酒瘾□　E. 赌瘾□　F. 毒瘾□

测评说明：

本量表对原始数据的精确性要求较高，原始数据将直接影响到预测结果的准确度。在具体操作过程中应注意以下问题：

1. 在"犯罪类别"一栏中如果该预测对象为数罪并罚，则选择其所犯主要罪名，一般选择判刑较重的那个罪名，但是涉毒、涉淫犯罪除外。若所列罪名中不包括预测对象所犯罪名，则选择"其他犯罪"。

2. 对于"初次犯罪年龄"、"自伤史"、"家族精神病史"、"成瘾类别"等栏尤其要注意核实预测对象的实际情况。

3. "家庭经济状况"一栏是依据其居住地的生活水平进行划分。

本量表由 25 个题目组成，入矫测评时用此表。本量表由工作人员测评。每道题设 A～F 不等，A 为 1 分、B 为 2 分，依此类推，总分 80 分。单独进行再犯风险测评分值累计 40 分以下为低风险，41～70 中等风险，71 分以上为高风险。

入矫再犯罪风险评估量表

测试说明：

本量表等由 50 个题目组成。每道题设有 3 选项，即 A、B、C。阅读每道题目时，请根据自己的实际情况或看法，在答题纸上相应题号右侧与"A、B、C"对应的□内打钩"√"。答题不能遗漏，每道题目只能选择一个答案；若有其他问题，请向测试主持人询问。

1. 我认为法院对自己的判决是：

A. 冤枉□　B. 部分有出入□　C. 比较恰当□

2. 自己的犯罪对社会、被害人造成了一定的危害和伤害，我认为：

A. 有愧疚感□　B. 无所谓□　C. 说不清□

3. 造成我犯罪的原因有：

A. 主观的□　B. 主、客观都有□　C. 客观的□

4. 若我知晓其他人犯罪，我的做法是：

A. 无所谓□　B. 向有关部门举报□　C. 要我谈时再说□

5. 在监狱、看守所期间，我与管理人员相处得：

A. 不错□　B. 见到他们就烦□　C. 还可以□

6. 我对有关法律法规：

A. 判刑前学过一点□　B. 现在明白得更多了□　C. 学不学无所谓□

7. "人不犯我我不犯人，人要犯我我必犯人"这句话恰当吗？

A. 是的□　B. 有时是这样的□　C. 不是的□

8. 现在看来，犯罪对我来说：

A. 运气不好□　B. 太不划算了□　C. 没考虑□

9. 只要能参加劳动，我会觉得自己是个有用的人：

A. 是的□　B. 没考虑□　C. 不是的□

10. 根据我的实际情况，我可以从事的工作是：

A. 蓝领□　B. 白领□　C. 创业□

11. 在劳动中，我会合理化建议：

A. 是的□　B. 没想过这个问题□　C. 不会□

12. 当看到别人上当受骗时，我觉得：

A. 很可怜□　B. 贪图小利，活该□　C. 提醒来访者报警□

13. 干一桩事，不管结果如何，我觉得有责任尽力干到底。

A. 是的□　　B. 介于A、C之间□　　C. 不是的□

14. 当我寂寞时，我会干一些刺激性的事情。

A. 是的□　　B. 一般不会□　　C. 不会□

15. 当我感到厌烦时，喜欢找一些事端发泄一番。

A. 是的□　　B. 介于A、C之间□　　C. 不喜欢□

16. 有人闹纠纷时，我会站在熟悉人的这边。

A. 是的□　　B. 不予理会□　　C. 看谁有理□

17. 我感到我不会比别人差。

A. 是的□　　B. 介于A、C之间□　　C. 不是的□

18. "顺我者昌，逆我者亡"是体现出一个人自信。

A. 是的□　　B. 介于A、C之间□　　C. 不是的□

19. 在公开场合，我爱与别人交谈。

A. 是的　□B. 一般□　　C. 不是的□

20. 我喜欢参加热闹的聚会。

A. 是的□　　B. 不太喜欢□　　C. 不喜欢□

21. 我总能保持一个好的心情。

A. 是的□　　B. 介于A、C之间□　　C. 不是的□

22. 我喜欢关心帮助别人，因而我的朋友很多。

A. 是的□　　B. 介于A、C之间□　　C. 不是的□

23. 我时常睡不着觉。

A. 是的□　　B. 只是有时□　　C. 睡眠很好□

24. 有时，我对某些问题很看不惯。

A. 是的□　　B. 说不清□　　C. 不是的□

25. 我要做的事，不管别人怎么说，我会坚持去做。

A. 是的□　　B. 不全是□　　C. 不是的□

26. 一个人在同样的地方跌倒两次，你认为可以原谅不？

A. 可以□　　B. 不能□　　C. 无所谓□

27. 我喜欢把自己的东西摆放得井井有条。

A. 是的□　　B. 不全是□　　C. 不是的□

28. 武打、枪战片比其他故事片更刺激。

A. 是的□　　B. 各有千秋□　　C. 不是的□

29. 有人向我乞讨，我会给他们一些钱。

A. 是的□　　B. 有时给□　　C. 不是的□

30. "有钱能使鬼推磨"。

A. 是的□　　B. 不全是□　　C. 不是的□

31. 马无夜草不肥，人无外财不富。

A. 是的□　B. 不全是□　C. 不是的□

32. 不怕做不到，就怕想不到。

A. 是的□　B. 不全是□　C. 不是的□

33. 社区矫正是我了解到的一种比较人性化的改造的方式。

A. 是的□　B. 不知道□　C. 不是的□

34. 回到社会，我很担心社区群众对我冷眼相看。

A. 是的□　B. 有时担心□　C. 不担心□

35. 在社区服刑，我能与家人、亲友和睦相处。

A. 是的□　B. 介于A、B之间□　C. 不是的□

36. 小时候我受父母打骂较多，有些情况是我不能原谅的。

A. 是的□　B. 说不清□　C. 不是的□

37. 我希望找到一份力所能及的工作，有一个稳定的生活来源。

A. 是的　□B. 无所谓□　C. 不是的□

38. "孟母三迁"说明了环境对人生活的影响很大。

A. 是的□　B. 无所谓□　C. 没影响□

39. 休闲时间，我经常和朋友一块去卡拉OK厅，网吧等娱乐场所。

A. 是的□　B. 偶尔去一下□　C. 没有□

40. 我认为社会对每个人都是公平的。

A. 是的□　B. 看谁的命好□　C. 不是的□

41. "逢人只说三分话，不可全抛一片心"是真理。

A. 是的□　B. 看情况□　C. 不是的□

42. 我对生活有信心，相信自己能够生活得更美好。

A. 是的□　B. 无所谓□　C. 不是的□

43. 心情不好时，我会喝点酒，有时喝醉。

A. 是的□　B. 处于半清醒状态□　C. 不是的□

44. 现实社会中，诚实守法的人往往容易吃亏上当。

A. 是的□　B. 不全是□　C. 不是的□

45. 不说谎话办不成大事。

A. 是的□　B. 不全是□　C. 不是的□

46. 我认为青少年时代，学校、家庭不良管教，对我犯罪是有责任的。

A. 是的□　B. 介于A、C之间□　C. 不是的□

47. 撑死胆大的，饿死胆小的。

A. 是的□　B. 不全是□　C. 不是的□

48. 在事业有成的熟人面前，我总感到局促不安。

A. 是的□　B. 多少有一点□　C. 不是的□

49. 做了坏事的人，总会得到报应的。

A. 是的□　　B. 不一定□　　C. 不是的□

50. 为了过上好的生活，我会拼命地赚钱。

A. 是的□　　B. 够用就可以□　　C. 看有没有机会□

测评说明：

该项测评超过100分则属于再犯罪高风险社区服刑人员。

社区矫正人员风险评估记录表

第　次

姓名：　　　性别：　　　编号：　　　　　　　时间：　年　月　日

社会调查评估得分				×40%
自测量表评估得分		综合得分		×30%
心理测评结果得分				×30%
综合评定风险等级		总得分		
监管类别		评估单位		
参加评估人签章				

注：

1. 社会调查评估得分满分为80分，综合得分应为得分×100÷80。

2. 自测量表评估得分满分为150分，综合得分应为得分×100÷150。

3. 心理测评结果得分满分为100分，直接等于综合得分。

本评估办法将再犯风险程度最终分为高、中、低三个等级，每个等级划定相应的分数区间，综合测评最后得分60分以下为低风险等级；61～79分为中风险等级；80分以上为高风险等级。

在矫期间监管风险动态评估量表

序号	评估因素	评估题目	评估分子	权重	备注
01	日常表现（以月为单位）	是否有对抗、冲动情绪	□经常有 □偶尔有 □没有	3、2、1	
02		是否有定位脱管现象	□经常有 □偶尔有 □没有	3、2、1	
03		是否有不按要求报到情况	□经常有 □偶尔有 □没有	3、2、1	
04		对工作人员态度	□好 □一般 □不好	1、2、3	
05		社区服务工作表现	□好 □一般 □不好	1、2、3	
06		遵规守纪情况	□好 □一般 □不好	1、2、3	
07		参加集中学习表现	□好 □一般 □不好	1、2、3	
08		电话汇报表现	□好 □一般 □不好	1、2、3	
09		思想汇报状态	□好 □一般 □不好	1、2、3	
10		通知配合状态	□好 □一般 □不好	1、2、3	
11	请假过程	是否有请假状况	□经常 □偶尔 □没有	3、2、1	
12		是否没有按要求请假	□经常 □偶尔 □没有	3、2、1	
13		是否没有按要求销假	□经常 □偶尔 □没有	3、2、1	
14	奖励与惩罚	是否有奖励	□有 □没有	1、2	
15		是否有惩罚	□有 □没有	2、1	
16	生活与工作	是否有稳定的生活来源	□有 □没有	1、2	
17		工作状态是否稳定	□稳定 □不稳定	1、2	
18		是否获得工作单位表扬或鼓励	□有 □没有	1、2	
19		与家庭成员关系相处状况	□好 □一般 □不好	1、2、3	

续表

序号	评估因素	评估题目	评估分子	权重	备注
20	其他风险因子	是否与亲友争吵	□经常有 □偶尔有 □没有	3、2、1	
21		生活环境变化	□有 □没有	2、1	
22		家庭结构是否发生变化	□有 □没有	2、1	
23		工作是否发生变化	□有 □没有	2、1	
24		是否有助人为乐表现	□有 □没有	1、2	
25		是否有检举或立功表现	□有 □没有	1、2	
26		是否获得其他表扬或鼓励	□有 □没有	1、2	
27	犯罪人格	上月再犯风险等级	□高 □中 □低	10、5、1	

评估说明:

1. 上月再犯风险等级高(红色区域)自动增加10分。

2. 评估过程若有不清楚,选择原则就低不就高,就好不就坏原则。

3. 每月月初评估上月再犯风险等级。

4. 60分以下低风险(不含60分)蓝色区域;60~70(不含70分)为中风险,黄色区域;70分以上为高风险,红色区域。

5. 评估结果以分数标注。

社区矫正人员解矫风险评估表

姓名		性别		年龄	
		身体状况		文化程度	
矫正类别		原判刑期			
案由		矫正起止日期			
测评结果					

项目		子项目	分值
基本因素	1. 犯罪时的年龄	1. 初次违法犯罪 18 周岁以上（含 18 周岁）	
		2. 初次违法犯罪不满 18 周岁	
	2. 受教育程度	0. 大专以上	
		2. 高中初中及同等程度	
		3. 小学、半文盲、文盲	
	3. 就业态度和状况	0. 能自食其力	
		3. 不能自食其力或不愿自食其力	
	4. 婚姻家庭状况	0. 已婚或 25 周岁以下未婚（家庭稳定）	
		2. 丧偶、离异、大龄未婚（25 周岁以上）或 25 周岁以下未婚（生活在单亲家庭）	
	5. 生活来源	0. 依靠自己的工作收入	
		1. 低保或依靠家庭	
		3. 无	
	6. 固定住所	0. 有	
		3. 无	
性格及心理因素	7. 自控能力	0. 能够自我控制	
		3. 自控能力较差或有事不能自控	
	8. 心理健康状况	1. 基本健康	
		2. 存在心理问题	
		3. 患有心理疾病	
	9. 有精神病史或精神病遗传史	0. 无	
		1. 有	
	10. 认罪服法态度	0. 认罪服法	
		1. 不认罪	
	11. 对现实社会的心态	0. 能够正确看待社会现实	
		2. 对社会不满甚至仇视	
	12. 法律知识或法制观念	1. 法律知识欠缺、法制观念淡薄	
		2. 无法律知识和法制观念（法盲）	
社社会因素	13. 交友情况	0. 无不良交友情况	
		3. 有不良交友情况	
	14. 个人成长经历	0. 平稳	
		2. 有挫折	
	15. 家庭成员犯罪记录	0. 无	
		1. 有	
	16. 家属配合矫正工作	0. 理解支持	
		2. 不配合或有抵触情绪以及无家庭支持系统	

续表

项目		子项目	分值
综合因素	17. 违法犯罪案由	1. 其他 3. 盗窃、抢劫、涉毒、寻衅滋事	
	18. 过去受刑事处罚记录	0. 无 2. 有	
	19. 过去受行政处罚记录	0. 无 1. 有（1~2 次处罚记录） 3. 有（3 次及 3 次以上）	
	20. 主观恶性程度	1. 过失犯罪 2. 故意犯罪	
	21. 社区矫正类别	1. 管制、监外执行 2. 缓刑、剥夺权利、假释	
	22. 犯罪中是否使用暴力或是否惯骗（2 次以上含 2 次）	0. 无 2. 有	
测评分值			
风险等级			
备注			
1. 测评分值为测评对象所有单项实际测评分值的总和。 2. 总分值为所有单项最高分值的总和，22 个小项的总分值为 50。 3. 计算测评分值/总分值的百分比，划定风险等级：稳定≤45%；重点关注 45 ~ 55%；高危控制≥55%。 4. 如果测评对象具有本表未涉及但易引发重新犯罪的因素，可以在备注栏注明。			

测评人：_____   测评日期：_____